建设中国特色自由贸易港丛书
Book Series on the Construction of Free Trade Port with Chinese Characteristics
主编　迟福林

RCEP下的
海南自由贸易港

Hainan Free Trade Port from the Perspective of RCEP

郭　达　马　禹　编著

南方传媒 | 广东经济出版社
·广州·

图书在版编目（CIP）数据

RCEP 下的海南自由贸易港 / 郭达，马禹编著 . 广州：广东经济出版社，2024. 10. -- （建设中国特色自由贸易港丛书）. -- ISBN 978-7-5454-9449-5

Ⅰ . F752.866

中国国家版本馆 CIP 数据核字第 2024HY4700 号

策划编辑：王成刚　周伊凌
责任编辑：梁雪莹　李　恬　林跃藩
责任校对：李玉娴　黄思健
责任技编：陆俊帆
封面设计：集力書裝　彭力

RCEP 下的海南自由贸易港
RCEP XIA DE HAINAN ZIYOU MAOYIGANG

出 版 人：刘卫平
出版发行：广东经济出版社（广州市水荫路 11 号 11 ～ 12 楼）
印　　刷：珠海市国彩印刷有限公司
（珠海市金湾区红旗镇永安一路国彩工业园）

开　　本：787 毫米 ×1092 毫米　1/16　　**印　　张**：21
版　　次：2024 年 10 月第 1 版　　**印　　次**：2024 年 10 月第 1 次
书　　号：ISBN 978-7-5454-9449-5　　**字　　数**：359 千字
定　　价：78.00 元

发行电话：（020）87393830　　编辑邮箱：gdjjcbstg@163.com
广东经济出版社常年法律顾问：胡志海律师　　法务电话：（020）37603025
如发现印装质量问题，请与本社联系，本社负责调换。

总序

加快建设海南自由贸易港
——大变局下我国高水平开放的战略举措

在百年未有之大变局加速演进的特定背景下，建设海南自由贸易港，是我国推进高水平开放，建立开放型经济新体制的根本要求；是深化市场化改革，打造法治化、国际化、便利化营商环境的迫切需要；是贯彻新发展理念，推动高质量发展，建设现代经济体系的战略选择；是支持经济全球化、构建人类命运共同体的实际行动。

面对国际政治经济安全格局的深刻复杂变化，为加快建设海南自由贸易港，需要充分发挥其作为南海前沿的独特地缘优势，充分利用自由贸易港最高水平的开放政策与制度优势，对标全球最高水平的开放形态，深化与东盟国家的交流合作，致力于将海南打造成为我国面向太平洋和印度洋的重要对外开放门户。这是中央赋予海南自由贸易港的战略目标。

2022年1月1日，《区域全面经济伙伴关系协定》（RCEP）正式生效实施。这不仅增强了海南自由贸易港的地缘区位优势，也为海南自由贸易港高水平开放带来重大机遇。加快建设海南自由贸易港需做到以下几点：一是要努力打造中国与东盟经贸合作的自由经济区、蓝色经济伙伴关系核心区、医疗健康合作示范区、人文交流特区；二是要加快建设国内企业进入以东盟为重点的国际市场的“总部基地”，以及以东盟企业为主的面向国内大市场的“总部基地”，在中国与东盟合作中发挥不可替代的战略枢纽作用；三是要实现与粤港澳大湾区联动发展，形成重大战略的叠加放大效应；四是要立足“两个总部基地”建设的现实需求，推进海南自由贸易港政策与RCEP规则叠加，做好高水平开放压力测试，形成高于RCEP的开放优势。

封关运作是海南自由贸易港建设的关键节点。海南全岛封关运作，意味着海南全岛由“境内关内”向“境内关外”的海关监管特殊区域的转变，意味着海南自由贸易港建设由起步阶段向实质性运作阶段的转变。谋划海南自由贸易港封关运作，要做到以下几点：一是按照打造当今世界最高水平开放形态的目标要求，处理好“一线”放开与“二线”管住的关系；二是要充分借鉴国际自由贸易港先进经验，加快构建放开“一线”、管好“一线”“二线”的制度安排；三是对标国际，形成自由公平的市场环境、专业高效的政务环境、与国际接轨的法治环境，以营商环境优化增强市场预期，形成封关运作后高水平开放的大环境。

打造国际一流的自由贸易港法治环境，是海南自由贸易港建设的基本要求。2021年6月，《中华人民共和国海南自由贸易港法》颁布实施，将中央关于海南自由贸易港建设的重要部署法律化、制度化，为海南自由贸易港建设提供固根本、稳预期、利长远的法治保障。加快建设海南自由贸易港，用好海南自由贸易港法规制定权与更大改革开放自主权，需要做好以下几方面：一是要加快形成以《中华人民共和国海南自由贸易港法》为基础、以地方性法规和商事纠纷解决机制为重要组成的海南自由贸易港法治体系；二是要用好改革开放自主权，在行政体制、立法体制、司法体制等重要的制度集成创新方面取得实质性突破；三是要对标国际，适应企业经营发展需求，在投资者保护、知识产权保护、跨境数据流动等领域形成更具竞争力的法治保障。

基于对中央关于加快建设海南自由贸易港精神的理解，基于海南自由贸易港建设的需求，中国（海南）改革发展研究院与广东经济出版社联合策划出版本套“建设中国特色自由贸易港丛书”，分册分别为《RCEP下的海南自由贸易港》《封关运作背景下的海南自由贸易港》《海南自由贸易港的法治保障》。本套丛书注重战略性、前瞻性、学术性和行动性，我们期望其能够对关注海南自由贸易港建设的读者有所启示，对加快推进海南自由贸易港建设的政策决策发挥积极作用。

本套丛书参考最近几年中国（海南）改革发展研究院研究成果。作为丛书的主编，我衷心感谢参与丛书编撰工作的每一位作者，同时也向大力支持丛书出版的广东经济出版社致以诚挚的谢意！

迟福林
2024 年 2 月 1 日

前言

当前，国际安全与经济秩序正经历重大调整，发展与冲突并存成为全球突出矛盾。在这一大背景下，发挥好RCEP全球最大自由贸易区的作用，加强以中国与东盟为主体的RCEP合作，其战略性、紧迫性全面凸显。

海南地处RCEP区域中心位置，也是我国面向东盟的前沿。依托区位优势，做好自由贸易港政策制度与RCEP的叠加集成，使海南自由贸易港在中国与东盟的市场联通、产业融合、规则衔接、要素配置中发挥枢纽作用，成为两个市场的重要交汇点。这是大变局下将海南自由贸易港打造成重要开放门户的重要抓手。

客观来看，面对战略机遇和风险挑战并存、不确定难预料因素增多的外部环境，发挥海南自由贸易港在RCEP区域合作中的枢纽作用，需要做到以下几点：需要客观分析RCEP下海南自由贸易港建设的机遇和挑战；需要适应我国企业投资布局趋势，尽快实现“总部基地”建设的突破；需要发挥各方积极性，在区域合作中形成加强与东盟交流合作的合力；需要在率先落实RCEP规则的基础上，做好高水平开放压力测试，形成具有竞争力和吸引力的开放政策制度体系。

33年来，中国（海南）改革发展研究院（简称“中改院”）从未忘记“立足海南，面向全国，走向世界”这个办院宗旨，也从未放弃对海南走向大开放的事业追求与探索。2018年以来，中改院持续深化对海南自由贸易港建设的战略性、前瞻性问题研究，积极主动地服务于海南省委、省政府的政策决策。

在此前中改院研究成果的基础上，我们撰写了这本《RCEP下的海南自由贸易港》。全书由绪论和六章组成：绪论基于对海南自由贸易港战略目标的分析，对下一步有效发挥海南自由贸易港在RCEP区域合作中的战略枢纽作用进行了阐述；第一章至第三章力图在对大变局下海南自由贸易港建设面临的机遇与挑战进行分析的基础上，提出RCEP下的海南自由贸易港的战略目标、战略角色；第四章至第六章提出与战略目标、战略角色相适应的战略抓手、战略举措及紧迫任务等。

陈所华、刘铁奇对本书编辑给予了帮助，广东经济出版社对本书的出版给予了大力支持，在此一并表示感谢。

2024 年 9 月 28 日

目录

· 第二章 ·

战略目标：打造重要开放门户

· 第三章 ·

战略角色：RCEP下中国与东盟全面战略合作的重要枢纽

· 第四章 ·

战略抓手：加快建设“两个总部基地”

· 第五章 ·

战略举措：促进海南自由贸易港与粤港澳大湾区联动发展

· 第六章 ·

当务之急：做好海南自由贸易港政策与RCEP规则叠加

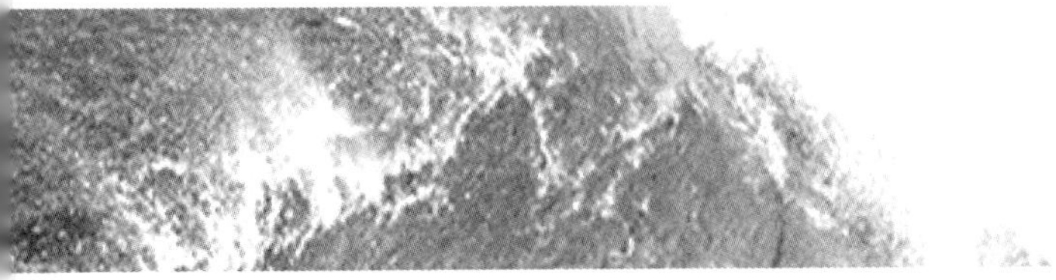

绪　论

打造中国与RCEP市场的重要交汇点
——RCEP框架下海南自由贸易港的角色与任务

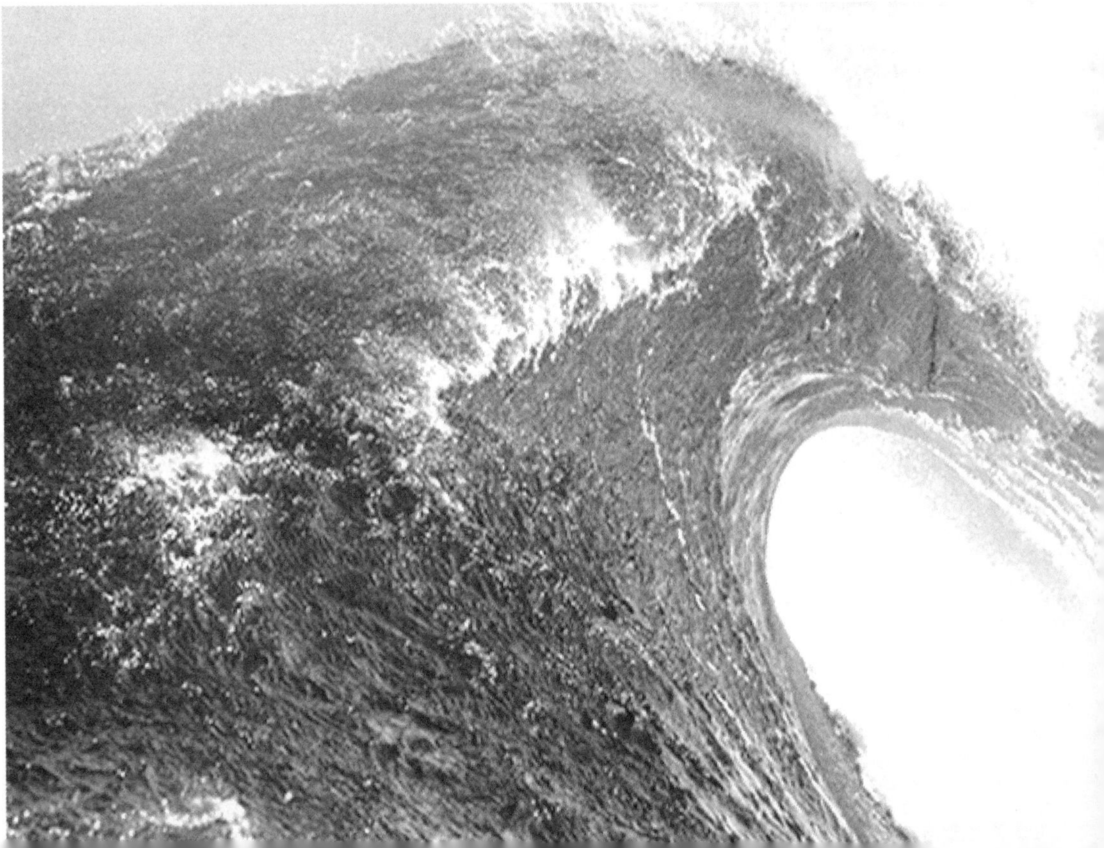

当前，RCEP即将进入在15个成员国全面实施的新阶段，它在促进区域经济复苏与增长、区域一体化大市场建设中的作用将进一步发挥。面对复杂变化的国际政治经济格局，地处RCEP区域中心位置的海南自由贸易港，要充分利用其地理区位、资源及政策等优势，主动有为地将自身打造成为中国与RCEP市场的重要交汇点，并在促进RCEP区域合作、推进RCEP扩容升级中发挥重要枢纽作用。

一、战略定位：打造中国与RCEP市场的重要交汇点

（一）成为中国与RCEP市场的联结点

1. 促进中国与RCEP市场商品服务的深度融合。一方面，发挥海南自由贸易港“零关税”与RCEP“零关税”政策叠加效应，拓展海南与RCEP其他成员国货物贸易空间。另一方面，以海南自由贸易港开展高水平开放压力测试为契机，更加重视国内与RCEP市场规则和服务体系的衔接互认，推进商品通关及跨境要素自由便利，推动旅游、健康医疗、金融保险、文化娱乐、航运物流、免税购物、高新技术等商品与服务市场的全面融合。

2. 发挥中国与RCEP企业双向投资的平台功能。适应全球产业链供应链区域化、本土化大趋势，发挥海南自由贸易港高水平开放政策与制度优势，服务促进国内具有突出比较优势的产能对外投资，与RCEP区域内企业联手打造分工合理、稳定安全的区域性产业链供应链。同时，用好国内14亿人口大市场，吸引更多以东盟为重点的RCEP区域内高质量企业来琼投资，并通过海南自由贸易港使其更好地分享国内大市场。

3. 发挥中国与RCEP其他成员国间政策与规则的协调对接功能。政策与规则协调，是构建中国与RCEP成员国一体化大市场的重要举措。从短期看，依托独特的地理区位优势，发挥海南自由贸易港制度与政策优势，率先全面落实RCEP规则，促进中国与东盟国家间产业衔接、规则对接，使得东盟国家更多产业以海南自由贸易港为平台与我国双循环发展体系相对接。

（二）成为促进中国与RCEP区域要素优化配置的枢纽集散点

1. 发挥海南自由贸易港在资源双向流动中的促进作用。目前，RCEP内部相互

投资占其全部对外投资的比重为30%；RCEP成员国吸引的绿地投资项目以欧美发达国家为主，据FDI Markets数据库统计，2022年1～6月，来自RCEP区域内部的绿地投资项目仅有135个，占比不足20%。一方面，依托海南自由贸易港金融自由便利等政策，吸引国内企业各类要素在海南自由贸易港内中转、交易、配置、集聚，并为国内企业跨境投资提供境外投资指引等服务，增强国内企业在境外投资的信心。另一方面，发挥海南自由贸易港与内地市场的联通优势，吸引RCEP成员国各类要素以海南自由贸易港为平台走向国内大市场。

2. 发挥海南自由贸易港在中国与RCEP区域供应链中的服务促进作用。依托海南地处中国面向东盟的前沿以及背靠超大规模国内市场和腹地经济等优势，用好运输来往自由便利政策及“零关税”、加工增值货物内销免征关税等政策，强化物流体系建设及与东盟国家口岸间的协调合作，提升海南自由贸易港在中国-东盟跨境供应链中的服务促进作用。

（三）成为促进RCEP与国际高水平经贸规则对接的先行区

按照打造最高水平开放形态的基本要求，在率先全面落实我国在RCEP中的开放承诺的基础上，充分发挥海南自由贸易港单向开放的灵活性、主动性，同新加坡、马来西亚、越南等《全面与进步跨太平洋伙伴关系协定》（CPTPP）成员国开展更高水平的双边、区域合作，使之成为RCEP区域高水平合作交流先行区。同时，争取各方支持，加快推进CPTPP规则的压力测试，突出海南自由贸易港在服务贸易、数字贸易、竞争中性、环境保护等领域的规则探索，使海南自由贸易港尽快成为我国深度融入全球经济体系的前沿地带，并在引领RCEP部分规则升级中发挥重要牵引作用。

（四）在中国与东盟全面战略合作中发挥重要枢纽作用

1. 经贸合作的自由经济区。2021年，中国与东盟贸易额同比增长29%，分别占各自对外贸易总额的14.5%、25.8%；累计双向直接投资额达到3000亿美元，已成为相互投资最活跃的合作伙伴。适应中国与东盟经贸合作快速发展的大趋势，海南自由贸易港不仅可以在促进双边贸易、双向投资方面发挥重要的平台作用，也需要在地区内资金、人才、信息、技术等要素中转、配置、交易中发挥重要枢纽作用。

2. 蓝色经济伙伴关系核心区。蓝色经济不仅已成为中国与东盟全面战略合作的重大选项，也蕴藏着巨大的合作交流空间。特别是难以在短期内形成统一的地区安全机制和行为规范的背景下，以可持续发展为目标的蓝色经济合作有望成为地区内全面合作的试金石和推进剂。在此背景下，依托海南管辖200万平方公里海域的资源优势，在各方支持下开展海洋生态环境保护、渔业资源可持续开发利用等，使海南自由贸易港在中国与东盟海洋产业对接、海洋绿色发展、海洋人文交流中成为服务保障基地与重要平台，共建和平之海、友谊之海、合作之海。

3. 医疗健康合作示范区。中国正在跨越高收入国家门槛，东盟国家中等收入群体规模进入快速增长期。在此背景下，区域内医疗健康消费市场潜力巨大。为此，在依托海南自由贸易港医疗健康开放政策与优质要素吸引力，打造面向东盟的公共卫生援助基地的同时，不断提升国际化医疗健康服务供给水平和能力，推动共建中国-东盟医疗健康一体化大市场。

4. 人文交流特区。2011—2019年，中国在东盟国家的劳务合作人数由8.4万人增长至11.8万人[1]，在促进人文交流的同时，也助力当地经济发展。在域外势力干扰等多种因素的影响下，中国与东盟国家人文交流受到较大冲击。在此背景下，需要发挥海南自由贸易港与东盟国家人文相近的优势，在促进商务人士经贸往来的同时，努力打造更大范围、更深层次的人文交流项目，努力成为增进地区合作共识、营造地区合作氛围、引导地区合作舆论的战略要地。

[1] 《对外投资合作国别（地区）指南 东盟（2023年版）》，https://www.mofcom.gov.cn/dl/gbdqzn/upload/dongmeng.pdf。

二、战略重点：加快建设"两个总部基地"

（一）打造重要交汇点的抓手在于建设"两个总部基地"

1. 市场流量不足影响海南自由贸易港重要枢纽作用的发挥。从国际自由贸易港的成功经验看，"大进大出"的通道经济是其一般特征，也是其形成区域影响力、辐射力的重要基础。例如，2021年，新加坡货物贸易、服务贸易、进出资金分别是其GDP（国内生产总值）的224.2%、117.7%、38.0%[1]。2021年，海南全省接待国内外游客8100.43万人次，仅相当于广东的31.5%；全省货运量28039万吨，仅相当于广东的7.0%；实际利用外资35.19亿美元，仅相当于广东的12.3%；货物贸易额1476.8亿元，仅为广东的1.8%；服务贸易额287.8亿元，仅为广东的2.9%[2]。市场流量少不仅成为海南现代产业体系构建的突出掣肘，也难以充分发挥其在中国与RCEP市场联结中的重要枢纽作用。

2. 未来几年吸引欧美资本提升市场流量存在较大的不确定性。一方面，在大国关系与地缘政治安全格局深刻复杂变化的背景下，吸引欧美资本的难度明显增大。2021年，我国来自美、英、法、德、澳国家的外商直接投资额仅占我国外商直接投资总额的3.7%[3]。另一方面，东盟国家依托自身成本优势、开放政策和良好的发展势头，成为吸引全球投资的主要区域。2021年，东南亚吸引外资同比增长43.6%[4]，总量已接近我国吸引外资总额。也就是说，海南自由贸易港吸引大规模外资进入不仅面临全球与区域大格局变化的不利影响，也要面对与东盟的竞争，"一线"放开后外资能否大规模进来仍存在较大的不确定性。

3. 发挥"总部基地"对要素集聚的促进作用。"总部基地"不仅是经贸网络

[1] 数据来源：世界银行、新加坡统计局。

[2] 数据来源：根据海南省统计局、广东省统计局公布数据计算整理。

[3] 《2021年度中国对外直接投资统计公报》，http://a.chinahcm.cn/NewsUploads/files/2_fdi010/20230802154101426.pdf。

[4] 数据来源：东盟数据库。

的重要依托，也是重要枢纽作用发挥的主体。从中国香港、新加坡等自由贸易港的发展经验看，吸引集聚全球或地区总部企业是一个普遍做法。例如，目前约有2.6万家国际公司立足新加坡，1/3的《财富》世界500强企业选择在新加坡设立亚洲总部[1]。2021年在香港设立的地区总部企业1457家，比2002年增长55%（见图1）。大量的全球或地区总部企业集聚，不仅形成了商品要素配置集散的重要支撑，也为国际化服务体系构建提供了重要条件。

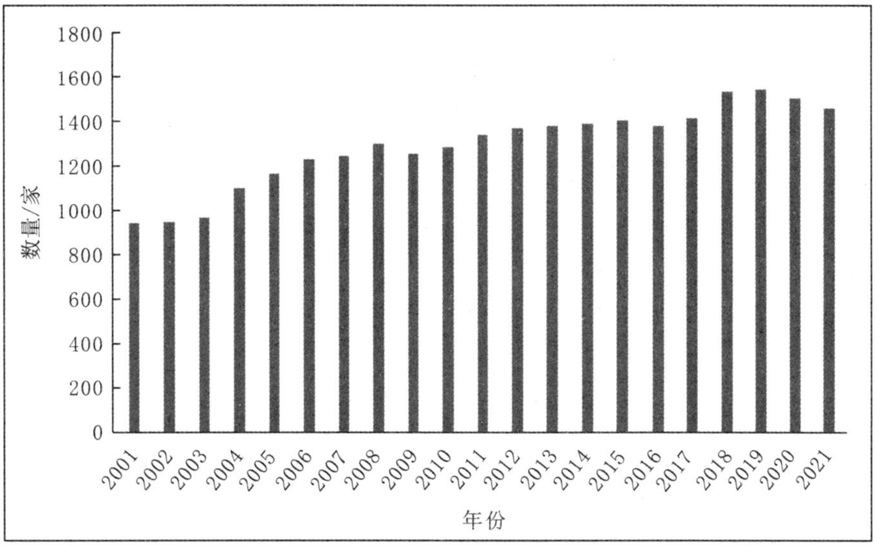

图1 2001—2021年香港总部企业数量

资料来源：香港特区政府统计处。

（二）用好RCEP形成的稳定、透明的区域环境

1. 清晰透明的经贸规则稳定并优化总部企业投资布局环境。RCEP以非服务业领域投资准入负面清单和正负服务贸易清单模式，推动区域内服务贸易与投资自由化、便利化；同时，以棘轮机制形成各方扩大开放的硬约束，将明显提高RCEP成员国市场准入的确定性，为内外投资者营造一个稳定、开放、透明的投资环境。例如，按照协定，成员国间90%以上货物贸易的关税将为“零关税”，或在10年内降

[1] 数据来源：中国国际贸易促进委员会投资概况（2021年）。

到“零关税”。这也意味着成员国将在短期内兑现货物贸易自由化的相关承诺，由此使协定产生更大红利，提振成员国经济发展（见表1）。

表1 RCEP各成员国货物贸易自由化承诺

成员国	东盟	中国	日本	韩国	澳大利亚	新西兰
中国	90.5%	—	86.0%	86.0%	90.0%	90.0%
日本	88.0%	88.0%	—	81.0%	88.0%	88.0%
韩国	90.7%	86.0%	83.0%	—	90.5%	90.6%
澳大利亚	98.3%	98.3%	98.3%	98.3%	—	98.3%
新西兰	91.8%	91.8%	91.8%	91.8%	91.8%	—
新加坡	—	100.0%	100.0%	100.0%	100.0%	100.0%
文莱	—	98.2%	98.2%	98.2%	98.2%	98.2%
菲律宾	—	91.3%	91.1%	90.0%	91.1%	91.1%
马来西亚	—	90.2%	90.2%	90.2%	90.2%	90.2%
印度尼西亚	—	89.5%	89.5%	89.5%	90.8%	91.5%
泰国	—	85.2%	89.8%	90.3%	91.3%	91.3%
越南	—	86.4%	86.7%	86.7%	89.6%	89.6%
柬埔寨	—	87.1%	87.1%	87.1%	87.1%	87.1%
缅甸	—	86.0%	86.0%	86.0%	86.0%	86.0%
老挝	—	86.0%	86.0%	86.0%	86.0%	86.0%

资料来源：根据RCEP内容整理。

2. 原产地累积规则提升“总部基地”产业布局空间。RCEP在货物贸易领域采用区域累积的原产地规则，将原材料累积范围扩大到15国，使加工产品更容易达到40%的区域价值成分要求，从而以更低的门槛获得优惠关税待遇。这将增加产业链、供应链布局的灵活性和多样性，助推区域内企业建立完善的跨国产业分工体系。例如，RCEP各成员国可依托区域内发展中国家资源要素、中间品生产基础及发达经济体技术优势，充分利用区域内原产地累积规则，形成区域内产业链、供应链和价值链的闭环。同时，RCEP推动区域内首次达成范围全面的多边电子商务规则，会对促进区域产业链供应链数字化转型、亚洲经济体参与全球数字经贸规则构建等产生深远影响。

3. 跨境服务贸易正面清单与负面清单相结合推动总部企业产业链供应链延伸。RCEP各国在服务贸易领域均作出高于各自“10+1”自贸协定水平的开放承诺，并结合各自利益关切，以正面清单和负面清单相结合的办法推进区域内服务贸易整体开放。这体现了包容性、灵活性与渐进性的特点，释放未来区域内服务贸易高水平开放的稳定预期。

（三）适应趋势率先建设第一个“总部基地”

1. 适应中国企业加快投资布局东盟的大趋势。《中国—东盟经贸合作企业信心与展望调研报告》显示，50%的受访中国企业将开拓东盟贸易作为重要的未来商业战略（见图2），其中46%计划在3年内对东盟开展投资；在更长的时间跨度下，有66%的受访中国企业表达了投资东盟的意向，获取东盟市场和战略多元化配置是相关意向的核心驱动力[1]。适应国内企业加快投资布局东盟的大趋势，在全面落实海南自由贸易港政策中形成对国内企业设立“总部基地”的吸引力与竞争力，并在此基础上带动东盟企业在海南自由贸易港落户经营，由此形成“两个总部基地”建设相互促进的发展格局。

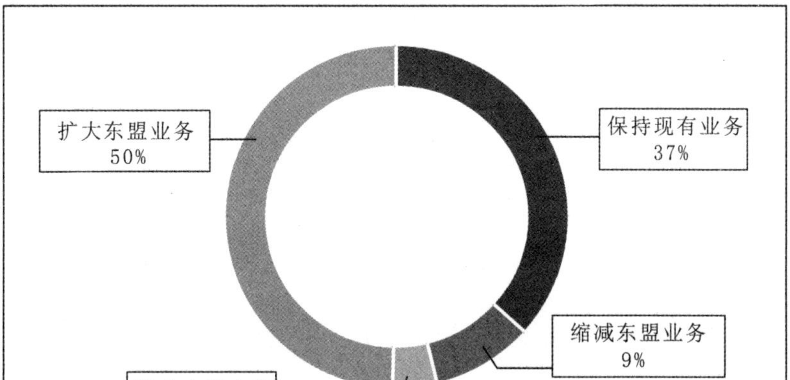

图2 中国企业未来在东盟的经营计划

[1] 普华永道：《中国—东盟经贸合作企业信心与展望调研报告》，2021。

2.以第一个“总部基地”建设带动第二个“总部基地”建设。在百年变局加速演进的背景下，我国吸引外资面临一定程度的压力。数据显示，2023年中国吸引外资规模有所下降，实际使用外资1632.5亿美元，折合人民币1.13万亿元[1]。与此同时，东盟地区的低成本劳动力和市场潜力吸引了大量外商直接投资（FDI）。众多跨国公司将生产基地设在东盟国家，推动了当地制造业和服务业的发展，给经济增长带来了巨大动力。东盟秘书处最新数据显示，2022年东盟经济增长率高达5.1%，比全球平均水平高出近2个百分点。东盟一些重要经济体的增长优势更加明显，如马来西亚、越南和菲律宾，2022年增长率分别高达8.7%、8.0%和7.6%。在此背景下，海南自由贸易港推动建设“两个总部基地”，要以第一个“总部基地”建设的突破，吸引以东盟为重点的国外企业进入海南，由此带动第二个“总部基地”建设。

3. 形成具有竞争力与吸引力的政策环境、发展环境。一方面，特殊政策叠加背靠国内大市场是海南吸引境外优质资源集聚的重要优势。境外企业落户海南自由贸易港的主要目的就是以此为平台，以更低成本、更自由便利地开拓内地大市场。另一方面，我国正处于企业“走出去”开展产业布局的关键时期。目前，我国对外直接投资额占GDP的比重仅为0.9%，低于1.1%的发展中国家水平，也低于1.3%的发达国家水平[2]。到2025年，若我国与东盟双边贸易和直接投资有20%左右在海南实现，将带来1400亿美元的货物流与近50亿美元的资金流。为此，要发挥好背靠国内14亿人口大市场、面向东盟前沿的独特优势，加快构建具有竞争力的政策体系，吸引国内企业以海南自由贸易港为平台更好地布局东盟，吸引以东盟为重点的RCEP成员国企业以海南自由贸易港为平台更深程度融入国内大市场。

---

[1] 《国务院新闻办就稳中求进、以进促稳推动商务高质量发展取得新突破举行发布会》，https://www.gov.cn/zhengce/202401/content_6929006.htm。

[2] 数据来源：世界银行数据库。

（四）促进与RCEP优势互补形成特色产业“总部基地”

1. 建立热带农业“总部基地”。在高水平开放背景下，海南农业面临着高成本、低价格的双重挤压，且以初级农产品生产销售为主的农业发展方式难以与东南亚国家形成优势互补与差异化竞争。例如，2020年中国内地大米生产价格每吨414美元，比菲律宾高22%、比泰国高34%、比越南高42%（见表2）；芒果生产价格每吨2174美元，比澳大利亚高15%，是印度尼西亚、泰国、越南、马来西亚等东盟国家的3倍多[1]。为此，建议支持国内农业企业以技术、资金进入东盟农业产业发展领域，通过长期租赁等方式开展农业种植或简单加工，并在海南建设热带农产品保鲜、储藏、加工、包装、营销、集散中心。

表2 2020年我国与RCEP部分成员国大米价格比较

单位：美元/吨

国家/地区	价格	国家/地区	价格
澳大利亚	529	泰国	310
文莱	906	越南	292
印度尼西亚	382	中国内地	414
马来西亚	285	海南	475
菲律宾	338		

资料来源：商务部数据库。

2. 建立数字经济“总部基地”。东盟数字经济潜在群体庞大，数字消费者预计突破3亿人，劳动适龄人口数量超过4.3亿人。从现实看，东盟数字经济发展总体上还处于早期阶段，数字经济价值占国内生产总值的比重仅为7%[2]，东盟发展数字经济，尤其是数字服务贸易的潜力巨大。到2025年，东盟数字经济规模将达到3000亿美元，约占东盟国内生产总值的8%。依托海南“一线”放开、“二线”管住的特殊政策，取得同东南亚国家在跨境电商、数字支付等领域的“早期收获”；

[1] 数据来源：商务部数据库。

[2] 数据来源：东盟数据库。

引导国内互联网企业在海南同东南亚国家共同建立跨境数字自由贸易园区、数字经济合作园区、智能制造合作园区等，积极开展数字技术、数字基础设施、数字服务等项下的自由贸易。

3. 建立海洋旅游“总部基地”。2019年，中国与东盟及周边区域共接待国际游客3.35亿人次，占全球国际旅游总人次的22.3%；实现国际旅游收入3598.92亿美元，占全球国际旅游收入的21.2%[1]。鼓励中资旅游企业加大对泛南海地区旅游资源的投资力度，挖掘东盟沿海国家和地区独特的自然风光、人文景观等丰富的旅游资源，并与当地企业或政府共同规划、开发旅游线路，开发建设新旅游景区。

4. 建立海洋渔业“总部基地”。2021年，东盟向中国出口的鱼类等海产品占其出口总额的18%，其中，加工产品出口仅占其海产品出口的4.1%[2]。RCEP生效后，仍有一部分海产品需要在未来几年内逐步实现“零关税”。未来5年，我国将从东盟进口1500亿美元农产品，其中很大一部分是海产品。从RCEP与海南自由贸易港的政策看，完全可以依托“零关税”及加工增值货物内销免征关税政策，进口东南亚国家的海产品在海南进行精深加工，使产品增值30%以上再免关税进入内地；以此为基础，逐步将海南自由贸易港打造成为面向东盟的海产品加工、保鲜、中转、交易基地。

三、重大任务：促进与粤港澳大湾区联动发展

（一）在联动发展中合作打造中国与东盟全面战略合作的重要枢纽

1. 以联动发展实现优势互补。打造重要开放门户是中央在海南建立自由贸易

[1] 数据来源：联合国世界旅游组织（UNWTO）。

[2] 迟福林：《合力建设中国与东盟全面战略合作的重要枢纽》，https://paper.cnstock.com/html/2023-01/12/content_1715304.htm。

港的战略目标，海南自由贸易港成为中国与东盟全面战略合作的重要枢纽，是实现战略目标的重大任务。从实际来看，单靠海南自身的产业基础和资金、人才等，难以在短期内实现重要突破。粤港澳大湾区是我国经济实力与市场活力最强的区域之一，以广东为例，2022年，海南地区生产总值、人均生产总值分别是广东的5.3%、65.7%，市场主体数量是广东的14.6%，货物进出口额是广东的2.4%（见表3）。为此，要发挥海南自由贸易港区位优势以及高水平开放政策优势，并充分利用广东9市产业优势与港澳的国际化网络，形成吸引总部企业、集聚全球优质资源的综合优势。

表3　2022年海南与广东主要经济指标对比

主要经济指标	海南	广东	海南相当于广东的比例
地区生产总值	6818.22亿元	129118.58亿元	5.3%
人均生产总值	66845.00元	101796.00元	65.7%
市场主体数量	239.25万户	1633.88万户	14.6%
货物进出口额	0.20万亿元	8.31万亿元	2.4%

资料来源：海南省统计局、广东省统计局。

2. 在联动发展中共同构建分工合作的产业体系。产业基础薄弱是制约海南自由贸易港建设的突出矛盾，而缺乏产业集群、产业链条短是产业基础薄弱的症结所在。粤港澳大湾区不仅经济发展水平全国领先，而且产业体系完备，集群优势明显。例如，2021年，海南现代服务业增加值仅相当于广东的4.4%，旅游收入相当于广东的25.5%，高新技术产业增加值仅相当于广东的8.0%，高新技术企业1202家，仅相当于广东的2.0%（见表4）。为此，要充分利用粤港澳大湾区产业发展基础与优势，共同开展与东盟的经贸合作，逐步构建起与之相适应的生产分工体系和经贸合作秩序，强化地区内产业链供应链的稳定性与安全性。

表4　2021年海南与广东主要产业发展指标对比

主要产业发展指标	海南	广东	海南相当于广东的比例
现代服务业增加值	2004.51亿元	45443.90亿元	4.4%
旅游收入	1384.34亿元	5433.73亿元	25.5%
高新技术产业增加值	961.96亿元	12000.00亿元	8.0%
高新技术企业数量	1202家	超6万家	2.0%

资料来源：海南省统计局、广东省统计局。

3. 在联动发展中共同开拓东盟市场。《广东省国民经济和社会发展第十四个五年规划和2035年远景目标纲要》提出，“不断扩大广东与周边国家贸易规模”“加快高质量‘引进来’和高水平‘走出去’步伐”。从海南的现实看，在与东盟的经贸往来方面，海南与广东存在较大差距。例如，2022年广东自东盟进出口额达到1.35万亿元，同比增长9.1%，占全国与东盟双边货物贸易额的20.7%，是海南与东盟双边贸易额的34.3倍[1]。强化与粤港澳大湾区联动发展，不仅有利于海南利用国内14亿人口大市场的经济腹地优势，也有利于发挥海南作为RCEP地理中心的优势，在畅通国内国际双循环的同时，与粤港澳大湾区共同开拓东盟市场。

（二）推动形成与粤港澳大湾区产业协同发展的新格局

1. 合作发展农产品加工业，服务国内大市场。面对RCEP下农产品“零关税”的冲击，迫切需要以热带农产品加工形成海南农业发展的新优势。但从海南现实看，农产品加工业发展滞后问题突出。目前，海南以初级鲜活农产品交易为主，每年出岛的绿色鲜活农产品超过1000万吨，但农产品加工远远滞后。例如，2022年海南农产品加工业产值与农业总产值之比仅为0.21：1，低于2020年全国平均水平（2.4：1），与广东2021年水平（4.43：1）差距更大[2]；2021年，海南规模以上农产品加工企业为83家，广东有1185家。为此，建议依托东盟国家丰富的农业资源，发挥海南自由贸易港“零关税”及加工增值货物内销免征关税等政策优势，吸

[1]　数据来源：海关总署广东分署、海口海关。

[2]　数据来源：国家统计局、海南省统计局、广东省统计局。

引广东农业加工贸易企业到海南发展农产品和热带水果国际转口贸易、进口原料加工和本地农产品深加工产业，使农产品加工增值超过30%后以“零关税”进入广东并向全国分销。

2. 把海洋产业作为联动发展的重点。广东海洋经济总量已连续28年居全国首位。2022年广东海洋产业生产总值1.8万亿元[1]，且具有较为完整、较强竞争力的海洋产业体系。与之相比，海南具有开发深海、发展蓝色经济的先天资源优势，但海洋经济规模较小。2022年海南海洋产业生产总值仅2100亿元[2]，相当于广东的11.7%。为此，服务于南海合作开发的实际需求，建议在广州、深圳、珠海、中山、湛江等地海洋装备研发制造的基础上，在海南合力建设深海装备安装、测试、推广应用和维修服务中心。

3. 合作构建数字经济产业链供应链。据中国信通院测算，2022年广东数字经济规模为6.41万亿元，增长8.6%；占地区生产总值的比重较上一年度提升2.2个百分点，由2021年的47.5%扩大到2022年的49.7%，总体规模连续6年居全国第一位[3]；2021年海南全省数字经济增加值为450亿元，占全省生产总值的比重仅为7%，比广东（47.5%）约低40个百分点。建议一方面以深圳、东莞为重点，积极吸引珠江东岸信息技术领域制造企业将高端半导体元器件、物联网传感器、第三代芯片、光纤光缆等的原材料的进口加工、组装包装、研发设计、模拟实验等环节布局在海南，合力打造跨区域信息制造产业链。另一方面合作开展对东盟国家的数字贸易。例如，探索在海南自由贸易港内合作建立数字贸易试验区，吸引广东数字贸易与电商企业在海南建立海外仓性质的保税仓储基地。

---

[1]　《广东海洋经济发展报告（2023）》，http://nr.gd.gov.cn/zwgknew/sjfb/tjsj/content/mpost_4225188.html。

[2]　《关于海南省2022年国民经济和社会发展计划执行情况与2023年国民经济和社会发展计划草案的报告》，http://plan.hainan.gov.cn/sfgw/gmjjshfzjh/202302/0e2ada05496d4183a1b437d0a09fdfde.shtml。

[3]　《2023中国数字经济创新发展大会在汕头开幕 广东数字经济发展指数位居全国前列》，http://zfsg.gd.gov.cn/xxfb/dtxw/content/post_4239366.html。

（三）推进以金融为重点的“双港”经贸合作

1. 促进香港金融服务与海南自由贸易港“总部基地”的融合。跨境资金自由便利流动是总部企业的核心政策诉求。2021年香港金融业从业人员超过27.7万人，占香港工作人口的7.6%，约对香港本地生产总值贡献21.3%[1]，中国约2/3的对内及对外投资都经由香港进行。与之相比，由于缺乏自由便利的金融开放政策与金融服务支撑，目前在海南注册的总部企业，其结算中心、信息中心等核心业务大多不在海南。2022年，海南金融业增加值占地区生产总值的比重仅为6.4%，不仅低于全国平均水平（8.0%），而且低于北京（19.7%）、上海（19.3%）、广东（9.1%）等发达地区的水平[2]。为此，通过引入香港金融机构与相关服务体系，合力满足国内企业以海南自由贸易港为“总部基地”投资东盟的各类需求，不仅将加速海南自由贸易港“总部基地”建设进程，也将明显拓展香港金融服务范围。

2. 在海南自由贸易港设立服务“总部基地”的人民币与港币的双币资金池。适应国内企业“走出去”的趋势与海南自由贸易港“总部基地”建设的需求，在海南自由贸易港设立人民币与港币的双币资金池，共同向中央申请设置较高额度，在额度范围内实现人民币与港币的自由兑换。例如，内地企业可以在海南自由贸易港设立地区总部，在香港设立“走出去”总部，允许这些双总部企业通过双币资金池实现资金自由进出，在双币资金池内自由调配并开展融资，降低企业财务成本。

3. 建立琼港总部企业金融服务直通机制。发挥香港金融人才与信息服务业发达优势，允许在港金融机构通过跨境服务、自然人移动等方式为在海南自由贸易港设立“总部基地”的企业提供金融及信息服务，并在一定范围内允许其在海南自由贸易港内使用港币。

4. 借鉴欧盟（EU）经验，实施“双港”金融机构牌照和资格“单一通行证”制

[1] 数据来源：香港金融管理局。

[2] 数据来源：根据全国及各地区统计局公布数据计算整理。

度[1]。共同商定“单一通行证”认证标准，对经认证的金融机构，经备案后无须单独申请准入即可为两地企业提供相关金融服务。在起步阶段，可率先在银行、保险等领域开展探索，并逐步向外汇交易、期权期货、证券发行、货币经纪、资产管理等领域拓展。

5. 促进“双港”法律、会计等专业服务市场的对接。争取将海南自由贸易港作为不同法律制度对接试点，以务实举措实现法律服务市场对接的突破。例如，支持两地律师事务所订立合作协议，在海南组建一个合伙联营律师事务所，并以该所的名义对外提供法律服务，允许合伙联营律师事务所及其香港律师在内地全面提供涉港、涉外法律服务，允许合伙联营律师事务所及其内地律师在香港全面提供涉及国内的法律服务。同时，发挥香港专业服务业优势，加快引进更多国际知名的会计、审计、信用评级、资产评估、投资咨询等专业中介服务机构，为总部企业提供国际化的服务体系。

（四）促进与粤港澳大湾区基础设施互联互通

1. 加快推进琼州海峡南北两岸港航资源整合。在当前基本完成琼州海峡南岸航运资源整合、北岸港口资源整合的基础上，按照《加快推进琼州海峡港航一体化实施方案》的要求，加快推进琼州海峡南岸港口资源整合、北岸航运资源整合进程以及南北两岸港航资源整合；加快实现琼州海峡两岸港航资源“统一规划、统一建设、统一运营、统一管理”；加快完善琼州海峡港航一体化协调运作机制，省级层面以协调为主，地方层面以协作为主，企业层面以合作为主。

2. 加强协调共建功能互补的区域性港口群。巩固提升香港国际航运中心地位，加快发展高端航运服务业，并为海南企业提供服务；增强广州、深圳国际航运综合服务功能；加快推进洋浦区域国际集装箱枢纽港建设，着力提升洋浦港集装箱

[1] “单一通行证”制度是指欧盟成员国内金融机构可在他国境内设立分公司或不设立分公司直接提供金融服务，而无须经过东道国许可的制度安排。

码头和航道等级能力，增强洋浦港国际中转业务功能，推动公共码头资源整合，完善洋浦国际物流和冷链物流设施，与香港、广州、深圳形成优势互补、互惠共赢的港口、航运、物流和配套服务体系。

3. 合作共建以航空为重点的城际快速交通网络。加密直飞或与粤港澳大湾区相互中转的国际航线；继续打造琼港空中快线，持续增加琼港间航线往来密度，方便更多国际游客通过香港中转来琼；借助粤港澳大湾区机场管理集团合作建设儋州加来机场、东方/五指山机场、琼海博鳌机场等小型机场或市支线机场，加快三亚新机场等机场建设，加快研究论证推动香港机场管理局参与海南省机场管理合作的路径、方式。例如，探索借鉴香港机场和珠海机场的代理经营模式，对海南新建机场进行运营管理。

4. 推动共建以东盟为重点的对外综合运输通道。协同推进海南、广东、香港、澳门与东南亚国家和地区在国际中转、运输航线、物流配送等方面的密切合作，推动共建泛南海区域航运标准体系、管理制度体系等；强化海上航线联合开发、共享，联合组织开通至新加坡、越南等国家主要港口的国际航线，形成放射状、网络化、便捷化的航运交通网络布局；建立并完善区域港口物流合作协调机制，组建21世纪海上丝绸之路货运物流合作网络，打造泛南海区域海上运输大通道。

四、当务之急：做好海南自由贸易港政策与RCEP规则叠加

（一）实现海南自由贸易港“零关税”政策与RCEP“零关税”政策的叠加

1. 发挥单向开放的灵活性、主动性，2025年前全面实施我国在RCEP中的“零关税”承诺清单。封关运作前，海南“零关税”进口商品仅适用于“一负三正”四

张清单，范围较小。2022年，海南通过“零关税”政策进口三张清单商品90.8亿元，仅占当年全省外贸总额的4.5%[1]。在RCEP框架下，我国将最终实现88.5%的商品“零关税”。建议利用RCEP“零关税”清单全面实施前的窗口期，封关运作前在海南全面实施我国在RCEP中的“零关税”承诺清单，实施对象为包含东盟在内的全球经济体或单独关税区，明显提升海南自由贸易港“零关税”覆盖度，并为“零关税”清单由正转负探索经验。

2. 封关运作后尽快使海南自由贸易港“零关税”比例提升至99%左右。在我国RCEP关税承诺表的基础上，逐步对非“零关税”工业品全部实行“零关税”管理，并对这类产品实行现有的“二线”管理制度，从而使“零关税”商品比例提升至99%左右。在此基础上，立足最高水平开放的目标要求，对标新加坡、中国香港，制定海南自由贸易港进口征税商品目录，争取对除烟、酒、石油等外的商品全面实行“零关税”。

3. 尽快实行RCEP快速通关机制。在率先实现RCEP中货物48小时内通关要求的基础上，加大企业AEO（经认证的经营者）认证力度，优化、细化预裁定和抵达前处理等便捷通关流程，精简预提交材料，在主要口岸推出“6小时通关”。

（二）实现海南自由贸易港加工增值政策与RCEP原产地规则的叠加

1. 率先实现海南自由贸易港与RCEP其他成员国间的完全累积。将RCEP其他成员国内所有生产和货物增值纳入累积的适用范围。也就是说，即使非原产材料在RCEP其他成员国经过加工仍未获得原产资格，也仍对其实现的加工和增值部分予以累积，再经过海南自由贸易港加工增值累积达到40%，即可享受“零关税”进入内地的政策。

2. 以差异化的加工增值比例政策使更多加工环节留在海南。根据产业发展实际与产业发展目标要求，确定不同货物加工增值比例。例如，对于粮食、珠宝、

[1] 数据来源：海口海关。

药品原材料、电气设备等仍实行相对较高关税税率的商品，适用较高的加工增值比例，使更多加工环节留在海南；对于其他进口关税税率较低的商品，则适用相对较低的加工增值比例。

3. 将与加工相关的生产性服务环节纳入加工增值计算范围。着眼于海南自由贸易港加工产业发展相对滞后的现实情况和发展现代服务业的实际需求，将研发设计、信息技术、节能环保、检验检测认证等与加工制造紧密相关的生产性服务投入及增值纳入加工增值计算范围。

4. 借鉴RCEP、CPTPP丰富海南自由贸易港价值增值计算公式（见表5）。引入RCEP中的累加法和CPTPP中的净成本法，以便于各类企业自主选择不同的计算方法提交加工增值证明。

表5　海南、RCEP、CPTPP原产地规则总体比较

项目	海南	RCEP	CPTPP
认定标准	实质性改变	完全获得、完全生产、实质性改变	完全获得、完全生产、实质性改变
增值比例	30%以上	40%以上	35%、45%、55%不等
区域累积规则	—	区域内原产地累积（RCEP第三章第四条第二款，目前并非RCEP的生效条文，而是留待缔约方在5年之内审议，目前对非原产材料进行的生产活动，尚未计入原产成分进行累积）	区域内完全累积（各缔约方内的所有生产和货物增值，不仅包括原产货物，也包括非原产货物）
计算方法	扣减法：（货物出区内销价格-Σ境外进口料件价格-Σ境内区外采购料件价格）÷（Σ境外进口料件价格+Σ境内区外采购料件价格）×100%≥30%	直接法（累加法）：（原产材料价格+直接人工成本+直接经营费用成本+利润+其他成本）÷出口产品的出境口岸价格×100%≥40% 间接法（扣减法）：（出口产品的出境口岸价格-非原产材料价格）÷出口产品的出境口岸价格×100%≥40%	价格法：（货物价格-特定非原产材料价格）÷货物价格×100% 扣减法：（货物价格-非原产材料价格）÷货物价格×100% 增值法：原产材料价格÷货物价格×100% 净成本法：（净成本-非原产材料价格）÷净成本×100%

资料来源：根据公开资料及RCEP、CPTPP内容整理。

5. 率先全面实行RCEP原产地自主声明制度。在海南承认RCEP成员国进口商、出口商、生产商出具的原产地声明文件与签证机构签发的原产地证明文件具有同等效力，大幅降低相关货物享受“零关税”政策的制度成本。

（三）实现海南自由贸易港服务贸易开放政策与RCEP服务贸易规则的叠加

1. 制定更加精简的跨境服务贸易负面清单。对标新加坡等国家（见表6），制定更加精简的海南自由贸易港跨境服务贸易负面清单，建议争取在2025年前将非金融领域跨境服务贸易限制措施缩减至30项左右。同时，建议在文化、出版、视听、电影等领域明确内容审查标准、程序等的基础上，逐步放宽文化、电信领域的跨境服务贸易负面清单限制。

表6 CPTPP与RCEP跨境服务贸易负面清单限制措施数量

单位：项

国别	CPTPP	RCEP	国别	CPTPP	RCEP
日本	41	57	文莱	20	—
加拿大	16	—	智利	20	—
新西兰	4	—	秘鲁	25	—
澳大利亚	8	19	越南	5	—
新加坡	25	32	墨西哥	31	—
马来西亚	17	20			

资料来源：根据CPTPP、RCEP内容整理。

2. 对标RCEP形成跨境服务贸易的境内规制。例如，明确在海南自由贸易港范围内，给予境外服务提供者的待遇不低于在相似情况下给予本国服务提供者的待遇；除负面清单内规定的措施外，不得要求另一缔约方的服务提供者在海南自由贸易港内设立或维持代表处或任何形式的企业或成为居民，作为跨境提供服务的条件；等等。

3. 扩大对RCEP部分成员国职业资格的单向认可范围。成立由境外人员、企业参与的技术委员会，共同制定服务业领域标准，开展专业人才职业资格认可评估与评定；在现有基础上，以医疗健康、研发设计、文化娱乐、商务等为重点领域，增加新加坡、日本、新西兰等发达国家职业资格单向认可目录内容；取消认定人员“已被海南自由贸易港用人单位聘用”的限制；将旅游、交通运输、租赁和商务服务、科学研究和技术服务、文化体育娱乐等领域纳入允许参加职业资格考试范围。

（四）对标国际高标准经贸规则加快开展高水平开放压力测试

1. 对标CPTPP完善竞争政策法规体系。增加国有企业的相关条款，对承担国家安全或重大战略任务的国有企业以清单形式进行豁免，对其他国有企业明确其信息披露标准与格式，形成定期披露机制；增加反行政垄断的相关条款，明确除涉及国家安全的领域外，各级政府不得制定差异化的准入程序；增加透明度的相关条款。定期就竞争执法的相关政策与实践案例进行公开，并明确相关案例的适用条件；增加补贴政策的适用条款，将产业政策严格限定在具有重大外溢效应或关键核心技术的领域；增加新经济领域反垄断条款；增加政府采购中的公平竞争条款。

2. 扩大知识产权保护范围并逐步提升保护标准。制定出台《海南自由贸易港知识产权保护条例》配套文件。重点在突破上位法中的保护期、宽限期等要求方面，实现与CPTPP一致；并按照商标、专利、未披露的数据和其他数据的保护，著作权和与著作权相关的权利、执行、国际合作、数字知识产权保护等具体内容，形成具体化的指引文件。

3. 在环境领域全面对接CPTPP标准。提高渔业补贴透明度。例如，对标CPTPP定期公布计划名称、计划的法定主管机关、给予补贴的渔场分品种捕捞数据、鱼类种群状况、渔场的船队捕捞能力等信息，并以此实现补贴合法化。开展贸易领域的环境立法。借鉴和参考CPTPP相关规则，结合海南自由贸易港生态环境要求，形成关于环境产品与服务进出口的地方性法规。探索与印度尼西亚、越南等国家开展CPTPP下的渔业环保合作。

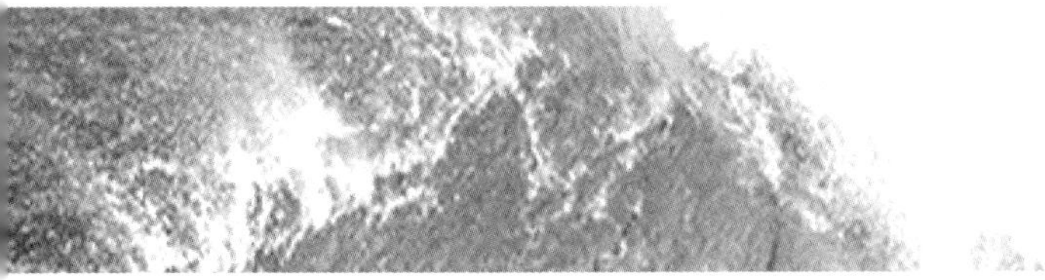

第一章

战略背景：大变局下的海南自由贸易港

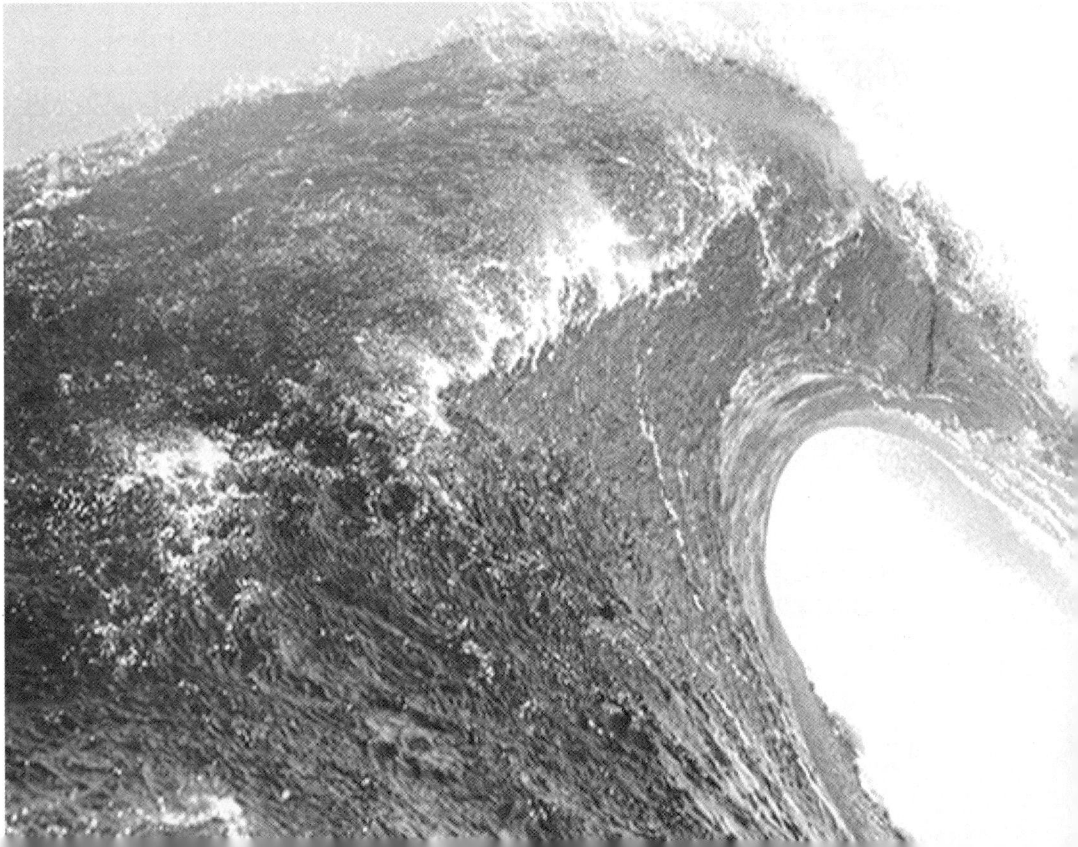

“当前，世界百年未有之大变局加速演进”，“世界之变、时代之变、历史之变正以前所未有的方式展开”[1]。面对不断增多的外部矛盾风险因素，我国坚持高水平对外开放，以高水平开放推动形成改革发展新布局，以高水平开放积极构建以国内大循环为主体、国内国际双循环相互促进的新发展格局。在此背景下，建设海南自由贸易港面临新的机遇与挑战。

[1] 《习近平：高举中国特色社会主义伟大旗帜 为全面建设社会主义现代化国家而团结奋斗——在中国共产党第二十次全国代表大会上的报告》，http://cpc.people.com.cn/n1/2022/1025/c64094-32551583.html。

第一节

国际环境发生深刻复杂变化

“和平与发展的时代主题面临严峻挑战，世界既不太平也不安宁”[1]。国际政治、安全、经济格局正经历重大调整，发展与冲突将成为未来相当长时期全球的突出矛盾，经济全球化和区域经济一体化进程将发生某些重大变化。

一、和平与发展的时代主题面临严峻挑战

（一）世界格局的深度调整

1. 俄乌冲突打破全球战略稳定。2022年初爆发的俄乌冲突，是冷战结束以来最大的地缘政治冲突[2]，正推动国际战略力量和格局进行深度调整。俄乌冲突绝不是一次简单的军事冲突，而是世界格局动荡变化的必然后果。俄乌冲突以来，美国和一些欧洲国家持续地“拱火”“递刀”，不断扩大对乌军事援助、向乌军提供先进武器系统，导致危机长期化。根据美国白宫在俄乌冲突一周年之际发表的声明，已有50个国家参与由美国牵头的乌克兰防务联络小组，向乌克兰承诺的军事援助总

[1] 《习近平同美国总统拜登视频通话》，https://www.chinacourt.org/article/detail/2022/03/id/6585253.shtml。

[2] 《俄乌冲突一周年回望》，https://m.gmw.cn/baijia/2023-02/23/36385701.html。

价值已达500亿美元[1]。北约部分成员国发表针对俄罗斯的声明后，俄罗斯将核力量转入“特殊战备状态”，引发了人们对核战、对再次爆发世界性战争的担忧，美俄之间的核博弈也将继续影响全球战略稳定。

2. 世界政治与安全格局深度调整。俄乌冲突后，大国之间原有的关系和本来就十分微妙的战略平衡被打破，“两极”向“两极阵营”演变的态势明显。例如，芬兰、瑞典、瑞士等传统中立国都抛弃了以往的中立姿态，传统意义上的全球公共产品被部分国家用作制裁他国的工具，对世界格局造成严重冲击。特别是军事冲突的爆发、传统安全风险的上升，将加剧世界范围内的集团政治和阵营对抗趋势，也可能导致处于大国夹缝中的中小国家通过“集团式自保”维护自身安全。各类价值观、秩序观、安全观的相互碰撞冲击，将产生世界范围的更多不确定性。

（二）大国关系发生重大变化

1. 中美战略博弈常态化、长期化。改革开放以来的相当长时间内，美国对华政策大体遵循以“接触战略”为主的原则。随着中美两国综合国力差距的不断缩小，美国对华政策开始向挤压中国发展空间方向转变，“对华强硬”成为美国新的战略意识，并不断将中美关系向战略竞争方向推动。目前，拜登政府将中国定位为美国的首要竞争者，宣称要与中国展开“长期性、战略性竞争”[2]。总的来看，美国产业结构的变化引发其国内群体、阶层利益关系的复杂变化，是美国基本面的变化。未来相当长一个时期内，尽管美国采取的办法和策略可能不同，但都难以改变其正在发生的这些变化，难以解决诸如产业结构变化的问题、内部利益结构的问题以及国际关系的问题等，也就难以改变中美长期战略博弈的态势。

---

[1] 《李晨｜俄乌冲突以来美国对乌克兰军事援助评析》，https://mp.weixin.qq.com/s?__biz=MzU0NTE1NDI0NA==&mid=2247485366&idx=1&sn=d056f3713d16bfeabe03447587ab0abc&chksm=fb70721dcc07fb0b8d5ffca42d9f8f5b46084822d4633ea004025f668f303a7d4dd372dbfa52&scene=27。

[2] 《赵明昊：拜登政府对华战略的“1234”》，https://new.qq.com/rain/a/20210628A0B1YL00。

专栏1-1　中美关系的历史演变

1. 冷战时期

从建交之后到冷战结束之前，中美基于战略考虑不断加强两国接触，分别通过“罗马尼亚渠道”和“乒乓外交”等方式改善双方关系。1972年，时任总统尼克松访华，中美联合发布《上海公报》，为中美关系正常化奠定基础。1979年，中美两国互派大使，并建立大使馆，正式建立外交关系，中美关系进入一个新阶段。

2. 20世纪90年代前中期

随着冷战走向终结，在一个时期内中美两国尚未找到新的关系定位。美国在此期间也未提出相关的对华策略。从老布什政府到克林顿政府的第一任期，美国在对华政策的处理上经常处于临时应对和就事论事的状态，缺少长期的考虑和打算，难以用长远的眼光来看待中美关系的发展。

3. 20世纪末至21世纪10年代初期

1997年秋天，江泽民主席对美国进行国事访问。中美发表联合声明，正式宣布两国“共同致力于建立中美建设性战略伙伴关系”，这为两国关系确立了一个全面定位和框架。

然而，中美建立建设性战略伙伴关系作为探索中美新型大国关系的重要尝试，在实践中并不成功。2001年1月，新上台的美国小布什政府正式否定了“中美战略伙伴关系”。被提名为国务卿的鲍威尔在参议院听证会上对中美关系作了一个新的定位：“中国不是战略伙伴，但中国也不是我们无法回避和不可转变的仇敌。中国是一个竞争者，一个地区性的潜在对手，但它也是贸易伙伴，愿意在我们两国都有战略利益的地区合作，如朝鲜半岛。”

2001年10月，在美国发生“9·11”事件的特殊背景下，中美元首在上海举行会晤，确立了“建设性合作关系”的中美关系新定位。小布什明确地将中国称为全球反恐联盟的重要伙伴。2006年4月，胡锦涛主席访美，两国元首确定了“全面推进中美建设性合作关系”的双边关系发展方向。2009年4月，胡锦涛主席与美国时任总统奥巴马在伦敦举行首次会晤，双方一致同意共同努力建设“21世纪积极合作全面的中美关系”。2009年11月，奥巴马访华，双方发表联合声明，重申致力于建设“21世纪积极合作全面的中美关系”，并将采取切实行动稳步建立应对共同挑战的伙伴关系。

4. 特朗普时期

2017年，特朗普上台后，围绕中国出台和实施“印太战略”，以关税为主要手段重点在经贸领域对中国进行极限施压。被讥为“史上最差国务卿”的蓬佩奥，甚至明确要与中国打“新冷战”。中美关系面临建交以来最严峻的局面。

5. 拜登时期

拜登就任总统后，在2月19日的慕尼黑安全会议上表示，无意对中国发动“新冷战”。布林肯也强调，与中国“能合作时还是会合作”。这说明拜登政府的对华政策框架是将“竞争、合作、对抗”放进同一个筐子里，其中竞争占据主导，是主轴，但同时不排除合作。

资料来源：胡勇，《冷战后中美关系定位演变与新型大国关系构建》，《国际展望》2015年第2期。

2. 俄与美欧将处于长期对抗状态。俄乌冲突爆发后，截至2023年1月8日，美欧等共对俄启动全方位、力度空前的制裁措施12695项[1]。面对西方国家的高强度打压，俄罗斯重新审视与相关国家的关系，有针对性地实施了一系列反制裁措施。在制裁与反制裁的过程中，俄罗斯与欧洲在能源、经济、科技、人文等领域全面脱钩，并将进一步显著压缩俄欧对话沟通的空间，俄欧将面临更激烈的对抗。从趋势看，俄对外战略政策将转向中印等非西方国家，中俄、俄印关系将进一步加强。

3. 美欧军事安全领域的合作进一步增强。法国总统马克龙接受媒体采访时呼吁，欧盟应该实施“战略自主”，成为与中国和美国并驾齐驱的“第三极”[2]。从现实看，欧洲的战略自主性已遭到严重削弱。自乌克兰危机以来，北约从“脑死亡”复苏，一跃成为西方对乌军事协调中枢，甚至加速向北扩张。尽管欧洲各国都加大了本国军事投入，但对美国也更加依赖，且能源、经贸、金融等领域空间遭美国挤压，自主性下降。此外，欧洲内部存在的矛盾分歧也将随着战事拖延而进一步显现，欧洲战略自主前景暗淡。

（三）发展与冲突成为未来10～15年全球走势的一个重要特征

一方面，美国“以欧制俄，以俄制欧”的战略不会改变。与此同时，美国借机牵引国际关系“阵营化”和“泛意识形态化”，推动“新铁幕”向全球扩展；同时，俄欧在地缘政治和地区安全事务中都绕不开彼此，但双边关系空前恶化，由此

[1] 《经济日报整版刊文：俄乌冲突下全球经济秩序面临调整》，https://baijiahao.baidu.com/s?id=1758036106267897427&wfr=spider&for=pc。

[2] 《马克龙呼吁：“不要过度依赖美国”》，https://baijiahao.baidu.com/s?id=1769241161845688654&wfr=spider&for=pc。

也增大多方面不确定性。另一方面，经济发展缓慢仍是东方国家的主要问题。但东方国家的发展也面临三个突出矛盾和挑战：东方国家有可能受到西方国家相当程度的影响和制约，如欧洲对中国对外政策的研判；东方国家也有局部爆发冲突的可能性；东方部分国家在一定条件下会加入由美国主导的集团性国际组织。

二、美国主导的经济全球化面临重大挑战

（一）经济全球化面临严重冲击

1. 贸易保护主义日益加剧。近年来，贸易保护主义与单边主义势头增强，全球自由贸易进程面临挑战。根据全球贸易预警信息网站数据（见图1-1），2021年全球新采取的贸易干预措施数量达466个，是2019年的1.5倍。贸易保护主义措施叠加地缘政治等因素的影响，全球贸易增速持续下滑。根据世界银行数据库相

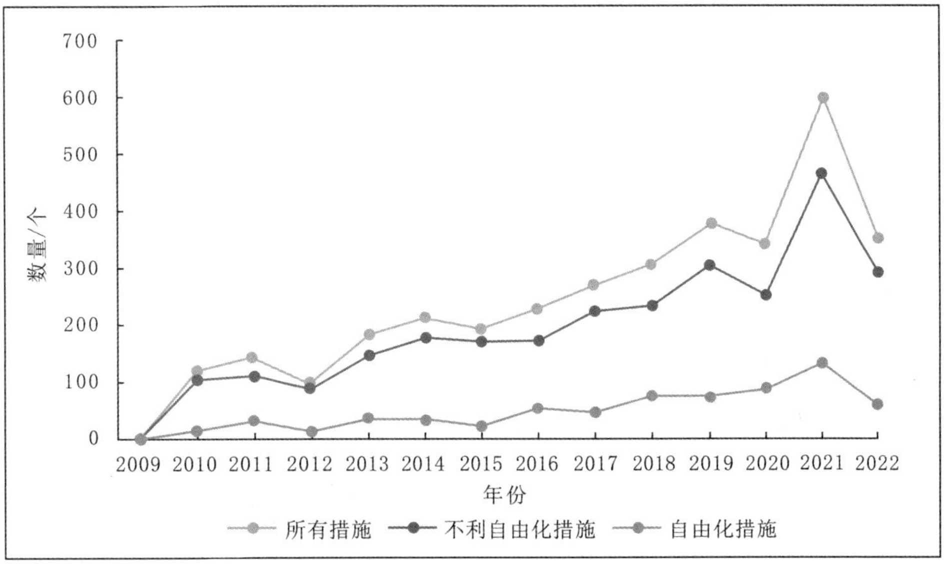

图1-1 2009—2022年新增贸易干预措施数量

资料来源：全球贸易预警信息网。

关数据，按2015年不变价美元计算，1990—2000年的10年间，全球货物与服务出口年均增长6.5%；2000—2010年的10年间，全球货物与服务出口年均增长4.4%；2010—2022年的12年间，全球货物与服务出口年均增速仅为3.0%。

2. 全球外商直接投资流量呈整体下降趋势。据《2023年世界投资报告》，2022年全球外商直接投资总额（流出）接近1.3万亿美元，虽然较2020年的最低点0.96万亿美元增长了35%左右，但与2019年的水平相比仍然下降了24%（见图1-2）。特别是在世界政治格局变化及多重因素冲击的背景下，各国政府纷纷出台更加强调内向发展的宏观政策，并进一步加大全球跨境投资安全性审查力度。未来，全球外商直接投资增速下降将是一个长期态势。

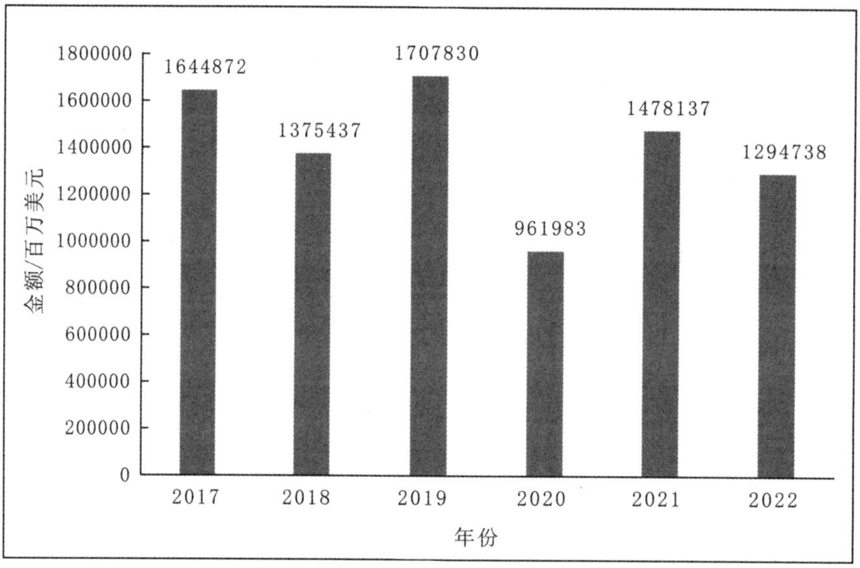

图1-2　2017—2022年全球外商直接投资额（流出）

资料来源：《2023年世界投资报告》。

3. 全球人口流动增速放缓。联合国世界旅游组织统计，截至2023年3月，全球国际旅行人数为8558.5万人次，虽然较2022年3月增长64.5%，但仍低于2019年同期的24%；根据联合国国际移民存量数据库的相关数据，2005—2010年世界移民存量年均增长2.9%，2015—2020年世界移民存量年均增速为2.5%。

（二）全球治理体系日渐失效

1. 全球治理体系和多边机制受到影响。一方面，近年来，贸易保护主义与单边主义抬头，全球自由贸易进程面临挑战。另一方面，不仅有全球治理体系越来越难以适应全球各类层出不穷的新问题，更重要的是，由于各国间的分歧，全球治理体系政治化态势日益显著。

2. 新兴市场国家和发展中国家加速崛起与全球治理话语权不足的矛盾突出。随着世界多极化深入推进，新兴市场国家和发展中国家崛起成为不可阻挡的历史潮流，包括金砖国家等新兴经济体在内的“多强”实力正在上升，世界朝着均势方向发展。与此同时，全球范围内逐渐形成数以百计的政府间组织，这些组织从不同领域、不同层次推进全球治理。但是，不少由主权国家组成的国际组织缺乏主权国家享有的排他性公共权力，因而无法有效行使话语权和参与权。应对气候变化、打击恐怖主义、防治重大传染性疾病等许多问题和挑战，需要全球共同应对，新兴市场国家和发展中国家寻求增强符合自身实力的代表性和话语权，这一最具革命性的变化所带来的自然是治理方式的改变。

3. 未来10年将是全球治理体系深刻重塑的关键10年。长期以来，由美国等西方国家主导建立、以西方价值观为基础的全球治理机制、治理规则成为全球治理体系的核心。随着新兴市场国家和发展中国家经济发展水平以及参与全球治理意愿的不断增长，全球治理格局将从“西方治理”逐步走向“全球治理”。当前美国倡导的以西方价值观为基础的规则体系，其实质是以自身利益为驱动、以牺牲别国利益为代价维护自身霸权的“零和博弈”，该体系将难以为继，以市场和规则为基础的治理机制将推动国际政治经济秩序向着更加公正合理的方向发展。

（三）区域经济一体化趋势难以逆转

1. 区域自贸协定数量快速增长。2008年以来，全球区域自贸协定数量进入快速增长期。根据WTO RTA数据库的数据，2008—2022年，全球新增区域自贸协定336项，是1948—2008年签订生效的区域自贸协定数量的1.3倍。特别是2018年以来，日本主导的《全面与进步跨太平洋伙伴关系协定》（CPTPP）、美国主导的《美墨加协定》（USMCA）等超大规模、高标准自贸协定相继签署并生效实施；2020年，覆盖全球1/3经济总量的RCEP签署。至少短期来看，区域合作将取代全球合作，成为未来世界格局中主要的合作方式。

2. 区域内贸易比重呈上升趋势。2008年金融危机以来，全球各区域板块内部贸易比重上升的态势日益明显。例如，2022年，亚洲和太平洋地区内部贸易占比为62%，比2008年提升2个百分点；西亚和南非地区内部贸易占比为19.6%，比2008年提升7.8个百分点；东亚和东南亚地区内部贸易占比为49.2%，比2008年提升0.5个百分点[1]。随着RCEP、CPTPP、USMCA等协定区域开放效应的持续释放，区域内贸易比重仍将进一步上升。

三、世界经济进入低速增长通道

（一）世界经济面临衰退风险

1. 全球经济增长遭遇严重冲击。2020年，全球GDP同比下降3.29%，是“二战”以来的最大降幅；商品贸易下降7.4%，全球出口总额为17.6万亿美元，比2019年减少1.4万亿美元；服务贸易同比下降20%，这是自有记录以来服务贸易的最大降幅[2]。2021年，尽管全球经济增长经历了5.5%的强劲反弹，但经济复苏不平衡的矛盾依然突出。例如，东亚太平洋地区GDP同比增长7.1%，中东北非地区仅增长3.1%。

2. 全球经济危机的可能性增大。2008年金融危机以来，全球大部分国家普遍

[1] 数据来源：联合国贸易和发展会议（UNCTAD）数据库。
[2] 数据来源：UNCTAD数据库。

以刺激性的财政政策与量化宽松的货币政策替代结构性改革，使得全球经济负债率持续上升（见图1-3）。国际清算银行（BIS）数据显示，2021年第三季度所有报告经济体非金融部门负债率已上升至265.9%，比2009年的非金融部门负债率高33.8个百分点；同时，全球通货膨胀率不断增长。2023年全球总体通胀率低于2022年，但核心通胀的回落比较缓慢，目前多国核心通胀仍远高于本国央行的目标区间。若全球性的协调行动迟缓，债务风险就有可能演变成全球经济危机。对此，各国需要客观判断并保持高度警惕。

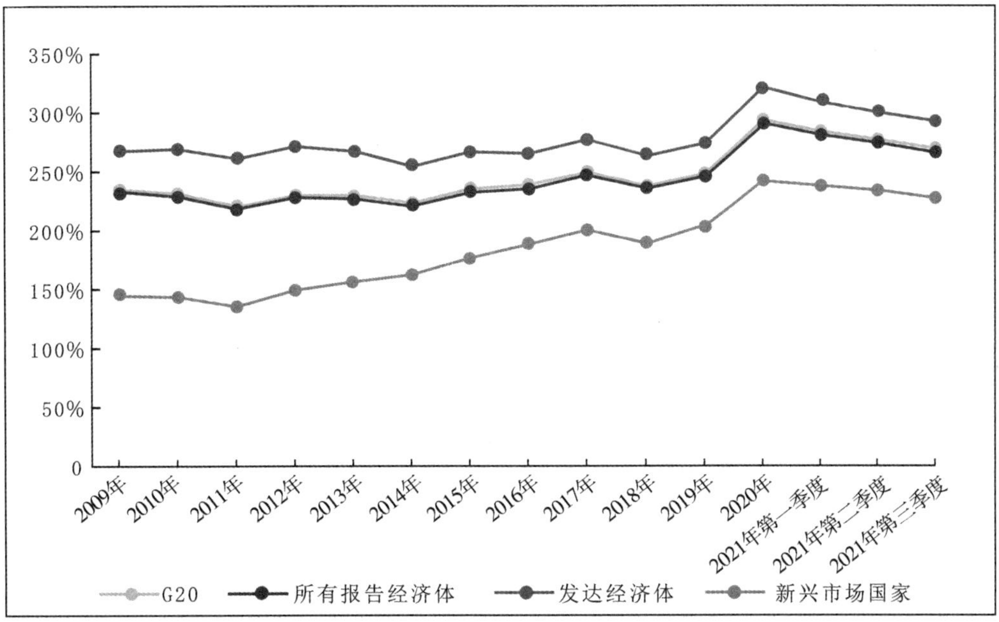

图1-3　2009—2021年前三季度全球债务与GDP比率

资料来源：国际清算银行数据库。

3. 世界经济复苏不均衡的矛盾突出。在超宽松宏观经济增长政策叠加地缘政治冲突引发的能源价格冲击下，美欧遭遇了全球化以来从未有过的高通胀。中国则采取一系列政策，使经济增长保持平稳，同时成为全球最早提供生产供给的国家。当美欧处于加息反通胀的信用紧缩周期时，中国则进入了降息和扩张信用刺激增长的信用扩张周期。

4. 全球主要经济体债务负担仍然较重。国际清算银行数据库的统计数据显示，2022年第四季度所有报告经济体非金融部门债务占GDP的比重已达到236.4%，虽然较2020年有所下降，但仍远高于2008年金融危机前的水平。其中，G20国家非金融部分债务占GDP的比重为238.5%，发达经济体为270.8%，新兴市场国家为208.7%。

（二）全球产业链供应链不稳定性明显上升

1. 全球供应链遭遇巨大冲击。当前，国际分工已深入以产品不同价值增值环节为基础的全球价值链分工，全球化程度大幅提升，全球价值链参与度已由20世纪90年代的47.6%提高至2018年的56.5%（见图1-4）。同时，全球粮食安全等面临严峻挑战。例如，联合国粮食及农业组织（FAO）食品价格指数连续上涨，2021年联合国粮食及农业组织食品价格指数比2020年高出28.1%（见图1-5）。

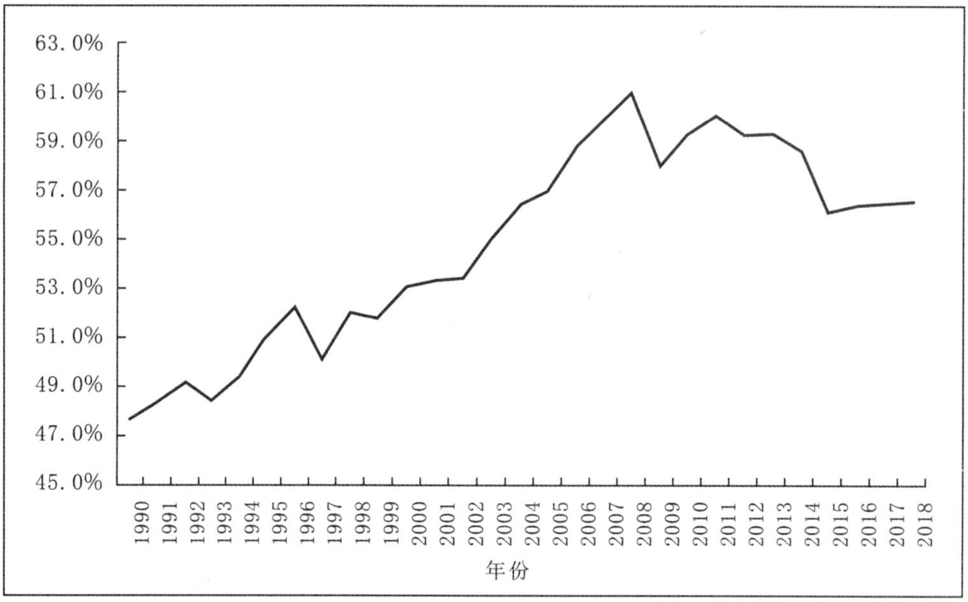

图1-4　1990—2018年全球价值链参与度

资料来源：世界投入产出数据库。

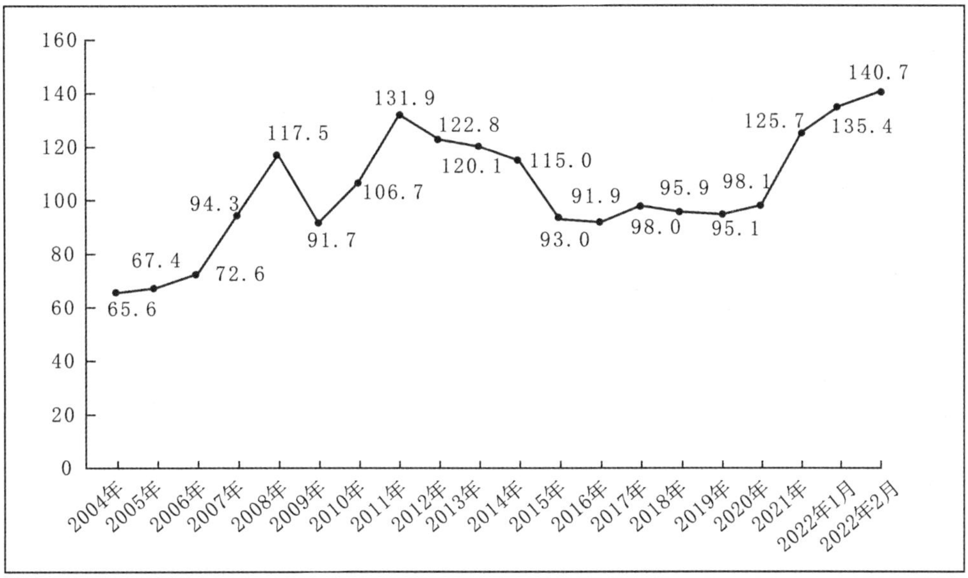

图1-5　2004年至2022年2月联合国粮食及农业组织食品价格指数

资料来源：联合国粮食及农业组织官网。

2. 全球能源与大宗商品危机隐忧增加。俄罗斯是全球能源体系的基石，是世界最大的石油出口国、世界最大的天然气出口国、世界领先的煤炭供应国，但受俄乌冲突和西方国家对俄制裁影响，全球能源供应趋紧，化石燃料价格迅速上涨。例如，俄乌冲突导致乌克兰几乎停止所有的谷物出口，也影响新一轮的粮食种植，而乌克兰小麦出口约占全球小麦出口的10%。

专栏1-2　俄罗斯、乌克兰的全球能源与粮食地位

1. 俄罗斯的全球能源地位

根据《BP世界能源统计年鉴2021年》数据，俄罗斯石油储量约占世界储量的6.2%，居世界第六位；原油和凝析油产量名列世界第二。俄罗斯天然气储量约占世界储量的19.9%，居世界第一位；天然气产量名列世界第二。煤炭约占全球可采储量的17.2%，居世界第二位，是世界第六大产煤国和第三大煤炭出口国。

2. 俄罗斯、乌克兰的全球粮食地位

在小麦市场，2021年俄乌合计出口在全球的占比为25.6%。据美国农业部（USDA）数据，俄罗斯小麦产量为7516万吨，占全球总产量的9.65%；小麦出口量为3200万吨，占全球总出口量的15.76%，是世界第一大小麦出口国。乌克兰小麦产量约3300万吨，约占全球总产量的4.24%；小麦出口量约2000万吨，占全球总出口量的9.85%，是世界第五大小麦出口国。

在大麦市场，2021年俄乌合计出口在全球的占比为29.6%。俄罗斯大麦产量为1750.5万吨，占全球总产量的11.98%；大麦出口量为450万吨，占全球总出口量的12.93%，是世界第四大大麦出口国。乌克兰大麦产量为990万吨，占全球总产量的6.78%；大麦出口量高达580万吨，占全球总出口量的16.67%，是继澳大利亚之后世界第二大大麦出口国。

在玉米市场，2021年俄罗斯玉米出口量为450万吨，占全球出口量的2.25%，非重要出口国。而乌克兰玉米出口量高达2750万吨，占全球总出口量的13.75%，为世界第四大玉米出口国。主要销往中国、欧洲等地。

在油籽市场（特别是葵花籽油），乌克兰占据着重要的地位。乌克兰的葵花籽油产量占比达到全球总产量的28.6%，为世界第一大葵花籽油生产国；葵花籽油出口量则高达全球总出口量的50%，约占全球主要植物油的3%。

资料来源：根据公开资料整理。

3. “脱钩断链”政策加剧供应链的不稳定性。2022年全球各国共施加约3000项贸易限制措施，数量是2019年的3倍。例如，2022年7月28日，美国众议院投票通过《芯片和科学法案》，法案总规模约2800亿美元。该法案是数十年来美国政府对产业政策的最大干预，以维系美国在高端前沿科技领域的优势[1]。

（三）全球经济低速增长成为长期趋势

过去几十年，全球经济的快速增长得益于资源在全球范围内的优化配置。现阶段，全球产业链供应链回撤，有可能造成全球全要素生产率的长期下降。全球经济将延续低速增长轨迹，且不排除在相当一段时间内处于滞胀的状态。中国社科院的相关研究表明，未来3～5年，经济增长率将维持在3%左右，发达经济体与发展中经济体的

[1] 《美国众议院通过2800亿美元芯片法案 专家：不利于全球产业链优化配置》，https://baijiahao.baidu.com/s?id=1739673809912257809&wfr=spider&for=pc。

双速增长格局仍将持续，不同国家和地区之间的经济增长分化态势依然显著[1]。

四、亚太经济的地位和作用明显上升

（一）亚太地区经济总量和贸易量在全球的占比不断提升

1980—2019年，亚太经合组织（APEC）GDP总量由6.3万亿美元增长至53.4万亿美元，年均增长5.6%，高于全球GDP年均增速0.5个百分点[2]；占全球GDP的比重由51.1%提升至61.1%，提高10个百分点。从贸易量看，1980—2019年，APEC货物出口额由7024.4亿美元增长至89712.7亿美元，年均增长6.7%，高于全球货物出口年均增速1.2个百分点；占全球货物出口的比重由34.3%提升至50.9%，提高16.6个百分点[3]。

（二）东亚地区成为全球经济的重要增长极

亚太地区经济总量与贸易额的快速增长主要得益于东亚地区。1980—2019年，东亚地区GDP由1.6万亿美元增长至22.1万亿美元，年均增长7.0%，高于APEC整体年均增速1.4个百分点；占APEC经济总量的比重由24.7%提升至41.4%，提高了16.7个百分点。从贸易看，1980—2020年，东亚地区货物出口额由2081.3亿美元增长至46222.5亿美元，年均增长8.1%，高于APEC货物出口整体年均增速1.5个百分点；占APEC货物出口额的比重由29.6%提升至51.8%，提高了22.2个百分点[4]。

---

[1] 《黄皮书：未来3到5年世界经济增长率将维持在3.0%到3.5%》，https://baijiahao.baidu.com/s?id=1719938025245073039&wfr=spider&for=pc。

[2] 数据来源：UNCTAD数据库。

[3] 数据来源：UNCTAD数据库。

[4] 数据来源：UNCTAD数据库。

（三）亚洲作为全球制造业中心的地位进一步增强

近年来，凭借人口红利和正在快速崛起的消费市场，亚洲快速成长为全球制造业中心，在逐步形成全球最完整的产业链过程中，推动价值链逐步向中高端制造业领域发展，甚至在部分制造技术方面已经对欧美国家形成一定的竞争优势。自2001年中国加入WTO（世界贸易组织）以来，中国制造业增加值占全球的比重逐步提升，并在2001年超过德国，在2007年超过日本，在2010年超过美国。2022年，中国全部工业增加值突破了40万亿元大关，占GDP的比重达到了33.2%，其中制造业增加值占GDP的比重为27.7%，制造业规模已经连续13年居世界首位[1]。日本、韩国制造业增加值占全球的比重分别为5.9%和2.8%，在亚洲制造业产业链供应链体系中占据重要地位[2]。

[1] 《工信部：2022年全部工业增加值突破40万亿，制造业规模连续13年居世界首位》，https://baijiahao.baidu.com/s?id=1759151990928679616&wfr=spider&for=pc。

[2] 《全球制造业格局加速调整》，https://m.gmw.cn/baijia/2022-11/09/36147929.html。

第二节

RCEP全面实施的重大利好

RCEP规则的突出特点在于：发展导向规则和标准导向规则并行，统一性与包容性兼顾，约束性与灵活性兼容，自由贸易新议题与WTO基本原则衔接。RCEP是多边主义与自由贸易的胜利，必将对区域经济一体化产生重大影响。

一、RCEP：全球最大自由贸易区

（一）全球最具活力与发展潜力的自由贸易区

1. 覆盖世界人口最多的自由贸易区。2021年RCEP 15个成员国总人口达22.6亿，占全球总人口的比重为28.7%，而EU、USMCA占全球总人口的比重分别为5.7%、6.3%。RCEP覆盖人口分别是EU的5.0倍、USMCA的4.6倍。

2. 经贸规模最大的自由贸易区。

从GDP看，2021年RCEP15个成员国区域经济总量为27.8万亿美元，占全球GDP的比重为28.8%，CPTPP、EU、USMCA占全球GDP的比重分别为12.1%、17.7%、27.5%。RCEP区域经济总量分别是CPTPP的2.4倍、EU的1.6倍。

从贸易额看，2021年RCEP 15个成员国区内贸易额达12.2万亿美元，占全球贸易总额的27.0%，EU、USMCA分别占全球贸易总额的29.0%、14.9%（见表1-1）。

表1-1　2021年全球主要大型自贸区概况

项目	RCEP	CPTPP	EU	USMCA
成员国/个	15	11	27	3
人口（百万，占全球比重）	2264（28.7%）	511（6.5%）	447（5.7%）	497（6.3%）
GDP（10亿美元，占全球比重）	27833（28.8%）	11695（12.1%）	17088（17.7%）	26576（27.5%）
GDP增速/%	5.9	3.2	5.4	5.8
出口额（10亿美元，占全球比重）	6484（28.9%）	3405（15.2%）	6630（29.5%）	2756（12.3%）
进口额（10亿美元，占全球比重）	5693（25.1%）	3234（14.3%）	6469（28.5%）	3962（17.5%）
区内贸易额（10亿美元，占全球比重）	12177（27.0%）	6639（14.7%）	13099（29.0%）	6718（14.9%）
外商直接投资（10亿美元，占全球比重）	579（26.8%）	323（14.9%）	377（17.5%）	546（25.3%）
对外直接投资（10亿美元，占全球比重）	504（29.5%）	318（18.6%）	599（35.1%）	474（27.7%）

资料来源：世界银行数据库。

3. 最具经济活力的自由贸易区。2000—2020年，RCEP 15个成员国的经济总量从7.84万亿美元增长到25.96万亿美元，年均增长6.17%，超过同期全球4.95%的年均增速；2020年，RCEP成员国吸引外商直接投资占全球的37%，远远领先于其他自贸区；RCEP成员国中15～64岁的劳动人口占全球的31.6%，远高于EU6.7%、USMCA13.2%的水平[1]。

4. 最具发展潜力的自由贸易区。从人均GDP角度看，RCEP成员国的经济发展水平大致呈现出三个梯度。第一梯度以新加坡、澳大利亚、新西兰、日本、韩国等发达国家为主，其人均GDP在3万美元至6万多美元区间；第二梯度以中国、马来西亚等发展中国家为主，其人均GDP约为1万美元；第三梯度则以老挝、柬埔寨、缅甸等最不发达国家为主，其人均GDP尚处于较低水平，仅在1000美元至3000美元之间（见表1-2）。总体上，RCEP成员国经济发展水平差异较大。以东盟为主导

[1]　《把握发展大势，推进RCEP进程》，https://m.gmw.cn/baijia/2022-05/29/35772010.html。

的RCEP，不仅有利于发挥发达国家优势，而且有利于优化包括欠发达国家在内的资源配置，由此释放各成员国的经济活力，促进经济稳定增长。

表1-2　RCEP成员国2011—2021年的人均GDP（2015年不变价）

单位：美元

国家	2011年	2012年	2013年	2014年	2015年	2016年	2017年	2018年	2019年	2020年	2021年
新加坡	50714	51680	53300	54683	55647	56886	59485	61374	61340	58982	66176
澳大利亚	54133	55271	55729	56320	56710	57356	57703	58481	58870	58117	59341
新西兰	35916	36521	37219	38002	38631	39196	39759	40365	40599	39216	40415
日本	33011	33518	34240	34387	34961	35242	35862	36117	36081	34556	35291
韩国	26187	26675	27395	28095	28732	29462	30307	31054	31640	31372	32731
文莱	33577	33457	32342	31156	30682	29601	29696	29438	30314	30402	29673
中国	6153	6592	7056	7533	8016	8517	9053	9619	10155	10358	11188
马来西亚	8394	8711	8977	9369	9700	9984	10416	10778	11115	10374	10576
泰国	5092	5426	5538	5562	5709	5879	6099	6336	6456	6042	6124
印度尼西亚	2826	2960	3086	3203	3323	3453	3592	3741	3892	3780	3893
越南	2136	2229	2328	2451	2595	2741	2903	3091	3288	3352	3409
菲律宾	2465	2589	2718	2844	2974	3131	3289	3439	3590	3196	3328
老挝	1669	1777	1893	2010	2125	2240	2358	2468	2564	2539	2566
柬埔寨	938	992	1050	1109	1171	1235	1305	1385	1466	1404	1430
缅甸	986	1041	1114	1195	1225	1343	1409	1489	1578	1616	1317

资料来源：世界银行数据库。

（二）以发展为导向，以开放包容为突出特点

1. 开放性与包容性。RCEP秉持东盟“开放的区域主义”原则，承认差异性，兼具原则性与灵活性。

（1）域内包容性。具体看，RCEP充分考虑成员国的不同发展水平和经济需求，设立特殊和差别待遇条款。例如，RCEP对马来西亚、印度尼西亚、越南等发展中国家给予20年以上的关税减让过渡期，给予柬埔寨等最不发达国家20年的原产地自主声明过渡期，等等（见表1-3）。

（2）域外非排他性。例如，RCEP明确“开放供任何国家或单独关税区加

入”；RCEP明确了区域价值成分40%的原产地规则要求，与CPTPP部分商品区域价值成分45%～55%、USMCA部分商品区域价值成分70%的要求相比，具有明显的非排他性特点。

表1-3 RCEP体现包容发展的主要条款

涉及领域	具体条款
服务贸易	第八章第十二条 过渡 第八章第二十三条 增加东盟成员国最不发达国家缔约方的参与
投资	第十章第十六条 投资促进 第十章第十七条 投资便利化
知识产权	第十一章附件二 技术援助请求清单
电子商务	第十二章第四条 合作
竞争	第十三章第六条 技术合作和能力建设
中小企业	第十四章第三条 合作

资料来源：根据RCEP内容整理。

2. 发展导向。

（1）以促进共同发展为宗旨。RCEP序言明确表示：“希望增强缔约方的经济伙伴关系，以创造新的就业机会，提高生活水平，改善各国人民的普遍福利。”

（2）以促进均衡发展为目标。为促进区域内各成员国实现均衡发展，RCEP专门设置了“中小企业”和“经济技术合作”两章，以期促进各国利用自贸协定平台，加大对中小企业和经济技术合作的支持和投入力度，使中小企业、发展中经济体更好地共享RCEP成果。

（三）WTO基本原则与自由贸易新议题融合

1. 与WTO规则相衔接。一方面，RCEP坚持WTO的基本原则，在序言中明确“基于1994年WTO协定的权利与义务”；另一方面，RCEP不仅援引WTO中“国民待遇”“清关便利”等条款内容，也进一步深化细化“进出口规费和手续”“贸易救济”“纠纷解决”等条款，实现了更高水平的开放。

2. 涵盖了诸多新一代自由贸易议题。

（1）知识产权。RCEP涵盖著作权、商标、地理标志、专利、外观设计、遗传资源、传统知识和民间文艺等广泛内容，既兼顾了各国不同发展水平，也显著提高了区域知识产权保护水平。

（2）电子商务。RCEP达成了亚太区域首份范围全面、水平较高的电子商务规则。缔约方就跨境信息传输、信息存储等达成重要共识。RCEP规定了电子认证和签名、在线消费者保护、在线个人信息保护、网络安全、通过电子方式跨境传输信息等条款，使得在线合同的签署、电子支付的授权、网络交易的达成得到协定的全面保护和认可，为区域电子商务和数字贸易的发展繁荣提供了重要保证。

（3）贸易救济、竞争、政府采购等。RCEP成员国在这些方面均作出了较高开放水平的承诺，有利于成员国之间开展公平贸易，反对市场垄断，保护消费者权益，深化政府采购领域的合作。

3. 传统规则与新兴议题的融合提升了RCEP在国际经贸规则重构中的影响力。面对日益明显的发达国家与发展中国家对国际经贸规则的立场分歧，以发展中国家为主体的RCEP秉持“开放的区域主义”原则，承认差异性，兼具原则性与灵活性，突出以共识为基础的区域合作模式，既避免了因高标准导致的东盟乃至亚太大市场的分割，也防止了因排他性规则造成的区域内产业链供应链的不稳定性，使得东盟在区域经济合作中的主导地位更为突出。

二、RCEP：区域经贸合作的重大利好

（一）投资贸易规则明显优化区域经贸合作环境

1. 统一且开放包容的市场规则将明显提升区域合作效率。RCEP的生效实施将使区域内部形成相对单一的市场与规则，并针对成员国不同情况采取过渡期和例外

原则等包容、灵活的做法，务实、有效降低区域内贸易投资壁垒。有测算机构估计，RCEP的全面实施将使成员国GDP每年多增长0.5%（见图1-6），并带动全球经济多增长0.2%[1]。

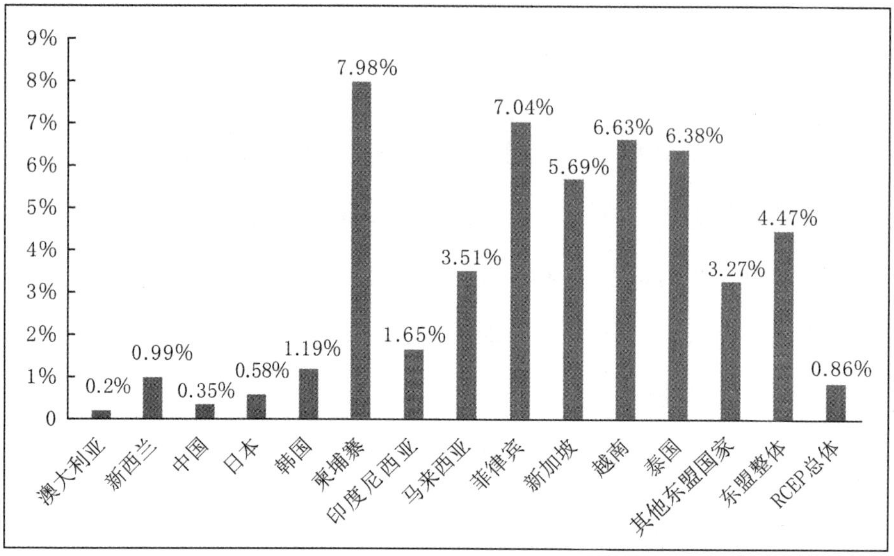

图1-6　2035年RCEP生效对成员国实际GDP增长的影响

资料来源：商务部国际贸易经济合作研究院，《〈区域全面经济伙伴关系协定〉（RCEP）对区域经济影响评估报告》，2021。

2. 贸易投资自由化便利化将释放区域内巨大合作潜力。RCEP生效后，一方面，区域内90%的货物贸易最终实现“零关税”[2]；另一方面，“海关程序与贸易便利化”章节的相关规定使得RCEP框架下的贸易便利化整体水平超过了WTO《贸易便利化协定》，不仅会使区域内贸易成本和产品价格大幅降低，也将释放巨大的贸易创造效应。联合国贸易和发展会议（UNCTAD）估计，到2025年，RCEP将使成员国出口增长10%以上[3]；到2035年，东盟GDP累计增长率将因RCEP实施而增加

[1]　《RCEP：区域经济一体化的重大利好》，https://mp.weixin.qq.com/s?__biz=MzUxODAxODg1Mw==&mid=2247501898&idx=2&sn=6b3eeaedea52373c49a6cd58ed0dedaa&chksm=f98dca00cefa4316302c1eb94c14e8316190bef2e94cd311a6b1a311f122ee308e344ed78c89&scene=27。

[2]　《迟福林：合力建设全球最大自由贸易区》，https://baijiahao.baidu.com/s?id=1722716098796940036&wfr=spider&for=pc。

[3]　同上。

4.47%，对中国、日本、韩国、新西兰和澳大利亚实际GDP增幅也均有积极贡献。

3. 清晰透明的经贸规则将稳定并优化区域内投资环境。RCEP以非服务业领域投资准入负面清单和正负服务贸易清单模式，推动区域内服务贸易与投资自由化便利化[1]。同时，以棘轮机制形成各方扩大开放的硬约束，将明显提高RCEP成员国市场准入的确定性[2]，为内外投资者营造一个稳定、开放、透明的投资环境。

（二）原产地累积规则深化区域产业链供应链价值链融合

1. 原产地累积规则将促进区域产业链供应链价值链融合发展。RCEP在货物贸易领域采用区域累积的原产地规则，将原材料累积范围扩大到15国，使加工产品更容易达到40%的区域价值成分要求，从而以更低的门槛获得优惠关税待遇。这将增强产业链供应链布局的灵活性和多样性，助推区域内企业建立完善的跨国产业分工体系。例如，RCEP各成员国可依托区域内发展中国家资源要素、中间品生产基础及发达经济体技术优势，充分利用区域内原产地累积规则，形成区域内产业链供应链价值链的闭环[3]。

2. 正负服务贸易清单相结合将推动区域产业链供应链价值链稳定发展。RCEP各国在服务贸易领域均作出高于各自“10+1”自贸协定水平的开放承诺，并结合各自利益关切，以正面清单和负面清单相结合的办法推进区域内服务贸易整体开放（见表1-4）。这不仅体现了包容性、灵活性与渐进性的特点，更形成未来区域内服务贸易高水平开放的稳定预期[4]。

---

[1] 《迟福林：合力建设全球最大自由贸易区》，https://baijiahao.baidu.com/s?id=1722716098796940036&wfr=spider&for=pc。

[2] 《RCEP：区域经济一体化的重大利好》，https://mp.weixin.qq.com/s?__biz=MzUxODAxODg1Mw==&mid=2247501898&idx=2&sn=6b3eeaedea52373c49a6cd58ed0dedaa&chksm=f98dca00cefa4316302c1eb94c14e8316190bef2e94cd311a6b1a311f122ee308e344ed78c89&scene=27。

[3] 同上。

[4] 同上。

表1-4 RCEP成员国正面清单开放的服务部门

单位：个

服务部门	国家							
	柬埔寨	老挝	缅甸	越南	菲律宾	泰国	中国	新西兰
商业服务	36	23	23	35	30	43	40	34
通信服务	18	19	20	21	18	21	23	16
建筑及相关服务	8	8	8	8	6	9	8	8
分销服务	5	3	0	4	4	6	5	3
教育服务	3	5	5	4	2	7	5	1
环境服务	7	6	6	7	6	10	7	8
金融服务	12	10	3	21	16	22	14	16
健康相关与社会服务	1	1	3	3	2	4	1	0
旅游和相关服务	5	5	8	4	5	6	4	5
娱乐、文化和运动服务	1	3	3	2	2	6	1	0
运输服务	11	14	15	18	21	17	18	17
其他未列明服务	0	0	0	0	1	0	2	1
小计	107	97	94	127	113	151	128	109

资料来源：俞子荣、袁波、王蕊、宋志勇等，《RCEP：协定解读与政策对接》，中国商务出版社，2021。

3. 统一的电子商务规则将加快区域产业链供应链价值链数字化转型升级。RCEP首次在亚太区域内达成范围全面的多边电子商务规则，在跨境信息传输、信息存储、在线消费者保护、在线个人信息保护、网络安全等焦点问题上达成共识，为数字经济与数字贸易发展提供稳定、便利的制度环境，将对促进区域产业链供应链价值链数字化转型、亚洲经济体参与全球数字经贸规则构建等产生深远影响[1]。

（三）统一的规则安排形成东亚区域经济一体化制度基础

1. 形成统一的经贸合作制度框架。RCEP整合了5个“10+1”自贸协定，打通了区域内不同合作机制的规则壁垒，缓解了区域内经贸规则碎片化，形成了覆盖

[1] 《RCEP：区域经济一体化的重大利好》，https://mp.weixin.qq.com/s?__biz=MzUxODAxODg1Mw==&mid=2247501898&idx=2&sn=6b3eeaedea52373c49a6cd58ed0dedaa&chksm=f98dca00cefa4316302c1eb94c14e8316190bef2e94cd311a6b1a311f122ee308e344ed78c89&scene=27。

22.7亿人口超大规模市场的制度基础[1]（见图1-7）。

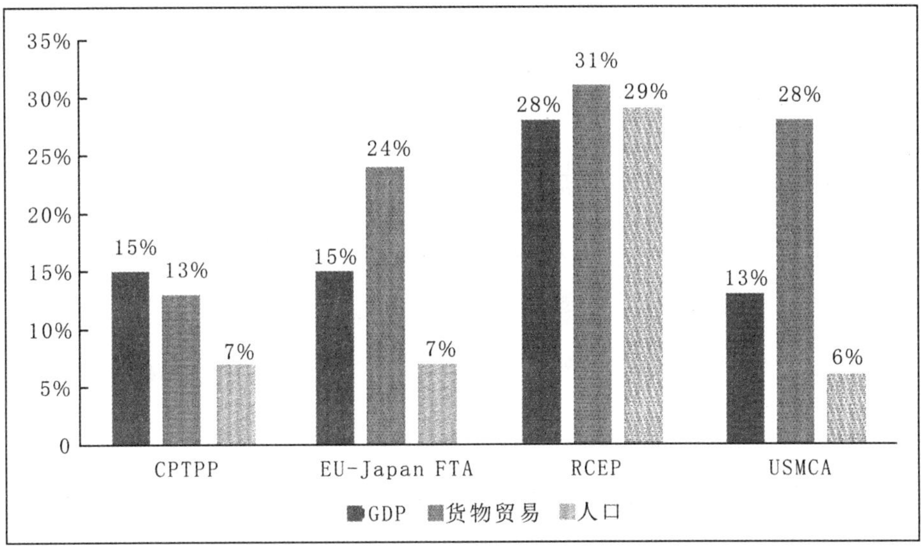

图1-7　CPTPP与主要贸易协定部分指标对比

资料来源：根据RCEP内容整理。

2. 完善区域经贸合作机制。RCEP在坚持标准导向的贸易投资自由化便利化规则基础上，充分考虑成员的不同发展水平和经济需求，设立特殊和差别待遇条款，并给予东盟最不发达国家过渡期安排，发展水平低、经济规模较小的国家都将从中获益更多[2]。兼具原则性与灵活性的规则安排，有利于泛南海地区充分利用RCEP推进更高水平合作，推动区域内包括海洋经济等在内的包容性均衡发展。

3. 拓展区域经贸合作空间。例如，RCEP专章明确了“经济技术合作”框架，支持缔约方实施技术援助和能力建设项目，这将为蓝色经济发展能力提升与海上技术合作提供重要框架。

[1]　《迟福林：合力建设全球最大自由贸易区》，https://baijiahao.baidu.com/s?id=1722716098796940036&wfr=spider&for=pc。

[2]　《把握发展大势，推进RCEP进程》，https://m.gmw.cn/baijia/2022-05/29/35772010.html。

三、RCEP区域合作面临IPEF的冲击

（一）以排他性为主要特征的IPEF

2022年5月23日，美国总统拜登在日本东京正式宣布启动“印太经济框架”（IPEF），美国、韩国、日本、印度、澳大利亚、新西兰、印度尼西亚、泰国、马来西亚、菲律宾、新加坡、越南、文莱13个国家成为初始成员[1]。IPEF目前设定了四大类别：公平和适应性强的贸易、弹性的供应链、清洁能源和基础设施、税收改革和反腐败。其中，在公平和适应性强的贸易方面，又设置了劳动力、环境和气候变化、数字经济、农业、监管透明度、竞争规则和贸易通畅性七个子领域。

IPEF本质上是美国对华开展经济竞争的工具[2]。IPEF的成立，企图强化美国在印太地区的经济影响；企图冲击RCEP推进进程，并替代CPTPP；企图制约中国与东盟全面战略合作；企图弱化中国在RCEP中的影响力；企图建立独立于中国的关键供应链，遏制中国科技创新。例如，IPEF企图构建以半导体为重点的排斥中国的印太关键供应链；企图构建美国式数字经济治理框架，限制中国参与国际数字经济竞争；企图强化与中国制造业竞争，削弱中国在全球产业链供应链中的核心地位。并且，IPEF企图强化基础设施合作，抗衡“一带一路”倡议。例如，IPEF要求对基础设施建设者参与透明度作出承诺；要求提升基础设施建设的财务可持续性、环境标准和劳工标准等；依靠盟友力量加强在地区内的基础设施建设。

（二）IPEF与RCEP的比较

1. IPEF经贸规模更大。IPEF覆盖的人口约为25亿人，GDP占全球的40%以

[1] 《“印太经济框架”启动：宣称在四大领域加强整合 更像美国主导的政治安排》，https://baijiahao.baidu.com/s?id=1733661243276609576&wfr=spider&for=pc。

[2] 《“印太经济框架”启动！中国危险？》，https://baijiahao.baidu.com/s?id=173371645109672998 7&wfr=spider&for=pc。

上。2020年IPEF经济总量约为34.73万亿美元，占全球经济总量的40.98%；2020年RCEP经济总量约为25.96万亿美元，占全球经济总量的30.64%。2020年IPEF经济总量约是RCEP经济总量的1.3倍，占全球经济总量比重高出10个百分点以上（见表1-5）。

表1-5　2000—2020年东盟、RCEP、IPEF经济总量占全球比重

项目	2000年	2005年	2010年	2011年	2012年	2013年	2014年	2015年	2016年	2017年	2018年	2019年	2020年
文莱/万亿美元	0.01	0.01	0.01	0.02	0.02	0.02	0.02	0.01	0.01	0.01	0.01	0.01	0.01
柬埔寨/万亿美元	0	0.01	0.01	0.01	0.01	0.02	0.02	0.02	0.02	0.02	0.02	0.03	0.03
印度尼西亚/万亿美元	0.17	0.29	0.76	0.89	0.92	0.91	0.89	0.86	0.93	1.02	1.04	1.12	1.06
老挝/万亿美元	0	0	0.01	0.01	0.01	0.01	0.01	0.01	0.02	0.02	0.02	0.02	0.02
马来西亚/万亿美元	0.09	0.14	0.26	0.30	0.31	0.32	0.34	0.30	0.30	0.32	0.36	0.37	0.34
缅甸/万亿美元	0.01	0.01	0.04	0.05	0.06	0.06	0.06	0.06	0.06	0.06	0.07	0.07	0.08
菲律宾/万亿美元	0.08	0.11	0.21	0.23	0.26	0.28	0.30	0.31	0.32	0.33	0.35	0.38	0.36
新加坡/万亿美元	0.10	0.13	0.24	0.28	0.30	0.31	0.31	0.31	0.32	0.34	0.38	0.37	0.34
泰国/万亿美元	0.13	0.19	0.34	0.37	0.4	0.42	0.41	0.4	0.41	0.46	0.51	0.54	0.50
越南/万亿美元	0.03	0.06	0.12	0.14	0.16	0.17	0.19	0.19	0.21	0.22	0.25	0.26	0.27
中国/万亿美元	1.21	2.29	6.09	7.55	8.53	9.57	10.48	11.06	11.23	12.31	13.89	14.28	14.72
日本/万亿美元	4.97	4.83	5.76	6.23	6.27	5.21	4.90	4.44	5.00	4.93	5.04	5.15	5.06
韩国/万亿美元	0.58	0.93	1.14	1.25	1.28	1.37	1.48	1.47	1.50	1.62	1.72	1.65	1.64
澳大利亚/万亿美元	0.42	0.70	1.15	1.40	1.55	1.58	1.47	1.35	1.21	1.33	1.43	1.39	1.33
新西兰/万亿美元	0.05	0.11	0.15	0.17	0.18	0.19	0.20	0.18	0.19	0.21	0.21	0.21	0.21
RCEP小计/万亿美元	7.84	9.8	16.27	18.91	20.25	20.45	21.07	20.98	21.73	23.20	25.30	25.85	25.96

续表

项目	2000年	2005年	2010年	2011年	2012年	2013年	2014年	2015年	2016年	2017年	2018年	2019年	2020年
东盟小计/万亿美元	0.61	0.94	1.99	2.31	2.44	2.52	2.55	2.48	2.60	2.80	3.00	3.17	3.01
美国/万亿美元	10.25	13.04	14.99	15.54	16.20	16.78	17.53	18.24	18.75	19.54	20.61	21.43	20.95
全球合计/万亿美元	33.83	47.78	66.50	73.67	75.31	77.44	79.58	75.12	76.31	81.22	86.27	87.57	84.75
RCEP/全球	23.17%	20.52%	24.47%	25.67%	26.89%	26.40%	26.48%	27.93%	28.47%	28.56%	29.32%	29.53%	30.64%
东盟/全球	1.82%	1.97%	2.99%	3.13%	3.25%	3.26%	3.20%	3.30%	3.40%	3.45%	3.48%	3.62%	3.55%
中国/全球	3.58%	4.78%	9.15%	10.25%	11.33%	12.36%	13.16%	14.73%	14.72%	15.16%	16.11%	16.31%	17.37%
美国/全球	30.30%	27.29%	22.54%	21.10%	21.51%	21.67%	22.03%	24.28%	24.56%	24.06%	23.89%	24.48%	24.72%
印度/万亿美元	0.47	0.82	1.68	1.82	1.83	1.86	2.04	2.10	2.29	2.65	2.70	2.87	2.66
IPEF小计/万亿美元	17.34	21.35	26.79	28.65	29.66	29.43	30.07	30.17	31.44	32.98	34.60	35.76	34.73
IPEF/全球	51.24%	44.69%	40.29%	38.89%	39.38%	38.00%	37.79%	40.16%	41.20%	40.61%	40.11%	40.84%	40.98%

资料来源：世界银行数据库、东盟数据库。

2. IPEF不包括市场开放内容。从理念上看，开放包容共享的RCEP更适应所在地区合作发展，而IPEF排斥了东盟最不发达的国家（老挝、缅甸、柬埔寨）参与。从实施上看，具有法律效力的RCEP更具稳定性，IPEF主要依赖行政推动。从发展上看，RCEP将逐步提质扩容，并逐步对接CPTPP的某些高水平经贸规则。与RCEP不同的是，IPEF是由美国主导的总统倡议，所有规则和标准均由华盛顿单方面规定。由于没有得到国会的批准，该协议与传统贸易协定不同，IPEF中未出现关税减让和市场准入等条款。

（三）IPEF给RCEP区域合作带来干扰和冲击

1. IPEF冲击以RCEP为基础的亚太统一大市场。IPEF涉及的公平和适应性强的贸易、弹性的供应链、清洁能源和基础设施、税收改革和反腐败等四大支柱[1]，就

[1] 《"印太经济框架"面临多重不确定性》，https://baijiahao.baidu.com/s?id=1741209724489371503&wfr=spider&for=pc。

是要聚焦清洁能源、半导体、关键矿物、重要原材料及零部件等关键领域，以标准为导向构建起关键产业链的“小院高墙”。这不仅将对亚太地区既有的经济活动、产业分工和经济秩序造成冲击，也将促使区域内分别形成基于IPEF和RCEP的产业链，在分割市场中抑制RCEP效应的充分发挥。

2. IPEF增大RCEP其他成员国与中国合作的成本。IPEF本质上是美国对华开展经济竞争的工具。长期以来，以东盟为重点的亚太国家呈现出“安全靠美国、经济靠中国”的二元背离特点。2020年，IPEF所有成员国对中国的进口依赖度均高于美国（见表1-6）；除泰国、菲律宾、印度、斐济、越南等国家外，其他成员国对中国的出口依赖度也高于美国。IPEF虽然不涉及关税减让及市场准入，但可以通过“量身定做”式的机制与标准设定制约部分国家与中国的合作进程，并通过转移供应商等手段弱化中国市场的吸引力。

表1-6　2020年IPEF成员国对中国、美国的进出口依赖度横向对比

IPEF成员国	出口依赖度		进口依赖度	
	对中国	对美国	对中国	对美国
澳大利亚	42.95%	6.16%	29.17%	12.02%
日本	22.07%	18.69%	25.99%	11.31%
韩国	25.86%	14.51%	23.29%	12.36%
新西兰	28.41%	10.52%	22.69%	9.77%
印度尼西亚	19.48%	11.43%	28.06%	6.12%
马来西亚	16.20%	11.11%	21.33%	8.73%
新加坡	14.37%	11.35%	14.44%	10.72%
文莱	17.69%	1.15%	10.81%	5.55%
泰国	12.86%	14.87%	24.00%	7.29%
菲律宾	15.07%	15.37%	23.15%	7.79%
印度	6.90%	17.91%	15.96%	7.24%
斐济	3.77%	22.60%	16.40%	3.71%
越南	17.54%	27.67%	32.48%	5.31%

资料来源：刘青，《“印太经济框架”：美国思维的变与不变》，中国宏观经济论坛，2022。

四、充分释放RCEP红利的重大任务

（一）推动RCEP市场开放承诺与规则全面落实

1. 全面落实货物贸易自由化规则。需要在既有承诺的基础上，尽可能缩短重要原材料、关键零部件的“零关税”过渡期；推动RCEP成员国由“国别关税减让”向“统一关税减让”过渡，以降低企业利用协定成本等。

2. 促进原产地累积规则升级。需要尽快完成RCEP原产地规则章节相关条款的审议，适时推进原产地规则从“部分累积”向“完全累积”升级，使企业更加灵活地开展产业链和供应链布局。

3. 推进区域内服务贸易开放水平提升。需要推动相关成员国跨境服务贸易由正面清单向负面清单的过渡，实现服务贸易与投资负面清单一体化管理，推动区域内加工制造向高附加值环节延伸。

（二）促进RCEP不断扩容升级

1. 推进RCEP更高水平市场开放。需要RCEP成员国推进货物、服务、投资等领域市场准入的进一步放宽。需要各方推进海关程序、检验检疫、技术标准、监管规则等的逐步统一，促进区域内经济要素自由流动，构建高水平的RCEP统一大市场。

2. 开展新兴议题领域的规则探索。需要适应数字化转型与绿色转型趋势，探索形成包容性的数字经济、绿色经济发展规则。

3. 持续扩大RCEP覆盖范围。需要坚持开放的区域主义，促成印度重返RCEP，并吸引其他国家和地区加入。

（三）打造面向企业的RCEP公共服务平台

1. 着眼欠发达国家内企业的实际需求。目前，RCEP 15个成员国中有8个国家

人均GDP低于世界平均水平，其中6个国家人均GDP低于发展中国家水平。在推进RCEP的进程中，如何助力发展中国家和最不发达国家更好地适应区域市场更加开放环境的实际需求，是我们所面临的重要问题之一。

2. 合力搭建能力提升机制。需要合力搭建RCEP公共服务平台和能力提升机制，合力提升RCEP成员国政府官员、企业家等利用RCEP规则的能力以及区域内市场竞争的能力。需要合力促进各方的营商环境改善，以更好地吸引RCEP区域内优质资本与各类人才助力本国经济发展。

3. 强化RCEP区域宏观经济政策协调机制的硬约束。在美联储加息政策影响下，RCEP成员国普遍面临资金外流、本币贬值的压力。这不仅加剧了RCEP区域输入性通胀压力，也增大了区域金融市场风险。为此，需要加强RCEP成员间的宏观经济政策沟通，尽快建立并不断完善RCEP宏观经济政策协调机制；需要加强财政、货币、汇率、贸易和结构性改革等政策协调，促进RCEP区域经济均衡复苏与增长；需要避免出台额外贸易投资限制措施，干扰区域内产业链供应链的稳定性，尽可能扩大宏观经济政策的正面溢出效应。

第三节

中国以高水平开放赢得主动

面对经济全球化带来的严峻挑战，全球经济复苏与国际合作比以往任何时候都更加需要相互合作，需要相互开放市场，需要坚定维护以多边主义为核心的合作机制。在这个背景下，作为新型开放大国，中国致力于推进高水平开放，推动建设更高水平开放型经济新体制；致力于推动贸易投资自由化便利化，深化区域经济一体化，巩固供应链、产业链、数据链、人才链，坚定不移构建开放型世界经济。

一、坚定高水平开放的鲜明旗帜

（一）走出一条新型开放大国之路

1. 坚持发展是第一要务。1979—2022年，中国GDP按不变价增长了42倍，年均增长9.0%，占全球的比重由1.8%提升至近18%；人均GDP增长了28倍，年均增长8.1%[1]。

2. 在开放条件下实现经济快速增长。1979—2022年，中国货物贸易年均增长13.3%，占全球的比重由0.9%提升至12.5%；累计吸引外资2.9万亿美元，累计设立

[1] 《迟福林：中国走出了一条新型开放大国之路》，https://baijiahao.baidu.com/s?id=1765276438679849412&wfr=spider&for=pc。

超过100万家外资企业[1]。

3. 谋求与各国包容互动、共同发展。截至2023年5月，中国已与26个国家和地区签署了19个自贸协定，与10年前相比增长了近1倍；坚定推进以包容发展为导向的RCEP进程；等等。中国已和多个国家在构建高水平自贸区网络中实现联动发展、共同发展[2]。

（二）新型开放大国的全球观

1. 以和平发展方式成为一个全球大国。新中国成立以来，尤其是改革开放以来，中国的发展成就是在致力于维护世界和平与发展中取得的，是在以更大的开放拥抱发展机遇，以更好的合作谋求互利共赢中取得的，是在平等协商、求同存异、管控分歧、扩大共识中取得的。英国汉学家马丁·雅克指出，“中国发展和崛起的过程平和得令人惊讶，这与之前美国、英国、法国、德国和日本的崛起之路截然不同”“中国有一套自己的思维方式，而这源于非常不同的历史文化”[3]。

2. 主张共同发展、共同责任。我国提出“构建人类命运共同体”的倡议，主张共同责任、共同权利、共同发展，而不是以划分势力范围、以绝对实力优势来处理国际事务，既反对长臂管辖，也反对把单边凌驾于多边之上；针对经济领域的矛盾与问题，主张通过加强经济合作、推动自由贸易来解决，主张在推进经济全球化进程中应对经济全球化的挑战。

3. 主张相互尊重、互利共赢的大国关系。在全球经济格局中，大国之间不可避免地会有矛盾与冲突。中国作为新型开放大国，坚持以长期视角、战略思维理性处理大国关系，主张通过平等交流协商来解决分歧，实现互利共赢。尤其是对牵动影响全

[1] 《迟福林：中国走出了一条新型开放大国之路》，https://baijiahao.baidu.com/s?id=1765276438679849412&wfr=spider&for=pc。

[2] 同上。

[3] 《马丁·雅克：一位西方学者眼里的中国崛起》，https://roll.sohu.com/a/694559794_121683128。

球的中美经贸关系，中国始终以理性的态度对待纷争，始终以开放的态度沟通交流。

4. 主张文明包容、文明互鉴。新型开放大国是在吸收、借鉴不同文明的精华中不断发展成长的。不同文明之间应相互借鉴、共同发展，而不是将自身的文明观、价值观强加于他国（见表1-7）。

表1-7　新型开放大国的突出特点

	突出特点
价值理念	构建人类命运共同体、“大家的事由大家商量着办”
发展主张	以“一带一路”为重要载体，推动高水平开放，共建开放型世界经济
文明主张	文明包容、文明互鉴
治理主张	积极参与现行治理体系的改革与完善，形成共商共建共享的全球治理新格局

资料来源：根据公开资料整理。

（三）大变局下坚定推进高水平开放

2020年，面对单边主义、保护主义、霸权主义对世界和平与发展的严峻威胁，我国坚持扩大开放的基本国策，推出了一系列扩大开放的政策措施，全面实施外商投资法及其实施条例，进一步缩减外商投资准入负面清单，稳步推动金融市场准入，出台《海南自由贸易港建设总体方案》，强化深圳和浦东的改革开放举措，深化服务贸易创新发展试点等，增设北京、湖南、安徽3个自由贸易试验区。同时，我国积极推进全球自由贸易进程，全程参与RCEP谈判，并推动协定最终签署，至此我国已与26个国家和地区签署19个自贸协定，与自贸伙伴的贸易额占比由此前的27%扩大到35%左右[1]；如期完成中欧投资协定谈判，实现了对标国际高水平经贸规则推动制度型开放的重大突破。RCEP的签订为我国与其他更多国家签订高水平经贸协定提供了重要借鉴；使我国积极考虑加入CPTPP，推动构建更高水平的开放型经济。

[1]　《商务部部长王文涛：我国已与26个国家和地区签署19个自贸协定》，https://baijiahao.baidu.com/s?id=1726068817146356341&wfr=spider&for=pc。

二、以高水平开放赢得发展与合作竞争的主动

（一）以高水平开放促进高质量发展

1. 坚持发展是解决一切全球性问题的前提。当今世界面临诸多新问题和新挑战，核心问题仍是发展的问题，即发展不平衡、不充分的问题。只有抓住可持续发展这个“牛鼻子”，才有可能有效解决全球面临的诸多问题。2021年，面对不断加剧的粮食安全、难民问题、气候变化等全球性危机，持续扩大的南北“发展鸿沟”，全球发展赤字有增无减等系列挑战，习近平主席提出全球发展倡议，聚焦发展不平衡、不充分问题，以加快落实2030年议程为目标，致力于推动构建全球发展共同体。截至2023年6月，近70个国家加入“全球发展倡议之友小组”[1]。

专栏1-3　全球发展倡议内容

1.坚持发展优先。将发展置于全球宏观政策框架的突出位置，加强主要经济体政策协调，保持连续性、稳定性、可持续性，构建更加平等均衡的全球发展伙伴关系，推动多边发展合作进程协同增效，加快落实联合国2030年可持续发展议程。

2.坚持以人民为中心。在发展中保障和改善民生，保护和促进人权，做到发展为了人民、发展依靠人民、发展成果由人民共享，不断增强民众的幸福感、获得感、安全感，实现人的全面发展。

3.坚持普惠包容。关注发展中国家特殊需求，通过缓债、发展援助等方式支持发展中国家尤其是困难特别大的脆弱国家，着力解决国家间和各国内部发展不平衡、不充分问题。

4.坚持创新驱动。抓住新一轮科技革命和产业变革的历史性机遇，加速科技成果向现实生产力转化，打造开放、公平、公正、非歧视的科技发展环境，挖掘疫后经济增长新动能，携手实现跨越发展。

5.坚持人与自然和谐共生。完善全球环境治理，积极应对气候变化，构建人与自然生命共同体。加快绿色低碳转型，实现绿色复苏发展。

---

[1]　《中外专家学者聚焦全球发展倡议：成为促进人权重要国际平台》，https://www.chinanews.com.cn/gn/2023/06-15/10025159.shtml。

6.坚持行动导向。加大发展资源投入，重点推进减贫、粮食安全、抗疫和疫苗、发展筹资、气候变化和绿色发展、工业化、数字经济、互联互通等领域合作，加快落实联合国2030年可持续发展议程，构建全球发展命运共同体。

资料来源：中改院课题组根据公开资料整理。

2. 以结构转型推进经济高质量发展。我国的可持续发展本身就是对世界经济发展的巨大贡献。2013—2021年，我国对世界经济增长的平均贡献率达38.6%，超过G7国家贡献率的总和，是推动世界经济增长的第一动力[1]。当前，我国整体进入工业化后期，经济结构转型呈现历史性趋势。推动高质量发展，重点是推动产业结构、科技结构、消费结构、城乡结构、能源结构、贸易结构等转型升级。例如，2000—2019年，我国服务业增加值年均增长15.8%，是同期世界平均增速的3.8倍[2]。人民群众服务需求的快速增长，形成服务业发展的重要动力，由此蕴藏着结构性增长潜能。

3. 以高水平开放同世界分享自身发展红利。2013—2021年，我国居民服务型消费支出占比由39.7%提升至44.2%，年均提升约0.56个百分点。预计到2025年，我国居民服务型消费支出占比将达到50%～52%；到2035年，我国居民服务型消费支出占比将达到60%左右，由此将带来数万亿美元的消费增量[3]。我国巨大内需潜力的释放，离不开高水平开放，需要以高水平开放实现内外市场联动、要素资源共享，形成更高水平开放合作的新发展格局。

4. 以高质量共建“一带一路”打造合作发展新平台。世界银行有关报告认为，到2030年，共建“一带一路”有望帮助全球760万人摆脱极端贫困、3200万

[1] 《我国成世界经济增长第一动力》，https://m.gmw.cn/baijia/2022-10/02/36063583.html。

[2] 《2021中国新消费发展论坛纵论消费结构升级 长三角有望率先实现消费突破》，https://baijiahao.baidu.com/s?id=1699232691595820226&wfr=spider&for=pc。

[3] 《以高端制造为重点推动产业结构转型升级》，https://baijiahao.baidu.com/s?id=1762749572027977197&wfr=spider&for=pc。

人摆脱中度贫困[1]。为务实推进共建“一带一路”，我国不仅积极促成具体项目落地，而且主动发起设立了亚投行、丝路基金等。与此同时，推动沿线国家和地区在基础设施、制造业、服务业、能源资源等多个领域开展广泛合作，为提振区域经济和推动世界经济增长注入了新的动力。未来，高质量共建“一带一路”，要以基础设施互联互通为依托，实现各国联动发展；由产能合作为主向产能合作与服务贸易并重转变，进一步拓展合作内容；以建立多层次、多种形式的自由贸易网络为目标，加快构建全球互联互通的伙伴关系，推进全球共同开放；通过第三方市场合作等多种方式使更多国家从中受益。

（二）以高水平开放统筹发展和安全

1. 坚持普遍安全、共同安全的价值理念。安全是一切事务的前提，没有安全保障就难以形成发展的大环境。习近平主席在博鳌亚洲论坛2022年年会开幕式上首次提出全球安全倡议[2]；2023年2月，中方正式发布《全球安全倡议概念文件》，全面阐述全球安全倡议“六个坚持”的核心理念与原则，针对当前最突出、最紧迫的国际安全关切提出20个重点合作方向，围绕合作平台和机制提出建议设想[3]。面对日益加剧的全球风险挑战，我国坚持相互尊重、开放包容、多边主义、互利共赢、统筹兼顾的基本原则，坚持“大家安全才是真安全”的理念，积极践行《全球安全倡议概念文件》。

[1] 《共建一带一路 共谋全球发展》，http://world.people.com.cn/n1/2021/0424/c1002-32086459.html。

[2] 《携手迎接挑战，合作开创未来——在博鳌亚洲论坛2022年年会开幕式上的主旨演讲（2022年4月21日，北京）》，《人民日报》2022年04月22日，第2版。

[3] 《全球安全倡议概念文件》，https://www.gov.cn/xinwen/2023-02/21/content_5742481.htm。

专栏1-4　全球安全倡议

2022年4月，在博鳌亚洲论坛2022年年会开幕式上，国家主席习近平首次提出全球安全倡议，倡导以团结精神适应深刻调整的国际格局，以共赢思维应对复杂交织的安全挑战，旨在消弭国际冲突根源、完善全球安全治理，推动国际社会携手为动荡变化的时代注入更多稳定性和确定性，实现世界持久和平与发展。

2023年2月21日，在"全球安全倡议：破解安全困境的中国方案"蓝厅论坛上，中方正式发布《全球安全倡议概念文件》，阐释了全球安全倡议"六个坚持"的核心理念与原则，即：坚持共同、综合、合作、可持续的安全观，坚持尊重各国主权、领土完整，坚持遵守联合国宪章宗旨和原则，坚持重视各国合理安全关切，坚持通过对话协商以和平方式解决国家间的分歧和争端，坚持统筹维护传统领域和非传统领域安全；明确了20个重点合作方向以及5个合作平台和机制。

资料来源：中改院课题组整理。

2. 以高水平开放统筹发展和安全。以高水平开放统筹发展和安全，不仅是中国对自身中长期发展的客观判断作出的重大决策，也是应对全球安全风险的重要选择[1]。例如，中国对全球半导体的依赖度仍超过90%，针对部分国家的"脱钩断链"行为，中国在坚持自主创新的同时，积极推进开放创新；更重要的是，作为全球产业链供应链的关键环节，中国以自身现代产业体系建设维护全球产业链供应链安全稳定。以加入RCEP为例，2022年我国对RCEP其他14个成员国进出口额占外贸进出口总值的30.8%，增长7.5%，是同期全国GDP增速的2.5倍[2]。区域合作还能通过建立伙伴关系，拉紧相互依存关系，形成紧密的产业链供应链联系。

3. 推动构建开放的双循环新发展格局。面对国际政治经济格局的深刻变化，我国正着力构建以国内大循环为主体、国内国际双循环相互促进的新发展格局。以国内大循环为主体，绝不是自我封闭、自给自足，而是坚持开放合作的国内国际双

[1] 《在高水平开放中统筹发展和安全》，https://m.gmw.cn/baijia/2022-04/21/35675572.html。

[2] 《国务院新闻办就2022年全年进出口情况举行发布会》，https://www.gov.cn/xinwen/2023-01/13/content_5736993.htm。

循环，是应对复杂多变国内外环境实行的战略转型；绝不是短期举措，而是与我国经济转型升级趋势相适应的中长期发展战略[1]。

4. 以制度型开放为战略举措实现与世界更深程度融合。党的二十大报告指出，要“推进高水平对外开放”“稳步扩大规则、规制、管理、标准等制度型开放”。这意味着对外开放的重点向国内制度层面延伸，不仅涉及市场准入制度，更涉及公平竞争制度、市场监管制度及服务贸易领域的规则、规制、管理、标准等方面的制度性、结构性安排。在这个背景下，中国致力于推进以规则、规制、管理、标准为重点的制度型开放，主动对接国际高水平经贸规则，倒逼国内深层次的市场化改革，建设高水平市场经济体系。

（三）以高水平开放扩大同各国利益交汇

1. 以高水平开放深化同各国互利合作。从党的十八大提出“提高利用外资综合优势和总体效益，推动引资、引技、引智有机结合”，到党的十九大提出“实行高水平的贸易和投资自由化便利化政策，全面实行准入前国民待遇加负面清单管理制度，大幅度放宽市场准入，扩大服务业对外开放，保护外商投资合法权益”，我国对外开放的广度和深度全面拓展。2017—2021年，我国连续5年缩减全国和自贸试验区外商投资负面清单，分别由63项、95项缩减至31项、26项，进一步放宽金融服务、高端制造、电子信息等领域外资准入条件[2]（见表1-8）。2021年，我国服务业实际使用外资9065亿元，占当年利用外资总额的78.9%，比2012年提高30.7个百分点[3]。

---

[1] 《迟福林：以高水平开放推动构建新发展格局》，https://baijiahao.baidu.com/s?id=1715030825382027812&wfr=spider&for=pc。

[2] 《六部门发文促RCEP高质量实施！连续5年缩短负面清单，开放步伐再扩大》，https://baijiahao.baidu.com/s?id=1723118724210331177&wfr=spider&for=pc。

[3] 《党的十八大以来经济社会发展成就系列报告：服务业释放主动力 新动能打造新引擎》，https://www.gov.cn/xinwen/2022-09/20/content_5710812.htm。

表1-8　2017—2021年全国和自贸试验区外商投资负面清单对比

单位：项

全国外商投资准入特别管理措施（负面清单）					
行业	2017版	2018版	2019版	2020版	2021版
一级行业	—	14	13	12	12
二级行业	—	34	—	—	—
具体管理措施	63	48	40	33	31
农、林、牧、渔业	限制外商投资产业目录35条	4	4	4	4
采矿业		4	1	1	1
制造业		6	5	4	2
电力、热力、燃气及水生产和供应业		2	2	1	1
批发和零售业		1	1	1	1
交通运输、仓储和邮政业		7	6	4	4
信息传输、软件和信息技术服务		2	2	2	2
金融业		3	3	—	—
租赁和商务服务业	禁止外商投资产业目录28条	3	3	3	3
科学研究和专业技术服务		3	3	3	3
水利、环境和公共设施管理业		1	—	—	—
教育		2	2	2	2
卫生和社会工作		1	1	1	1
文化、体育和娱乐业		9	7	7	7

自贸试验区外商投资准入特别管理措施（负面清单）					
行业	2017版	2018版	2019版	2020版	2021版
一级行业	15	14	13	12	11
二级行业	40	32	—	—	—
具体管理措施	95	44	37	30	26
农、林、牧、渔业	5	4	3	3	3
采矿业	5	3	1	1	1
制造业	12	5	3	2	—
电力、热力、燃气及水生产和供应业	3	2	2	1	1
批发和零售业	4	1	1	1	1
交通运输、仓储和邮政业	11	6	6	4	4
信息传输、软件和信息技术服务	4	2	2	2	2
金融业	13	3	3	—	—
租赁和商务服务业	5	3	3	3	2
科学研究和专业技术服务	4	3	3	3	3
水利、环境和公共设施管理业	2	1	—	—	—
教育	2	2	2	2	1

续表

自贸试验区外商投资准入特别管理措施（负面清单）					
行业	2017版	2018版	2019版	2020版	2021版
卫生和社会工作	1	1	1	1	1
文化、体育和娱乐业	21	8	7	7	7
所有行业	3	—	—	—	—

资料来源：中改院课题组根据公开资料整理。

2. 在高水平开放中致力于构建和平共处、总体稳定、均衡发展的大国关系。过去几年，习近平主席和拜登总统以各种灵活方式进行了多次战略沟通。2022年11月，习近平主席在巴厘岛与拜登总统会晤时进一步强调：当前形势下，中美两国共同利益不是减少了，而是更多了。中美不冲突、不对抗、和平共处，这是两国最基本的共同利益[1]。当前，中国仍以开放姿态，致力于推动构建相互尊重、和平共处、合作共赢的中美关系。同时，中国持续推进中俄新时代全面战略协作伙伴关系、中欧关系等建设，致力于以开放拓展合作空间。

（四）以高水平开放促进全球经济治理体系完善

1. 积极构建开放包容的全球经济治理体系。“中国人始终认为，世界好，中国才能好；中国好，世界才更好。”[2]经济全球化与新科技革命使世界各国的利益和命运联系在一起，各国的产业链、供应链、价值链紧密联系，经济发展相互依赖。面对世界经济下行压力等共同挑战，没有哪个国家能够独善其身，也没有哪个国家可以包打天下，各个国家必须寻求互利合作的双赢多赢之道。无论是应对全球突发公共卫生事件，还是应对气候变化、人口老龄化等全球性挑战，都迫切需要在人类命运共同体理念下开展全球行动、全球合作。

2. 维护以WTO为核心的多边贸易体制。在经济全球化的制度安排中，自由贸

[1] 《习近平同美国总统拜登在巴厘岛举行会晤》，《人民日报》2022年11月15日第1版。

[2] 《习近平：共同构建人类命运共同体——在联合国日内瓦总部的演讲（2017年1月18日，日内瓦）》，《人民日报》2017年1月20日第2版。

易最为核心。单边主义、贸易保护主义不仅无助于本国问题的解决，还给经济全球化和全球经济复苏带来巨大障碍。对现有治理体系推倒重来、另起炉灶，不仅会破坏现有的国际秩序，还会破坏世界的和平稳定。作为新型开放大国，中国捍卫以联合国为核心、以国际法为基础的国际体系，并以提升代表性、公平性和有效性为重点，推动全球经济治理机制的改革。作为新型开放大国，中国在坚持最惠国待遇、国民待遇、关税约束、透明度、特殊与差别待遇等WTO的基本原则和核心价值的基础上，抓住争端解决机制这一关键，推进WTO上诉机制、贸易争端解决机制等方面的改革，维护经济全球化大局。

3. 以高水平开放推进全球自由贸易进程。推进合作共赢、合作共担、合作共治的共同开放，建设开放型世界经济，是各国的共同责任[1]。经济全球化的大势没有改变，各国走向开放、走向合作的大势没有改变。我国坚持高水平开放，主动推进双边多边自由贸易进程，进一步实现中欧、中日韩及亚太区域贸易投资自由化便利化安排的实质性突破，以此维护多边贸易体制与经济全球化大局，并进一步提升我国在全球经济治理中的影响力和制度性话语权。

三、推进高水平开放的重大任务

（一）以构建新发展格局为基本要求

1. 不断成长的国内超大规模市场优势。从全球主要经济体人口比较来看，截至2019年末，我国内地总人口为14.0005亿，占全球人口的18.4%，是东盟（约为6.54亿人）的2.14倍，是欧盟（约为5.13亿人）的2.73倍，是美国（约3.27亿人）

[1] 《人民日报评论员：推进合作共赢合作共担合作共治的共同开放》，https://baijiahao.baidu.com/s?id=1682654600572190488&wfr=spider&for=pc。

的4.28倍，是日本（约为1.27亿人）的11.02倍[1]。从结构看，中等收入群体人数增长是超大规模消费市场的基础。目前，我国中等收入群体的人数已经超过4亿，按照同样的标准（三口之家年均收入10万～50万元），欧盟、美国和日本的中等收入群体人数分别约为2.1亿人、1亿人、8500万人[2]。按照该标准，目前我国的中等收入群体人数已经相当于欧美日的总和。

2. 以高水平开放提升供给体系有效性。从促进商品和要素流动的视角来看，高水平开放有助于进一步释放国内国际两个市场、两种资源的增长动力，通过扩大生产要素配置规模和效益来拉动经济增长。以旅游为例，2019年全年国内游客约60.1亿人次，比2018年增长8.4%；国内旅游收入约57251亿元，增长11.7%，人均旅游花费约953元[3]。如果“十四五”期间全国城乡居民人均旅游消费支出提高到1100元左右，城乡居民旅游人数达到60亿人次，城乡居民的国内旅游消费规模将达到6.6万亿元。这一市场潜力的释放，取决于国内供给结构的调整与供给质量的优化。这就需要通过进一步扩大高水平开放，建设国际一流营商环境，实行全国统一的市场准入负面清单制度，促进资源要素自由流动和高效配置，加大国内国际市场生产、流通、分配、消费各环节的改革力度，加快破除体制机制障碍，形成强大的国内市场。

3. 以高水平开放更好地参与国际经济大循环。从国际经验看，先进的信息基础设施是提升生产性服务业国际竞争力的一个重要条件。生产性服务业具有高附加值的特点，已成为国际直接投资的重点领域。近年来，我国生产性服务业对发达国家的吸引力越来越大。据商务部统计，2019年，我国高技术产业新设外商投资企业数量为10311家，实际吸收外资为390.6亿美元，占比达到27.7%。其中，高技术

---

[1] 《充分发挥我国超大规模市场新优势》，https://www.zhangqiaokeyan.com/academic-journal-cn_financial-review_thesis/0201281967843.html。

[2] 同上。

[3] 《中华人民共和国2019年国民经济和社会发展统计公报》，https://www.stats.gov.cn/xxgk/sjfb/tjgb2020/202006/t20200617_1768655.html。

服务业实际吸收外资为256.9亿美元，占实际吸收外资总额的比重为18.2%，高于高技术制造业8.7个百分点[1]。以生产性服务业为重点积极引导外商直接投资转向高端生产性服务业领域；积极发挥外商直接投资对我国生产性服务业的带动作用，推动传统服务业转型升级。

（二）以服务贸易开放为重大任务

1. 服务贸易成为全球贸易的重点、焦点。2010—2019年，全球服务贸易额由7.9万亿美元增长到12.4万亿美元，年均增长5.1%，占全球贸易总额的比重由20.5%提升至24.4%。尽管全球服务贸易发展受到严重冲击，但服务贸易快速发展趋势尚未改变。2022年，全球服务贸易额达到13.8万亿美元，比2019年增长11.3%。从经贸协定的内容看，2009年以来在全球生效的177个区域自贸协定中，涵盖服务贸易规则的占比为70%左右[2]。

2. 数字技术深刻改变全球服务贸易发展生态。一方面，数字技术降低服务贸易发展成本。WTO发布的《2019年世界贸易报告》数据显示，服务贸易成本几乎是商品贸易成本的2倍，但在2000—2017年，由于数字技术、政策壁垒减少和基础设施投资，服务贸易成本下降了9%。另一方面，新一轮科技革命拓展服务贸易发展空间，教育、健康、医疗、文化等传统不可贸易的“服务”逐渐变得可贸易，并逐渐成为服务贸易的重要内容。此外，数字技术催生服务贸易新模式。全球服务贸易中50%以上已经实现数字化，超过12%的跨境实物贸易通过数字化平台实现[3]。

3. 服务贸易成为我国结构转型的重点。高质量发展直接依赖于结构转型的突破。以消费结构为例，预计到2025年，城乡居民服务型消费占比有望达到或超过

[1] 数据来源：商务部商务数据中心。

[2] 《中国经济首季报“超预期”，为全球带来何种动力？》，https://baijiahao.baidu.com/s?id=1763685550223768826&wfr=spider&for=pc。

[3] 《传统贸易向数字贸易转型：全球服务贸易一半以上实现数字化》，https://baijiahao.baidu.com/s?id=1618786958309996971&wfr=spider&for=pc。

50%，到2030年有望达到55%左右[1]。14亿人的消费结构升级，蕴藏着巨大的消费潜力。这个潜力的释放，关键是扩大服务业市场开放和加快服务贸易发展，形成高质量服务供给新格局。再例如，推进产业结构转型，需要在高水平开放中促进现代服务业与先进制造业深度融合，在发展生产性服务贸易中形成制造业发展新优势。

（三）以制度型开放为突出特点

1. 高水平开放更加强调边境内领域。以制度型开放为特点的高水平开放，其重点在于边境内，开放举措更加强调以制度集成创新形成高水平开放的制度安排。改革开放以来，我国对外开放的制度安排主要集中在边境外领域，而在公平竞争、贸易和投资便利化、标准对接等边境内方面的制度安排明显滞后。从商品要素流动型开放向制度型开放转变，主要体现在开放措施从边境外措施向边境内措施延伸。如当前受关注度较高的产业政策、知识产权保护、环境政策、投资政策、竞争政策等都属于边境内措施。

2. 关键是推进规则、规制、管理、标准的对接。在以制度型开放为主要特征的高水平开放新阶段，一方面，需要跟踪研究能够代表未来发展方向的国际经贸规则演变趋势和主要内容，明晰其可能的运行环境和需要的基础条件，在保证风险可控的条件下，更加注重对照国际高标准经贸规则，以此为目标导向倒逼国内改革。另一方面，充分利用国际经贸规则重构的时间窗口期，把握和利用好各种开放平台在规则变革和制度优化中的先行先试优势，逐步形成一些可复制与可推广的规则体系，在推进与国际经贸规则相衔接的同时，引领国际经贸规则高标准化发展。

3. 以制度型开放倒逼制度性变革。从国际经验看，高水平开放依赖高水平的市场经济，高水平市场经济的重要特征是开放竞争程度高。从高水平开放的实践看，无论是达成中欧投资协定，还是加入CPTPP，都对构建高水平市场经济体制提

[1] 《消博会：世界各国共享中国消费大市场的重要平台》，https://news.gmw.cn/2023-04/17/content_36500231.htm。

出了新的要求。加快构建高水平社会主义市场经济体制是我国新发展阶段经济体制改革的目标取向，是推进高水平开放的根本保障。从现实情况看，构建高水平社会主义市场经济体制，既需要充分发挥市场在资源配置中的决定性作用，充分激发国内市场活力，又要在适应国际经贸规则重构中构建高标准市场体系。

（四）以打造高水平对外开放新高地为重要突破

经济特区、粤港澳大湾区、自由贸易试验区、自由贸易港等，是我国构建更高水平开放型经济新体制的“试验田”，肩负着服务贸易和服务业市场开放的历史使命。适应我国高水平开放的现实需求，一是对标世界最高水平开放形态，加快海南自由贸易港建设，二是以服务贸易一体化为重点加快粤港澳大湾区建设，三是以服务贸易为重点分步推进自由贸易试验区转型发展。同时，在部分区域加强数字贸易等新兴贸易领域的规则探索，为我国积极参与国际经贸规则制定开展压力测试。

四、坚定推进RCEP全球最大自由贸易区

（一）RCEP成为中国推进高水平开放的最大抓手

1. 实现两个最具活力经济体的合作发展。以东盟为主导的RCEP既有利于发挥传统发达国家优势，又有利于优化包括欠发达国家在内的资源配置，由此释放各成员国的经济活力，促进经济稳定增长。特别是依托开放包容的贸易投资自由化便利化制度安排，中国与东盟两个最具活力与最具增长潜力的市场将进一步融合，并由此激发RCEP统一大市场的活力。

2. RCEP已成为我国对外开放区域布局的重中之重。目前，中国-东盟经贸关系已经成为RCEP重要的动力源。例如，2020年中国与东盟双边贸易额为1991年的

85倍，并首次互为最大贸易伙伴[1]。2021年中国与东盟货物贸易额达8782亿美元，同比增长28.1%。2020年和2021年，东盟连续两年为中国第一大货物贸易伙伴。2021年，中国与东盟货物贸易规模同比增长28.1%[2]。2022年是中国东盟全面战略伙伴关系开局之年，双方经贸往来更加密切，东盟继续保持中国第一大贸易伙伴地位。中国与东盟贸易总值达6.52万亿元，增长15%，占中国外贸比重达到15.5%，较2021年上升了1%。其中，对东盟出口额为3.79万亿元，增长21.7%；自东盟进口额为2.73万亿元，增长6.8%[3]。中国连续14年为东盟最大贸易伙伴，由此可见，东盟是我国在RCEP区域内对外开放的基础环节。

3. 以RCEP为抓手推进全球经济再平衡。在当今世界动荡变局下，推进RCEP进程已成为我国扩大对外开放的重要措施，也是务实推进区域自由贸易的重大任务。高水平实施RCEP，以RCEP为抓手统筹优化内外开放布局，充分释放RCEP红利，不仅有利于我国推进高水平对外开放进程，也将对东亚区域经济一体化与区域经济增长产生重大影响，更将为世界经济复苏和全球经济再平衡作出重要贡献。

（二）发挥中国大市场在推进RCEP中的作用

1. RCEP成员国均是中国重要的经贸伙伴。中国与RCEP其他成员国的贸易总额约占中国对外贸易总额的1/3。中国海关统计数据显示，2021年我国对RCEP其他14个成员国进出口额为12.07万亿元，增长18.1%，占我国外贸总值的30.9%。其中，出口额为5.64万亿元，增长16.8%；进口额为6.43万亿元，增长19.2%[4]。

2. 中国与RCEP其他成员国形成较为紧密的供应链合作关系。例如，从出口类

[1] 《中国-东盟合作事实与数据：1991—2021》，https://m.thepaper.cn/baijiahao_16208709。

[2] 《2021年中国-东盟经贸合作简况》，http://asean.mofcom.gov.cn/article/o/r/202201/20220103239743.shtml。

[3] 《贸易快报 | 2022年中国-东盟贸易增长强劲》，http://asean.mofcom.gov.cn/article/jmxw/202301/20230103379201.shtml。

[4] 《国务院新闻办就2021年全年进出口情况举行发布会》，https://www.gov.cn/xinwen/2022-01/15/content_5668472.htm。

依赖程度看，印度、印度尼西亚、文莱深度依赖对华出口中间品、对美出口消费品，越南深度依赖对华出口资本品、对美出口消费品，泰国深度依赖对华出口中间品、对美出口资本品，澳大利亚深度依赖对华出口原材料、对美出口中间品。

3. 高举RCEP“开放共享”的旗帜。IPEF与RCEP相比，从内容上看，市场开放形成RCEP突出优势，IPEF不包括市场开放内容。从理念上看，开放包容共享的RCEP更适应所在地区合作发展，而IPEF排斥了东盟最不发达国家（老挝、缅甸、柬埔寨）的参与。从实施上看，具有法律效力的RCEP更具稳定性，IPEF主要依赖行政推动。从发展上看，RCEP将逐步提质扩容，并逐步对接CPTPP的某些高水平经贸规则。

（三）构建RCEP区域安全稳定的产业链供应链

1. 释放“关税减让”政策效应，增强区域产业链供应链的弹性和韧性。RCEP生效后，区域内90%的货物贸易最终实现“零关税”，由此将大幅降低区域内贸易成本与产品价格。这需要RCEP成员国共同努力，把放大“关税减让”的政策效应作为“早期收获”的重点。例如，在既有承诺的基础上，尽可能缩短重要原材料、关键零部件的“零关税”过渡期；推动中国、日本、韩国、印度尼西亚等产业链供应链关键性国家由“国别关税减让”向“统一关税减让”过渡，进一步降低企业利用协定成本；等等。

2. 释放“原产地累积规则”政策效应，推动区域内产业链供应链的多元化布局。使用区域累积原则的原产地规则是RCEP的重大成果，有利于激励企业采购区域内产品，推动形成密切、稳定和有竞争力的区域产业链分工合作体系。从发展需求看，要协调推动并尽快完成RCEP原产地规则章节相关条款的审议，推进“部分累积”向“完全累积”过渡，使企业依托各成员国资源禀赋与市场优势，灵活调整产业链供应链布局。同时，共同推动原产地认定程序简化，逐步实现区域内海关信息共享基础上的信用通关管理。

3. 释放“服务贸易与投资自由化便利化”政策效应，推动区域内产业链供应链的延伸。RCEP以非服务业领域投资准入负面清单和正负服务贸易清单模式，推动区域内服务贸易与投资自由化便利化，为内外投资者营造一个稳定、开放、透明的投资环境。未来几年，仍需要推进相关成员国实现服务贸易由正面清单向负面清单的过渡，实现服务贸易与投资负面清单一体化管理；推动实现日韩的研发技术及生产性服务、中国制造、东盟组装等的深度融合，推动区域内加工制造向高附加值环节延伸，整体提升东亚在全球价值链中的分工地位。

（四）推动形成RCEP区域一体化大市场

1. 以RCEP为重要平台推动区域内市场的对接。RCEP在整合多个“10+1”自贸协定的基础上，打通了东南亚与东北亚规则壁垒，形成了覆盖22.7亿人口超大规模市场的制度基础。目前，RCEP内部相互投资占其全部对外投资的比重为30%，内部贸易额占其对外贸易额的40%。为形成区域一体化大市场，需要协调推进各成员国强化在平等准入、公平竞争、产权保护、监管透明度等方面的立法与公平执法，推动实现区域内市场监管与海关部门信息共享、多边互认；适时启动 RCEP成员国在服务业规则、规制、管理、标准方面的互认磋商等。

2. 推进RCEP项下农产品、服务业、数字经济等重点领域的共同市场建设。第一，依托RCEP农业开放政策及快速通关机制，支持企业开展农业投资、种植和加工合作，共建 RCEP农产品大市场。第二，推动旅游、医疗健康、文化娱乐等区域内有发展基础、需求比较大的生活性服务业合作，共建 RCEP服务型消费大市场。第三，在RCEP电子商务规则框架下，推动共建跨境数字自由贸易园区、数字经济合作园区等，推动数字基础设施、数字技术、数字服务等便利流动，共同开拓区域内数字经济大市场。

3. 打造中国市场与RCEP其他成员国市场深度融合的对接点。我国是全球最具潜力的大市场，估计到2025年，我国将成为全球第一大商品消费市场，并蕴藏数万亿元的服务型消费市场空间。我国的消费潜力释放与消费结构升级，无论是对东盟的农产品，还是对日韩的中高端消费品与优质服务，以及对澳大利亚和新西兰的能源产品，都有日益增大的市场需求。海南地处RCEP区域中心位置，建设海南自由贸易港，努力打造世界最高水平开放形态的政策与制度体系，使海南成为 RCEP其他成员国分享中国消费大市场的重要枢纽和交汇点。

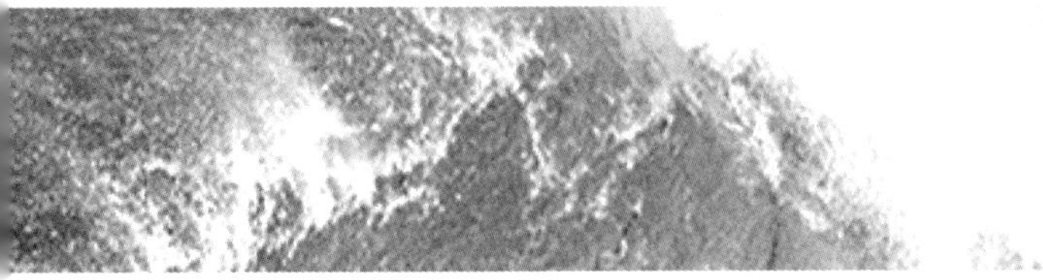

第二章

战略目标：打造重要开放门户

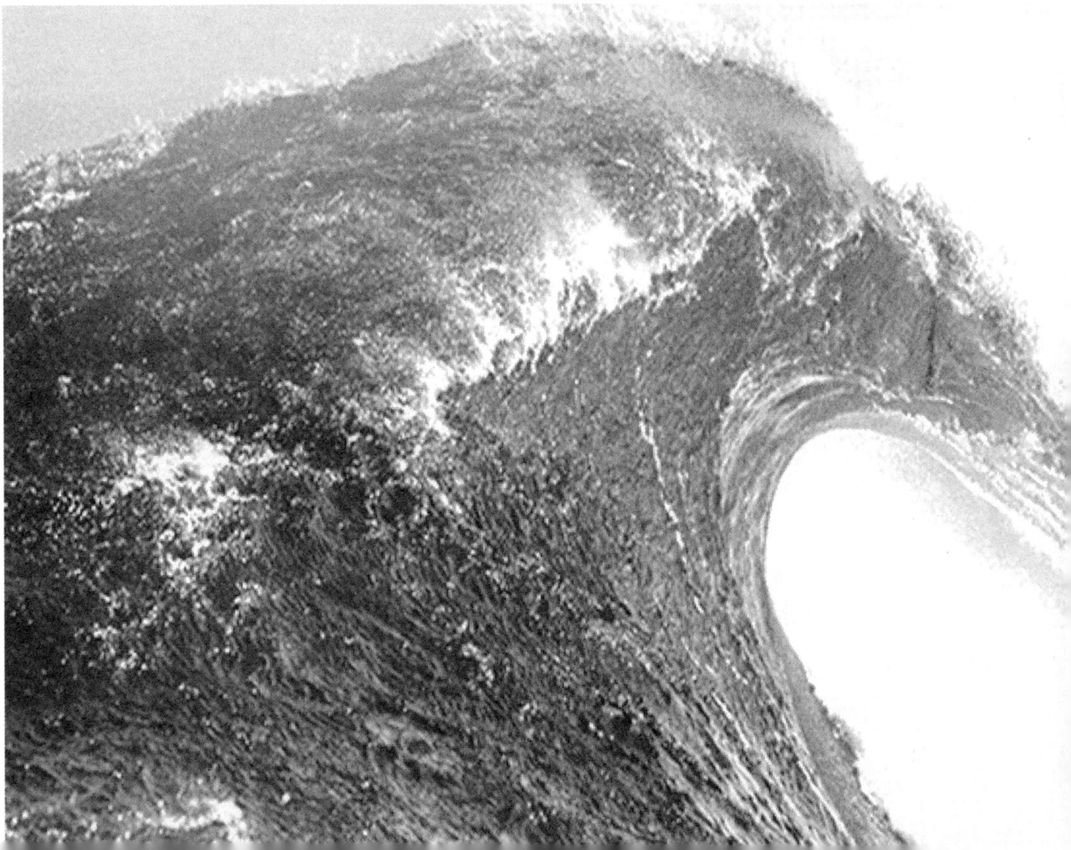

当前，面对世界百年未有之大变局，海南自由贸易港要充分利用自身的地缘优势、区位优势、资源优势和政策优势，对标世界最高水平开放形态，成为我国面向太平洋和印度洋的重要对外开放门户，这是中央明确赋予海南自由贸易港的战略目标。

第一节

打造重要开放门户的战略需求

对接国际高水平经贸规则，实施全面深化改革和最高水平开放政策和制度，使海南尽快成为我国深度融入经济全球化、吸引集聚全球优质生产要素、开展更高层次区域经贸合作竞争的重要平台，着力提升海南自由贸易港的区域影响力、辐射力，这既是中央在海南建立自由贸易港的战略目标，也是海南自由贸易港建设的重大战略任务。

一、大变局下海南地缘优势全面凸显

（一）海南具有独特的地理区位优势

1. 地处RCEP区域中心位置。新加坡、中国香港、迪拜、鹿特丹等，是当今世界比较成功的自由贸易港，都具备独特的地缘优势。例如，中国香港是南亚与东北亚之间的航线枢纽，新加坡扼守太平洋及印度洋之间的航运要道，迪拜地处亚欧非三大洲交汇点，鹿特丹港则是亚欧大陆桥的西桥头堡。海南岛背靠华南，面向东南亚，是连接东北亚和东南亚的区域中心。海南岛位于中国大陆南端，北以琼州海峡与广东省划界，西临北部湾与越南、老挝、柬埔寨、泰国和缅甸相对，东濒南海，与中国台湾相望，东南两侧与菲律宾、文莱、新加坡、印度尼西亚、东帝汶、澳大利亚和马来西亚为邻。独特的地理位置决定海南岛将在“泛南海经济合作圈”的政治经济文化交流中发挥不可替代的作用。

2. 地处南海要冲。南海地处两大洋和两大陆的交汇地带。海南地处南海要冲，地理位置十分重要。尤其是在我国经略南海面临的复杂性、风险性和艰巨性进一步增大的背景下，落实中央关于“打造面向印度洋、太平洋重要开放门户”的战略目标，服务于我国高水平开放与区域合作大局，重中之重是推进海南自由贸易港与南海周边国家和地区间的广泛性、开放性、互补性区域互利合作，排除干扰、增强互信，并在大国博弈与区域合作竞争中赢得主动。

3. 管辖200万平方公里的南海海域。1988年4月13日，七届全国人大一次会议通过关于海南建省办特区决定的同时，宣布授权海南管辖周围200万平方公里的海域面积。2012年7月三沙市成立，表明我国维护南海主权和海洋权益的决心。三沙市的设立不仅使其成为“泛南海经济合作圈”的前沿，也凸显了海南在国家发展全局和经略南海中不可替代的战略地位。

（二）新形势下海南自由贸易港的战略任务

1. 促进中国与东盟全面战略合作的重大任务。2021年，中国与东盟建立全面战略伙伴关系。从实际看，做实中国与东盟全面战略伙伴关系，需要一个平台。以海南自由贸易港为重要平台，加强中国与东南亚深层次、多领域的区域合作，并与条件成熟的国家或地区开展更大力度的双向开放、实行更加灵活的产业项下的自由贸易政策等，不仅有利于推动中国-东盟经贸合作的巩固与发展，而且有利于携手应对贸易保护主义与单边主义的挑战，共同推进区域经济一体化进程。

2. 维护南海地区和平稳定的重大使命。求和平、促发展是中国与东南亚诸国的共同心愿；把南海打造成为和平之海、友谊之海、合作之海，符合泛南海地区各方的共同利益[1]。当前，在域外大国的干扰下，南海形势更加复杂多变，中国和东南亚各国发展面临着更加不稳定、不确定的外部环境，泛南海区域比以往任何时候都更需要紧密的交流合作。在这个特定背景下，要着眼于南海长期和平发展，着眼于各方的共同利益，着眼于各方共同的社会需求，加强海南自由贸易港与东南亚国家经贸合作与人文交流，共同打造“泛南海经济合作圈”。

3. 服务和融入双循环新发展格局的重大要求。一方面，在有效服务国内居民消费回流、打造国内居民国际化消费重要承接地的同时，积极吸引全球资金、人才、技术等生产要素服务国内大循环，并在国内企业、资金、人才等“走出去”中发挥平台功能和服务作用；另一方面，由于更为自由化的区域贸易协定、贸易保护带来的摩擦增加等多种因素交织，全球贸易投资活动更趋于区域化、近岸化和本土化，未来东盟将在我国参与的国际经济大循环中扮演重要角色。依托独特的地理区位优势，发挥海南自由贸易港制度与政策优势，使得东盟国家更多产业以海南自由贸易港为平台融入双循环发展体系，使得中国与东盟两个市场更深程度连接融合，使海南在服务双循环相互促进中发挥更大作用。

二、建设中国特色自由贸易港重大战略使命

（一）探索建设中国特色自由贸易港的重大使命

1. 落实党的十九大报告和党的二十大报告中关于“探索建设自由贸易港”“加快建设海南自由贸易港”的重大战略决策。党的十九大报告在推动形成全面开放新格局的措施中明确提出，“赋予自由贸易试验区更大改革自主权，探索建

[1] 《迟福林：以加强与东南亚国家交流合作为重大任务的海南自由贸易港》，http://www.chinareform.org.cn/2020/1113/34377.shtml。

设自由贸易港”[1]。党的二十大报告在推进高水平对外开放中明确提出，“加快建设海南自由贸易港”[2]。建设中国特色自由贸易港是海南服务国家重大战略的首要使命。

2. 服务国家重大战略的责任与使命。习近平总书记在“4·13”重要讲话中要求，“海南要利用建设自由贸易港的契机，加强同‘一带一路’沿线国家和地区开展多层次、多领域的务实合作，建设21世纪海上丝绸之路的文化、教育、农业、旅游等交流平台，在建设21世纪海上丝绸之路重要战略支点上迈出更加坚实的步伐。”[3]为此，海南服务国家重大战略，就是要按照总书记的要求，抓住中央支持海南探索建设中国特色自由贸易港的重大历史机遇，发挥海南独特的地理区位优势，在我国21世纪海上丝绸之路建设以及经略南海战略中扮演重要角色，逐步将海南自由贸易港打造成为我国面向太平洋和印度洋的重要对外开放门户。

3. 走向大开放的战略举措。海南建省办经济特区35年的实践表明，海南什么时候最开放，什么时候发展就最快。在百年未有之大变局下，海南只有通过探索建设中国特色自由贸易港，才能走出一条以高水平开放推动高质量发展的新路子。

（二）充分学习借鉴国际先进经验

《中共中央 国务院关于支持海南全面深化改革开放的指导意见》要求，“海南自由贸易港建设要体现中国特色，符合海南发展定位，学习借鉴国际自由贸易港建设经验”。何谓自由港？自由港是设在一国（地区）境内关外、货物服务资金人员进出自由、绝大多数商品免征关税的特定区域，是目前全球开放水平最高的特殊经济功能区。中国香港、新加坡、鹿特丹、迪拜都是比较典型的自由港。我国海岸

[1] 《习近平：决胜全面建成小康社会　夺取新时代中国特色社会主义伟大胜利——在中国共产党第十九次全国代表大会上的报告》，《人民日报海外版》2017年10月28日第04 版。

[2] 习近平：《高举中国特色社会主义伟大旗帜　为全面建设社会主义现代化国家而团结奋斗——在中国共产党第二十次全国代表大会上的报告》，《求是》2022年第21期。

[3] 《习近平在庆祝海南建省办经济特区30周年大会上的讲话》，《人民日报》2018年4月14日第2版。

线长，离岛资源丰富，探索建设中国特色自由贸易港，打造开放层次更高、营商环境更优、辐射作用更强的开放新高地，对于促进开放型经济创新发展具有重要意义。我国建设自由贸易港，要符合世界自由贸易港的一般规律。自由贸易港的一般规律可以概括为：基本特点是境内关外，基本要素是货物、服务、资金、人员进出自由，基本目标是以国际化营商环境为重点的对外开放新高地。

（三）加快推进中国特色自由贸易港建设

1. 高标准、高质量建设自由贸易港。海南自由贸易港不能简单地照搬照抄其他自贸区的经验，要从中国实际出发，高标准、高质量加快推进自由贸易港建设进程。

2. 自由贸易港是总体目标。海南与国内其他自由贸易试验区最大的不同就是明确了建设自由贸易港的总体目标和行动时间表，并提出了重要原则和重大任务。

3. 突出海南特色与优势。既要借鉴国内其他自由贸易试验区的经验，也要在其他自由贸易试验区做不了的事项上率先取得突破。

4. 与中国特色自由贸易港不相适应的举措不应当出台。自由贸易试验区的政策要与建设自由贸易港的目标相适应，如果不相适应就不应当着急出台，若急着出台，则有可能对建设自由贸易港产生负面影响。

5. 全岛布局，重点突破。海南是个岛屿经济体，不可能每个市县各自为政推进自由贸易港建设。所以，稳步推进自由贸易港建设，要全岛统一布局、局部地区重点突破。这也是海南在全岛稳步推进自由贸易港建设的一个突出特点。

三、着力打造重要开放门户

与建省之初相比，当前加快海南自由贸易港建设进程，不仅要实现海南“更好发展起来”，也要在内外环境明显变化的背景下，充分发挥海南地处太平洋和印度洋要冲的独有区位和地理优势，努力将海南打造成为我国面向太平洋和印度洋的重要对外开放门户。因此，建设海南自由贸易港绝不是海南的“自娱自乐”，也不只是地区经济发展战略，而是新时期事关我国改革开放发展全局的重大国家战略。

（一）明显提升亚太区域影响力

1. 岛屿的开放水平越高，对周边区域的辐射带动能力就越强。从夏威夷岛、济州岛、巴厘岛等世界知名岛屿的发展经验看，岛屿的开放水平越高，对周边区域的辐射带动能力就越强，在地区政治、经济、文化及国际事务中的作用就越大，在地区交流合作中扮演着不可或缺的特殊角色。发挥海南岛扼守太平洋和印度洋海上要冲的区位和地理优势，以海南自由贸易港为平台，以开放增进交往，以交往带动合作，以合作促进发展，不断扩大人员往来与交流，强化各方利益联结纽带，着力提升以东盟为重点的南海周边国家的影响力、辐射力。

2. 提升海南在区域产业链和价值链中的地位。“十四五”海南经济合作既要充分发挥区域内在产业、资金、技术、市场等各方面的互补性，实现差异化、错位化发展；也要把握经济发展的新趋势，积极开展数字经济、生物医药等新兴领域的合作，强化在产业链研发端与市场端的布局，推动建立具有开放性、包容性和公平性的生产分工体系和经济发展秩序。

3. 提升海南在区域性治理规则策源方面的地位和作用。例如，争取中央的支持，赋予海南更大的海洋经济交往权，在《联合国海洋法公约》等框架下，探索与具备条件的地区在海洋资源开发、海洋生态环境保护、海洋经济合作等领域开展地方政府间磋商，逐步形成包含制度、行动计划、实施项目等在内的海洋治理规则体系，为我国提升海洋治理话语权积累经验。

4. 服务于打造南海命运共同体。着眼于当前和今后的南海问题，我国的突出优势在经济领域，可施展的更大空间也在经济领域。尤其是在促进自身经济快速复苏需求全面增大的背景下，“经济牌”的重要性进一步提升。中央在海南建立自由贸易港，就是要实施全面深化改革及最高水平开放政策和制度，充分发挥海南独特的地理优势、区位优势和充分释放资源价值潜力，使海南尽快成为我国深度融入经济全球化、吸引集聚全球优质生产要素、开展更高层次区域经贸合作竞争的重要平台。

（二）打造双循环重要交汇点

打造国内国际双循环重要交汇点的现实需求。一方面，从长期看，在亚太区域不稳定性、不确定性上升的情况下，充分发挥海南自由贸易港在促进中国与东盟经济交往中的独特作用，加强与东盟国家深层次、多领域的务实合作，为打造重要开放门户的战略目标奠定重要基础。另一方面，从短期实际需求看，在市场流量小、产业体系不完善的情况下，以面向14亿人口内需大市场为重点，依托海南自由贸易港高水平开放的政策和制度优势，主动服务于国内大循环关键环节的畅通及循环效率和水平的提升，并在此过程中逐步形成适应自由贸易港建设要求的产业体系、服务体系和市场体系。

（三）打造我国深度融入全球经济体系的前沿地带

《海南自由贸易港建设总体方案》要求，“加快建立开放型经济新体制，增强区域辐射带动作用，打造我国深度融入全球经济体系的前沿地带”[1]。当前，在国际政治经济格局深刻复杂变化的背景下，建设海南自由贸易港，要充分发挥海南地理区位的独特优势以及背靠超大规模国内市场和腹地经济等优势，对标当今世界最高水平的开放形态，实行更加积极主动的开放战略，率先对接国际高水平经贸规则，实施全面深化改革及最高水平开放政策和制度，促进区域内生产要素自由便利流动，积极吸引全世界投资者到海南投资兴业，集聚全球优质生产要素与企业，拓

[1] 《中共中央 国务院印发〈海南自由贸易港建设总体方案〉》，https://www.gov.cn/gongbao/content/2020/content_5519942.htm。

展国际市场，使海南成为我国深度融入经济全球化、开展更高层次区域经贸合作竞争的重要平台，并在推进区域合作方面发挥独特作用。

四、处理好“重要开放门户”与“三区一中心”的关系

从《中共中央 国务院关于支持海南全面深化改革开放的指导意见》《海南自由贸易港建设总体方案》中可以看出，国家的战略目标就是将海南自由贸易港打造成为引领我国新时代对外开放的鲜明旗帜和重要开放门户。只有取得实现国家战略目标的重要突破，才会有海南“三区一中心”（即全面深化改革开放试验区、国家生态文明试验区、国家重大战略服务保障区和国际旅游消费中心）建设的历史条件。

（一）明确战略目标与发展定位

打造引领我国新时代对外开放的鲜明旗帜和重要开放门户，是中央建立海南自由贸易港的重大战略目标，是海南自由贸易港的重大战略任务。“三区一中心”是海南全面深化改革开放的发展定位，是实现国家重大战略目标的基本要求与行动目标[1]。

（二）以发展定位形成实现战略目标的基础和条件

“三区一中心”是中央统筹战略目标与海南自身特色，围绕全面深化改革开放、生态文明建设、国际旅游消费中心建设及国家重大战略支撑保障能力建设，赋予海南的重大使命，可使海南自由贸易港尽快形成对周边国家在某些方面的重要影响力和一定的主导力，为实现国家战略目标提供坚实支撑。

[1] 《中共中央 国务院关于支持海南全面深化改革开放的指导意见》，https://www.gov.cn/zhengce/2018-04/14/content_5282456.htm。

（三）以服务战略目标推进“三区一中心”建设

实现战略目标，是实现发展定位的重大推力；夯实发展定位，是实现战略目标的重要基础和条件。战略目标和发展定位有着内在联系，只有从战略目标出发，才能了解发展定位的重要性；只有把发展定位做好了，才能为实现战略目标打下坚实基础。

第二节

重在加强与东盟交流合作

面对全球日趋复杂而严峻的形势，面对区域内政治经济格局的深刻复杂变化，以打造重要开放门户为战略目标的海南自由贸易港建设，重大任务是加强我国与东南亚国家的交流合作，并尽快在某些方面取得重要进展，为稳定并促进我国与东盟合作关系发挥特殊作用。

一、中国与东盟经贸互补性明显增强

（一）中国与东盟经贸合作快速增长

1. 中国-东盟双边贸易持续高速增长。据中国海关统计，中国与东盟贸易额由1991年的83.6亿美元增长到2020年的6852.8亿美元，年均增长16.5%；分别比同期全球、东盟、中国的外贸增速高10.8个百分点、9.3个百分点与3.4个百分点[1]。

2. 东盟成为我国最主要的对外投资目的地。CAFTA（中国-东盟自贸区）的签署与升级，为中国与东盟投资合作提供了更加便利的条件与稳定的环境。2020

[1] 《中国-东盟建立对话关系30年双边贸易保持高速增长》，https://www.gov.cn/xinwen/2021-09/11/content_5636757.htm。

年，中国对东盟全行业直接投资143.6亿美元，同比增长52.1%[1]，在东盟外国直接投资总额的份额上升至7.9%[2]，未来，随着东盟经济的快速增长与产业结构调整，我国对东盟投资规模仍有较大增长空间。

3. 东盟成为承接我国产业转移的重点区域。近年来，随着越南、印度等新兴国家工业化进程的加快，劳动力、土地、能源、环保等成本优势显著，中国国内部分劳动密集型制造企业直接跨过中西部地区向东南亚国家转移，东盟已经成为我国劳动密集型和资本密集型产业转移的主要承接地。我国入驻东盟地区的世界500强企业有中粮、双汇、伊利、徐工等，它们成为我国在粮食、农产品、机械制造等领域构建以我为重心的区域供应链的关键支撑。广东省统计数据显示，2018年全省共有125家规模以上工业企业转移到东南亚地区[3]。

（二）东盟在区域内的战略地位明显提升

1. 大国关系变化下东盟的战略地位凸显。为实现在与华战略竞争中“胜出”的目标，拜登政府通过打造应对中国联盟来维护美国霸权。为争取东盟，美国、日本、澳大利亚、印度乃至英国、法国、欧盟等都出台了不同的“印太”方案，均重申支持东盟的中心地位；美国已与日本、澳大利亚建立了“印太”基础设施投资伙伴关系，在东南亚搭建了经济合作的平台。另外，东盟是中国“一带一路”倡议推进的核心地区，也是中国自然资源进口来源地和海上航线的重要门户，还在中国外交工作布局中处于首要位置，是政治、经济、区域合作的重要战略伙伴。

2. RCEP签署提升东盟区域影响力。RCEP领导人联合声明了RCEP由东盟提出，并以东盟为中心的事实。RCEP整合了5个“10+1”自贸协定，缓解了区域内

---

[1] 《2020年中国－东盟经贸合作简况》，http://asean.mofcom.gov.cn/article/o/r/202101/20210103033653.shtml?ivk_sa=1024320u。

[2] 《许宁宁：2020年中国在东盟外国直接投资总额的份额上升至7.9%》，https://www.sohu.com/a/491827273_123753。

[3] 《构建以我为重心的“3+2”区域供应链体系》，https://baijiahao.baidu.com/s?id=1676157627713095151&wfr=spider&for=pc。

经贸规则碎片化，进一步提升了东盟在区域合作框架中的中心地位。RCEP秉持东盟“开放的区域主义”原则，使“东盟方式”在促进区域经济一体化中的作用和优势更加突出。同时，东盟成员国中既有发达国家，也有发展中国家和最不发达国家。RCEP充分考虑成员的不同发展水平和经济需求，设立特殊和差别待遇条款，并给予缅甸、柬埔寨、老挝等东盟最不发达国家过渡期安排。测算表明，发展水平低、经济规模较小的国家获益更多。

3. 东盟将成长为世界第四大经济体。作为外向型经济体，稳定的外部环境与外部市场是东盟国家经济复苏并增长的关键。RCEP区域内稳定的制度环境及快速增长的市场需求，将使东盟国家更好地应对外部冲击、较快实现经济复苏与增长。预计到2030年，东盟GDP将达到4.5万亿美元，成长为仅次于美国、中国、欧盟的世界第四大经济体。

（三）中国与东盟经贸合作潜力巨大

1. 高水平开放的中国蕴藏与东盟经贸合作的巨大潜力。一方面，中国内需潜力市场将为东盟提供巨大的外需市场。例如，2019年中国居民前15大出境旅游目的地中有7个是东盟国家。以消费为例，尽管中国目前面临着消费增速下滑的压力，但消费结构升级是中长期趋势。2020年，中国居民旅游、健康、文化娱乐、教育等服务型消费占比为42.6%，与发达国家相同发展阶段相比仍有15个百分点的上升空间，并蕴藏着数万亿美元的新增消费空间。另一方面，依托资源、劳动密集型产业基础与多层次合作机制，东盟国家将在中国产业链供应链调整中率先获益。无论是中国企业挖掘东盟地区在资源、劳动密集型产业和部分资金密集型产业方面的投资潜力，还是东盟的高附加值产业在双循环和高质量发展的中国市场上寻求投资机遇，都将为双边经贸关系注入新的活力。

2. 中国高水平开放促进与东盟市场更深程度融合。制度型开放成为中国推进高水平开放的特点，致力于推进规则、规制、管理、标准等内外衔接。特别是在

RCEP形成更高水平区域内统一规则的情况下，中国与东盟市场的融合度将进一步提升。这将意味着中国和区域外间的贸易逐步向区域内成员间贸易调整。预计未来5年，中国将进口超过10万亿美元的商品和服务；未来15年，这一规模将达到40万亿美元。

3. 在市场融合中释放中国-东盟巨大的经贸合作空间。2020年，中国-东盟双边贸易额占其全球贸易总额的比重仅为9.4%，远低于RCEP成员比重的40%左右、USMCA 3国的48.8%、欧盟成员60%的水平[1]。若到2025年，中国-东盟双边贸易额占其全球贸易总额的比重提升至20%左右，将形成1万亿美元的贸易增量[2]。

二、中国与东盟合作交流的全局影响

（一）事关区域合作环境建设

1. 从成员国构成看。东盟成员国占“泛南海经济合作圈”成员国的5/8。因此，推进“泛南海经济合作圈”进程的关键在于加强中国与东盟国家的合作交流。

2. 从经济体量看。2020年，中国7个地区与东盟10国GDP总和达到66387.7亿美元，占“泛南海经济合作圈”区域经济总量的60.4%[3]。

3. 从合作机制看。一方面，中国-东盟合作机制逐步健全，特别是中国全面参与东盟主导构建的各类地区机制。另一方面，东盟本身强调尊重主权和相互依存、不干涉内政、不使用武力、避免使双边问题在地区层面对抗、协商一致的决策过程和谨慎处理敏感问题，东盟的“舒适性原则”为成员国提供了灵活的空间，有利于中国与各国深化经贸合作。

---

[1] 数据来源：世界银行数据库。

[2] 《迟福林：建立海南自贸港与东盟智库联盟促进中国与东盟全面合作》，https://baijiahao.baidu.com/s?id=1718830235124374681&wfr=spider&for=pc。

[3] 数据来源：世界银行数据库。

4. 从合作效果看。加强中国与东盟交流合作，不仅能带动双方经济复苏增长，也对世界经济格局产生重要影响。

（二）事关区域经济增长潜力释放

1. 促进中国与东盟自身经济较快增长。2019年，东盟外贸依存度为88.9%，明显高于世界平均水平。2020年，东盟外贸依存度高达90.48%，外需依然是其经济增长的主要动力，外需市场对其经济发展至关重要。中国内需潜力的不断释放，不仅将支撑未来5年5%左右的经济增长，也将为东盟经济复苏增长提供重要动力。

2. 推动世界经济重心向东转移。1991—2020年，东亚与太平洋地区GDP占世界的比重由19.8%上升至31.8%，提高了12个百分点；其中，76.5%的增量是由中国与东盟贡献的[1]。

3. 带动形成区域经贸合作新格局。例如，自东盟于2012年发起RCEP谈判以来，中国始终支持东盟中心地位，全程参与谈判并发挥了积极的建设性作用。中国与东盟都是多边主义的坚定支持者，中国与东盟的紧密合作将在推动全球经济治理变革、维护多边贸易体制等方面发挥更大作用。

三、发挥海南自由贸易港的地缘优势与开放优势

（一）海南自由贸易港最高水平开放优势进一步凸显

1. 坚定推进海南自由贸易港高水平开放。面对不断加剧的逆全球化挑战，以成为引领我国新时代对外开放的鲜明旗帜和重要开放门户为战略目标的海南自由贸易港，初步形成了以贸易投资自由化便利化为核心的“五个自由便利+一个安全有

[1] 《迟福林：中国走出了一条新型开放大国之路》，https://baijiahao.baidu.com/s?id=1765276438679849412&wfr=spider&for=pc。

序流动+零关税、低税率、简税制”的政策制度体系，充分彰显了我国扩大对外开放、推动经济全球化的信心和决心，在世界大变局与周边新形势下充分发挥海南战略棋子的特殊作用。

2. 主动对接国际高标准经贸规则。服务我国正式申请加入CPTPP、DEPA（《数字经济伙伴关系协定》）等高标准经贸协定对于标准规则对标的实际需求，用足用好中央赋予海南自由贸易港的改革开放自主权，在服务贸易、政府采购、竞争政策、监管一致性、金融服务、竞争力与商务便利化、透明度等现代议题领域进行全面对标，并在知识产权、劳工标准、国有企业和指定垄断等难点领域开展相关探索，形成高标准经贸规则的全面压力测试，为我国高水平开放提供海南经验。

（二）充分发挥海南公共外交平台功能

1. 开放、合作、对话是应对紧张局势的现实选择。实践证明，越是在地区局势复杂严峻的时刻，越要高举开放、合作的旗帜，实现以开放增进交往、以交往带动合作、以合作促进发展，不断扩大人员往来与交流，强化各方利益联结纽带，带动政治互信。

2. 大变局下强化人文交流成为化解矛盾的重要方式之一。一方面，过去几年各国联系迅速减少；另一方面，随着国家主义、单边主义的兴起，公共外交和民间交流近乎停滞。在这样的背景下，人文交流显得尤为重要。当前，需要抓住RCEP生效契机，以海南自由贸易港为平台加强与周边国家的人文交流，以此化解矛盾、消弭隔阂。

3. 抓住时机更好地发挥博鳌亚洲论坛等平台和品牌优势，成为大变局下我国人文交流特区。一方面，借鉴达沃斯论坛经验，适当拓宽博鳌亚洲论坛秘书处的宗旨与功能，以正式代表或顾问等身份尝试参与中国与东盟区域合作事务。另一方面，服务新时代大国外交战略，积极争取联合国及相关国际组织、机构落户海南或在海南设立分支机构，邀请共建“一带一路”国家在华新设使领馆落户海南。

（三）有效应对外部环境不确定性上升的挑战

1. 良好的国际环境是开放型经济发展的重要条件。开放合作是增强国际经贸活力的重要动力。纵观中国香港、新加坡建设发展历程可以发现，作为腹地较小的两个地区，其经济社会发展与经济全球化紧密相关。例如，20世纪中期，两地都抓住了发达国家产业升级转型，劳动密集型产业向发展中国家和地区转移的机会，采取出口导向型发展战略发展成为亚太地区重要的制造业中心，并带动经济迅猛发展。根据世界银行数据，1970—2000年，中国香港外商直接投资净流入占其GDP的比重从1.3%提高到41.4%，新加坡外商直接投资净流入占其GDP的比重从4.8%提高到16.1%[1]。

2. 在大国关系与地缘政治安全格局深刻复杂变化背景下，吸引欧美资本的难度明显增大。2021年，虽然我国全年实际使用外资达到1734.8亿美元[2]（见图2-1），但来自美、英、法、德、澳国家的外商直接投资额仅占我国外商直接投资总额的3.7%。

3. 参与东盟国家开放发展的竞争合作。2012—2021年，东盟外商直接投资从1167.74亿美元增长到1792.15亿美元，占全球的比重从8.98%提高到11.34%。根据《2022年东盟投资报告：疫后复苏与投资便利化》，东盟在全球FDI流入中的份额从2011—2017年的平均7%，上升到2020—2021年的12%。

[1] 数据来源：世界银行数据库。

[2] 《数据|2021年全国吸收外资11493.6亿元人民币，同比增长14.9%》，https://m.thepaper.cn/baijiahao_16289776。

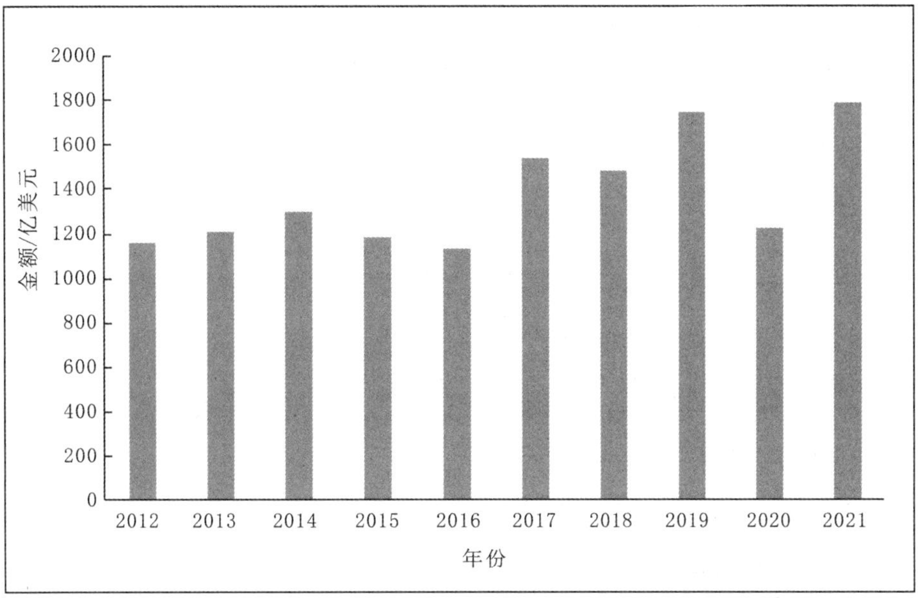

图2-1　2012—2021年东盟外商直接投资规模变化情况

资料来源：《2022年东盟投资报告：疫后复苏与投资便利化》。

（四）积极服务我国经略南海大局

1. 南海形势成为海南自由贸易港建设发展的最大不确定因素。毋庸讳言，南海问题已成为海南自由贸易港建设发展的最大掣肘。未来几年，若南海形势日渐趋稳，并且以“南海行为准则”（COC）为重点的地区秩序建设取得重要进展，海南自由贸易港建设和区域合作就有一个稳定的地区环境；若南海形势进一步严峻，则海南自由贸易港建设就会受到较大的干扰。

2. 域内国家以“固权、索权”为特征的单边行动更加频繁多元。近年来，随着我国经济实力与海上实力的明显提升，域内声索国对我国所提出的“搁置争议，共同开发”的倡议和主张认同度下降，在质疑我国历史性权利的同时以更加强硬的态度宣布各自的权利主张。尤其是越南、马来西亚、印度尼西亚、菲律宾等国，利用南海区域规则秩序缺失的时间窗口与中美战略博弈加剧的“契机”，不仅增加其在我国南海管辖海域进行油气开采、渔业捕捞等非法经济活动，而且积极利用政治、外交、军事等手段巩固既得利益，多占快抢南海领土，侵犯我国南海权益。

3. 域外大国以南海安全为借口干扰域内事务。

（1）美国介入南海最直接、最主动、最积极，意欲将南海问题军事化。2020年至今，美军在南海地区频繁参与或举行联合军事演习，旨在拉近同盟和伙伴关系，展现其在南海地区的“安全承诺”。

（2）日本以“安全合作”为借口，意欲尾随美国得利。例如，2020年7月，日本发布《防卫白皮书》，指责中国在南海推动军事化；2021年初，日本通过其常驻联合国代表团向联合国秘书长提交照会，认为中国在南海划设的有关领海基线“不符合《联合国海洋法公约》”，妄图否定中国对南沙群岛的领土主权和在南海的海洋权利。

（3）澳大利亚对美国的南海政策亦步亦趋，成为美国的前哨盟友。例如，2020年澳大利亚配合美、日在南海的军事演习明显增多；2020年7月，澳大利亚向联合国提交声明，公开承认“南海仲裁案”所谓的裁决。

（4）印度通过深化“东向政策”多方面介入南海问题。例如，经济上，不断扩大同东盟国家的经贸合作，并积极参与南海争议海区油气开发；军事上，频繁同南海声索国举行军事演习，并出售武器装备，借以扩大其在南海地区的军事存在。

（5）英法等国不同程度加大对南海争端的介入力度。以英国为例，《竞争时代的全球化英国》报告明确了介入南海地区安全的政策，以“伊丽莎白女王”号航母为首的英国海军航母战斗群进入南海炫耀武力。

四、2025：实现海南自由贸易港与东盟交流合作的重要突破

（一）实现以数字经济为重点的产业合作的重要突破

共同打造稳定安全的区域性产业链供应链。例如，在海南自由贸易港合作共建数字自由贸易区，共同推动数字经济领域的开放进程；以企业为主体共同建立跨境电商自由贸易园区、数字经济合作园区、智能制造合作园区、飞地数字产业园等。依托东南亚农产品优势与海南自由贸易港原产地政策，加快农业市场双向开放、技术合作、标准对接，合力打造种植、加工、包装、保鲜、物流、研发等跨境农业产业链。适应东南亚国家疫后经济复苏的现实需求，以邮轮旅游为重点共同建立岛屿旅游合作体，实现客源共享和互送、邮轮航线的联合营销、邮轮旅游危机管理合作、人员入境相互免签等。

（二）实现企业交流合作的重要突破

推进企业深化合作，共同开拓区域市场。例如，支持中国国内及东南亚国家的企业在海南设立区域性总部，并以此为基地共同开拓区域内大市场；支持旅游、农业、医疗健康、数字经济、研发设计等领域的企业共同打造发展联盟，推进实现资格互认、资源共享；鼓励支持各方企业，以比较优势为基础开展双向投资；充分发挥政府的引导支持作用，共同建立国别信息库和企业信息库，定期发布经贸合作需求清单，促进企业合作的有效对接。

（三）推进更广范围更加多元的人文交流

强化各方利益纽带与民间互信。例如，当条件具备时率先在海南有序引入菲佣等技能型外籍劳工，合作建立跨境劳务合作管理协调机制与信息服务平台；共同推动区域内高校、智库和研究机构间开展学术互访、合作研究、互派学者和留学生等多方面的合作；充分利用博鳌亚洲论坛等平台深化双边、区域合作交流。

第三节

充分发挥海南自由贸易港的独特优势

抓住RCEP规则全面生效前的时间窗口，用好自由贸易港政策与RCEP规则的叠加优势，在高水平开放中促进海南独特的资源优势与制度优势的充分发挥，将海南自由贸易港打造成为连接中国与东盟市场的重要枢纽，构建RCEP框架下区域经贸合作的重要平台。

一、释放海南独特的资源价值潜力

（一）释放土地资源价值潜力

2022年海南每平方公里土地产出的GDP为0.19亿元，只等于广东的26.40%、中国台湾的13.40%、中国香港的0.87%、新加坡的0.44%（见表2-1）。若海南土地资源利用效益达到中国香港2022年的5%，估计将会有近3.9万亿元的资本需求；若达到新加坡2022年的5%，估计将会有近7.6万亿元的资本需求（见表2-2）。

表2-1　2022年海南与其他国家和地区土地资源利用效益比较

项目	海南	广东	中国台湾	中国香港	新加坡
每平方公里土地产出的GDP/亿元	0.19	0.72	1.42	21.95	42.81
海南相当于其他国家和地区的比例/%	—	26.40	13.40	0.87	0.44

资料来源：根据各地区统计局公布数据计算整理。

表2-2　海南土地资源利用效益测算

项目	2022年	2030年	
		达到中国香港2022年的5%	达到新加坡2022年的5%
海南土地资源利用效益/亿元	0.19	1.10	2.14
海南省GDP预测/（亿元/平方公里）	6818.22	38889.00	75658.00
相当于2022年海南省GDP的倍数	—	5.7	11.1

资料来源：中改院课题组测算。

（二）释放海洋资源价值潜力

2021年海南海洋产业生产总值为1989.6亿元，仅相当于广东的10.1%；海南单位海岸线海洋经济密度仅为1.0亿元/公里，仅相当于广东（4.86亿元/公里）的20.6%（见表2-3）。到2025年，若海南单位海岸线海洋经济密度达到广东的50%，则全省海洋产业生产总值将接近5000亿元。

表2-3　2021年海南海洋资源利用效益情况

项目	海南	广东
海洋产业生产总值/万亿元	0.2	1.99
单位海岸线海洋经济密度/（亿元/公里）	1.0	4.86

资料来源：根据各省统计局公布数据计算整理。

（三）释放生态资源价值潜力

1. 空气质量一流。例如：海南空气质量位居全国前列并持续改善，PM2.5年均浓度为12微克/米^3，远低于全国平均水平（17微克/米^3）；空气质量优良天数比例为98.7%，轻度污染天数比例为1.3%，无中度及以上污染天数，超标天数均为臭氧超标。海口、三亚等4个地级市优良天数比例为99.0%[1]。空气负离子含量远超世界卫生组织标准。

2. 生态价值潜力巨大。有研究表明，海南滨海湿地总碳储量价值为43.98亿元，滨海自然湿地生态服务功能总价值为96.94亿元[2]。

（四）以体制创新明显提升海南资源利用效率

1. 统一规划。制定出台海南省总体规划（2020—2050），对海南全省的空间、产业、资源、环境、城乡等作总体规划布局。强化省级政府对全省规划的统筹，建立健全规划执行实施情况的监督机制。

2. 统一土地资源利用。强化省级政府对全省土地的统筹利用，将分散在不同部门管理的耕地、林地、国有农场等土地资源统一到一个部门管理；严格执行土地统一收购储备、统一开发管理、统一公开供应、统一规划岸线资源。

3. 统一基础设施建设。统筹推进全省公路、机场、码头等交通和供水供电供气、排污、电信等基础设施的互联互通。

4. 统一产业布局。坚持“规划衔接、突出特色、发挥优势、集群集聚”原则，扬长避短、优势互补，优化产业布局，推动形成更科学、更明晰、更紧密的产业分工协作关系。

5. 统一环境保护。整合分散在各部门的环境行政权，统一集中到环境保护行政主管部门，实现城乡环境保护体制一体化。

6. 统一城乡发展。强化省级政府在推进城乡融合发展中的作用，在城乡空间规划、市场要素资源配置、公共服务资源配置、社区管理等方面打破城乡分治的局面，实现城乡经济、社会发展制度上的统一。

---

[1] 《2022年海南PM2.5浓度再创历史新低》，https://www.chinanews.com.cn/sh/2023/01-31/9944458.shtml。

[2] 《海南探明滨海湿地总碳储量价值43.98亿元》，http://www.xinhuanet.com/politics/2017-05/27/c_1121049720.htm。

二、释放高水平开放政策与制度优势

（一）以贸易投资自由化便利化为重点政策制度体系

按照《海南自由贸易港建设总体方案》的要求，形成了以贸易投资自由化便利化为重点的自由贸易港政策制度体系。2018—2022年，以“零关税、低税率、简税制”和“五个自由便利、一个安全有序流动”为主要特征的180多个自贸港政策文件落地生效[1]。

（二）对标国际自由贸易港的一般做法

例如，对标世界最高水平的经贸规则，借鉴并率先实施国际最新投资贸易协定（如CPTPP）的相关条款，尽快开展电信、环保、劳工、政府采购等领域的先行先试；对标国际一流营商环境，全面实施自由企业制度，建立严格的产权保护与知识产权保护制度，构建与国际接轨的多元化纠纷解决机制，为投资者、创业者打造开放层次更高、营商环境更优、辐射作用更强的开放新高地；率先在服务贸易领域实行自贸港政策与制度的“早期安排”。又如，加快推进教育、医疗健康、文化体育等领域更大的开放政策，取得自贸港产业发展的“早期收获”；对医疗健康、文化娱乐、旅游、教育、科技研发、会展等服务业行业发展所需原材料、基础设施配套的用品设备的进口实施“零关税”政策，并免除进口环节增值税；出台吸引人才的特殊政策，尽快改变海南教育、医疗、高新技术产业相对落后的现状；利用“零关税”“原产地规则”等政策窗口期，使海南自由贸易港成为RCEP其他14个成员国进入中国内地的重要平台。

---

[1] 《海南自贸港谋定未来五年发展：迈向世界最高水平开放形态》，https://www.chinanews.com/cj/2023/01-17/9937558.shtml。

三、释放高阶法律保障的独特优势

（一）用好《中华人民共和国海南自由贸易港法》

1. 全国人大首次为内地某一经济区域单独立法。《中华人民共和国海南自由贸易港法》是全国人大常委会行使国家立法权开展的立法实践。在国家层面为一个地区单独立法极其少见。此前，只有香港和澳门两个特别行政区享有由全国人大出台香港特别行政区基本法、澳门特别行政区基本法的待遇。《中华人民共和国海南自由贸易港法》从国家立法层面确定了海南自由贸易港的法定地位，在海南自由贸易港建设中具有除宪法外的最高法律位阶和法律效力，一切与海南自由贸易港建设相关的主体、行为等都应遵守本法。

2. 为海南高水平开放和中国特色自由贸易港建设提供原则性、基础性法治保障。一是将《海南自由贸易港建设总体方案》明确的自由贸易港政策和制度安排以法律形式固定下来，具有法律的强制性、权威性和稳定性。二是确定了自由贸易港法律体系的“四梁八柱”，在为海南自由贸易港建设提供制度供给的同时，予以海南自由贸易港法治体系建设充分的空间。三是在保障国家法治统一的前提下，赋予海南新的更大立法权限。四是赋予海南更大的改革自主权，极大地扩展海南自由贸易港改革开放和发展的空间（见表2-4）。

表2-4 《中华人民共和国海南自由贸易港法》涉及授权的部分条款内容

领域	条款	具体内容
行政管理体制	第六条	国家建立海南自由贸易港建设领导机制，统筹协调海南自由贸易港建设重大政策和重大事项。……国家建立与海南自由贸易港建设相适应的行政管理体制，创新监管模式

续表

领域	条款	具体内容
行政管理体制	第八条	海南自由贸易港构建系统完备、科学规范、运行有效的海南自由贸易港治理体系，推动政府机构改革和职能转变，规范政府服务标准，……国家推进海南自由贸易港行政区划改革创新，优化行政区划设置和行政区划结构体系
	第二十一条	海南自由贸易港按照便利、高效、透明的原则，简化办事程序，提高办事效率，优化政务服务
	第四十四条	海南自由贸易港深化人才发展体制机制改革，创新人才培养支持机制，建立科学合理的人才引进、认定、使用和待遇保障机制
司法体制	第五十四条	国家支持探索与海南自由贸易港相适应的司法体制改革。海南自由贸易港建立多元化商事纠纷解决机制，完善国际商事纠纷案件集中审判机制，支持通过仲裁、调解等多种非诉讼方式解决纠纷
自主权	第七条	国家支持海南自由贸易港建设发展，支持海南省依照中央要求和法律规定行使改革自主权。国务院及其有关部门根据海南自由贸易港建设的实际需要，及时依法授权或者委托海南省人民政府及其有关部门行使相关管理职权
	第十条	海南省人民代表大会及其常务委员会可以根据本法，结合海南自由贸易港建设的具体情况和实际需要，遵循宪法规定和法律、行政法规的基本原则，就贸易、投资及相关管理活动制定法规（以下称海南自由贸易港法规），在海南自由贸易港范围内实施

资料来源：根据《中华人民共和国海南自由贸易港法》内容整理。

3. 对海南自由贸易港长远建设中涉及的重大关系作出相关法律规定。一是协调中央地方关系。作为国家层面的立法，《中华人民共和国海南自由贸易港法》的落实主体不仅包括海南省，还包括与自由贸易港建设相关的中央部门。二是明确海南自由贸易港建设的领导机制，赋予其统筹协调的法律地位，并就具体事项形成了包含发改、财政、商务、金融、海关等中央部门与海南省的职责分工。三是协调政策法规与法律的关系。《中华人民共和国海南自由贸易港法》明确“海南自由贸易港建设和管理活动适用本法”，这意味着本法是聚焦海南自由贸易港建设的特别法，具有优先适用权。

（二）用好《中华人民共和国立法法》赋予海南的“超级立法权”

2023年3月15日起实施的《中华人民共和国立法法》，明确“海南省人民代表大会及其常务委员会根据法律规定，制定海南自由贸易港法规，在海南自由贸易港范围内实施”，首次以《中华人民共和国立法法》的形式，确认、确定了海南自由贸易港的法律地位和海南自由贸易港法的法律地位。这是海南自由贸易港建设的里程碑事件，对海南自由贸易港建设而言，这是重大的、具有里程碑意义的法律红利。

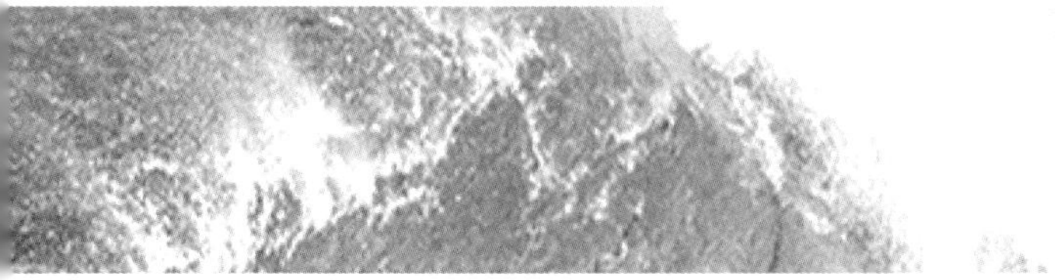

第三章

战略角色：RCEP下中国与东盟全面战略合作的重要枢纽

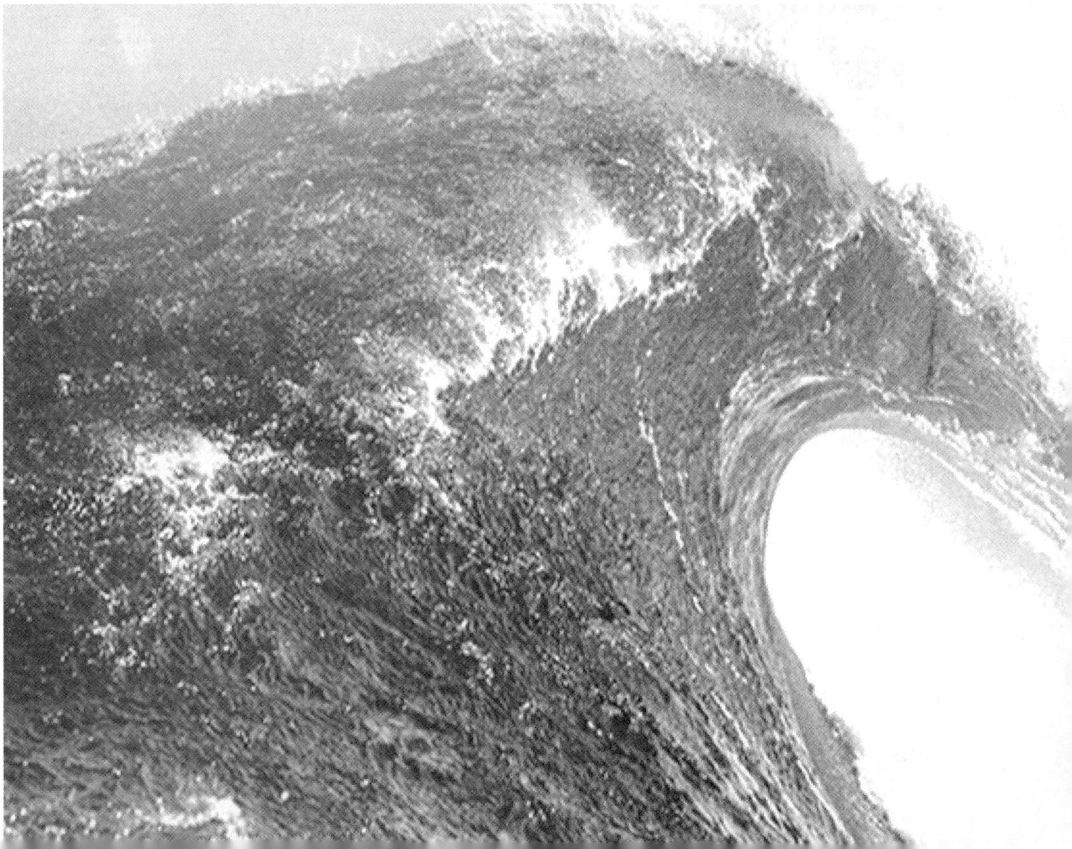

海南与东盟国家地缘相近、人文相亲，既具有面向东盟前沿与地处RCEP中心以及背靠超大规模国内市场等优势，也具有最高水平开放政策与制度优势。当前，区域经济、政治、安全格局发生深刻复杂变化，在这个特定背景下，充分发挥海南优势、支持海南自由贸易港在中国与东盟全面战略合作中发挥重要枢纽作用，意义重大。

第一节

RCEP生效背景下的海南自由贸易港

海南具有独特的地缘优势，在RCEP与中国大市场中的战略枢纽地位凸显。抓住RCEP生效的重大机遇，海南自由贸易港要在服务大局、把握大势中推进更高水平开放。由此，海南自由贸易港在百年未有之大变局中扮演着特殊的战略角色。

一、用好RCEP的重大利好

（一）用好海南地处RCEP中心的区位优势

从RCEP成员国地理分布看，海南位于成员国中心，向北通过海陆空与中国内地紧密相连，向东、向南与东亚2国、东盟10国、澳大利亚和新西兰通过航空与海运便捷地连接。从海南出发，4小时飞行时间可以覆盖亚洲21个国家和地区约占世界47%的人口、所达经济体GDP约占世界的30%，8小时飞行时间可以覆盖亚洲、大洋洲、欧洲、非洲的59个国家和地区约占世界67%的人口、所达经济体GDP约占世界的41%[1]。

[1] 《2019理论热词盘点——四小时八小时飞行经济圈》，https://www.hainan.gov.cn/hainan/rc2018f/201912/b9e1388b63af4402b75722147bbd86ca.shtml。

（二）用好RCEP区域产业链供应链重构契机

1. 使海南成为我国唯一三元供应链都可以实现“零关税”的地区。近年来，海南与RCEP国家间的贸易占比稳定在40%以上，其中与东盟国家间的贸易占比稳定在25%左右。RCEP生效后，海南成为我国唯一三元供应链都可以实现“零关税”的地区，对丰富海南产业结构、促进产业升级、稳定供应链区域布局具有重要意义[1]。

2. 原产地累积规则拓展产业布局空间。RCEP在货物贸易领域采用区域累积的原产地规则，将原材料累积范围扩大到15国，使加工产品更容易达到40%的区域价值成分要求，从而以更低的门槛获得优惠关税待遇。这将增加产业链供应链布局的灵活性和多样性，助推区域内企业建立完善的跨国产业分工体系。例如，RCEP各成员国可依托区域内发展中国家资源要素、中间品生产基础及发达经济体技术优势，充分利用区域内原产地累积规则，形成区域内产业链供应链价值链的闭环。同时，RCEP推动区域内首次达成范围全面的多边电子商务规则，会对促进区域产业链供应链数字化转型、亚洲经济体参与全球数字经贸规则构建等产生深远影响。

3. 正负服务贸易清单相结合推动产业链供应链延伸。RCEP各国在服务贸易领域均作出高于各自“10+1”自贸协定水平的开放承诺，并结合各自利益关切，以正面服务贸易清单和负面服务贸易清单相结合的办法推进区域内服务贸易整体开放。这体现了包容性、灵活性与渐进性的特点，释放未来区域内服务贸易高水平开放的稳定预期。

（三）用好RCEP带动区域内整体开放的制度

1. 清晰透明的经贸规则稳定并优化投资布局环境。RCEP以非服务业领域投资准入负面清单和正负服务贸易清单模式，推动区域内服务贸易与投资自由化便利

[1] 《迟福林：海南自由贸易港有条件成为中国与东盟经贸合作的交汇点》，http://www.xinhuanet.com/sikepro/20210624/6c8129e4131e40a78ed54731b911b593/c.html。

化；同时，以棘轮机制形成各方扩大开放的硬约束，将明显提高RCEP成员国市场准入的确定性，为内外投资者营造一个稳定、开放、透明的投资环境。

2. 将重点产业发展和RCEP贸易自由化便利化规则结合，形成构建区域内统一大市场的重要动力。例如，海南可利用政策优势推动国内高水平企业“走出去”，也可以积极将东盟及日本、韩国、澳大利亚等国先进企业“引进来”，促进国内产业转型升级。

3. 给海南自由贸易港高水平开放带来倒逼压力。例如，在服务贸易领域，我国在RCEP中承诺6年内实现服务贸易开放由正面清单向负面清单的过渡，这就需要海南自由贸易港在6年内以更大力度开展服务贸易开放探索，为我国全面实施跨境服务贸易负面清单提供标杆。

二、形成RCEP区域合作的突出优势

（一）海南自由贸易港开放水平高于RCEP

1. “零关税”政策优势（以“零关税”原辅料清单为例[1]）。截至2021年12月，海南自由贸易港原辅料“零关税”清单共有356项商品实行“零关税”（见表3-1）。其中，61.5%的商品在RCEP中已实现“零关税”；20.4%的商品在未来10年内降至“零关税”；14.4%的商品在未来20年内降至“零关税”；不作“零关税”承诺的商品仅占3.7%。

[1] 《海南自贸港“零关税”原辅料清单新增187项商品，增补清单→》，https://baijiahao.baidu.com/s?id=1720046391420932825&wfr=spider&for=pc。

表3-1 海南自由贸易港原辅料“零关税”商品在RCEP中的承诺情况

RCEP承诺	商品比例
第一年降为0	61.5%
第十年降为0	20.4%
第二十年降为0	14.4%
不作承诺	3.7%

资料来源：根据海南自由贸易港“零关税”原辅料清单与RCEP中国对东盟成员国关税承诺表对照测算得出。

2. 服务贸易开放政策优势。我国在RCEP服务贸易开放方面的承诺达到了已有自贸协定的最高水平，承诺服务部门数量在中国入世承诺约100个部门的基础上，新增了研发、管理咨询、制造业相关服务、空运等22个部门，并提高了金融、法律、建筑、海运等37个部门的开放水平[1]。与此同时，我国承诺在2027年实现服务贸易由正面清单管理向负面清单管理的过渡。目前，海南自由贸易港已实施了国内第一份国家级跨境服务贸易负面清单，并列明70项具体限制措施。从长期看，中央明确要求“破除跨境交付、境外消费、自然人移动等服务贸易模式下存在的各种壁垒，给予境外服务提供者国民待遇”。

3. 投资开放政策优势。我国首次在自由贸易协定中纳入投资负面清单，对制造业、农业、林业、渔业、采矿业5个领域作出较高开放承诺[2]，提升了投资政策透明度。我国以负面清单形式对非服务业的投资领域进行承诺，反映了我国国内改革成果，对完善国内准入前国民待遇加负面清单外商投资管理制度、扩大外商投资市场准入具有重要意义。目前，海南自由贸易港已实施全国最短的外商投资准入负面清单。中长期，中央明确要求“实施市场准入承诺即入制”。

（二）实现政策优势与地缘优势的叠加放大

促进中国与RCEP市场商品服务的深度融合。一方面，发挥海南自由贸易港

[1] 《RCEP为区域经济发展带来新机遇》，https://m.gmw.cn/baijia/2022-12/ 26/36256918.html。

[2] 《RCEP将给投资规则带来新变化——消除“痛点”，深化区域内双向投资》，https://baijiahao.baidu.com/s?id=1720835071989596116&wfr=spider&for=pc。

"零关税"与RCEP"零关税"政策叠加效应，拓展海南与RCEP其他成员国货物贸易空间。另一方面，以海南自由贸易港开展高水平开放压力测试为契机，更加重视国内与RCEP市场规则和服务体系的衔接互认，推进商品通关及跨境要素自由便利，推动旅游、健康医疗、金融保险、文化娱乐、航运物流、免税购物、高新技术等商品与服务市场的全面融合。

第二节 打造中国与东盟经贸合作的自由经济区

中国与东盟建立对话关系30多年来，双方经贸合作实现跨越式发展，已互为最大规模的贸易伙伴、最具活力的合作伙伴、最富内涵的战略伙伴，这是全球双边经贸合作的突出亮点。当前，中国与东盟进入全面战略合作新阶段，对深化双方经贸合作提出更高要求。在这个背景下，海南自由贸易港要发挥单向开放、主动开放、高水平开放的突出优势，努力成为中国与东盟经贸合作的自由经济区，在做实中国东盟全面战略合作伙伴关系中发挥先行平台作用。

一、加强海南自由贸易港与东盟重点产业合作

（一）加强热带农业合作

1. 海南热带农业生产成本高于东盟。联合国粮农组织数据显示，2019年RCEP成员农产品总产量占世界的20.1%。中国、新西兰、日本等都是传统的农产品贸易大国，东盟国家大多数都是农业资源丰富的国家，是大米、水果、棕榈油、咖啡、水产品等主产地。如表3-2所示，RCEP生效后，东南亚国家的产品尤其是农产品的价格低于海南。在高水平开放背景下，海南农业面临着高成本、低价格的双重挤压，且以初级农产品生产销售为主的农业发展方式难以与东南亚国家形成优势互补与差异化竞争。

表3-2　2020年中国海南与RCEP部分成员国部分农产品价格比较

单位：美元/吨

国家/地区	大米	玉米	芒果	香蕉	椰子
印度尼西亚	382	335	663	—	—
马来西亚	285	—	440	476	297
菲律宾	338	254	688	—	149
泰国	310	246	642	—	328
越南	292	278	609	334	—
中国内地	414	419	2174	724	—
中国海南	475	383	769.5	—	472.4

资料来源：商务部数据库。

注：大米、玉米以及除海南外其他国家/地区的芒果、香蕉、椰子均为生产者价格；海南芒果、椰子价格为地头收购价，其中，海南芒果价格以2021年3月东方市地头收购价（2.5元/斤）测算，椰子价格为2021年地头收购价3元/个（每个约1千克）。

2. 充分估计RCEP生效给海南农业发展带来的冲击。RCEP生效后，东盟国家农业领域开放度明显提升，给海南农业发展带来影响。从关税减让看，一方面，RCEP生效后区域内90%以上的货物贸易将最终实现“零关税”，且主要是立刻降税到零和过渡期10年内降税到零，海南自由贸易港“零关税”政策优势将逐步弱化。另一方面，农业是各国开放的敏感领域，过渡期后，RCEP各成员最终实现“零关税”的农产品比例总体达到90%以上的较高水平。具体来看，如表3-3所示，在RCEP下中国对其他成员的农产品自由化水平普遍在90%左右，东盟成员国中的印度尼西亚、越南、马来西亚普遍在90%～93%，缅甸和老挝在60%左右。中日之间首次达成农产品关税减让安排。中国与东盟之间在若干农产品上作出超出现有双边自贸协定的开放承诺。

表3-3　RCEP成员国农产品自由化水平

国家	对东盟	对澳大利亚	对新西兰	对中国	对日本	对韩国
文莱	96.3%	96.3%	96.3%	96.3%	96.3%	96.3%
柬埔寨	91.0%	91.0%	91.0%	91.0%	91.0%	91.0%
印度尼西亚	93.4%	93.1%	93.3%	93.3%	93.3%	92.3%
老挝	61.3%	61.3%	61.3%	61.3%	61.3%	61.3%

续表

国家	对东盟	对澳大利亚	对新西兰	对中国	对日本	对韩国
马来西亚	92.0%	92.0%	92.0%	92.0%	92.0%	92.0%
缅甸	65.0%	65.0%	65.0%	65.0%	65.0%	65.0%
菲律宾	88.9%	88.8%	88.8%	88.8%	88.8%	85.8%
新加坡	100.0%	100.0%	100.0%	100.0%	100.0%	100.0%
泰国	82.7%	82.7%	82.7%	81.0%	78.3%	82.0%
越南	92.9%	92.5%	92.5%	91.5%	85.0%	85.0%
中国	92.8%	91.5%	92.0%	—	86.6%	88.2%
日本	60.0%	60.0%	60.0%	57.8%	—	47.9%
韩国	69.5%	68.6%	68.9%	62.6%	46.9%	—
澳大利亚	98.5%	—	98.5%	98.5%	98.5%	98.5%
新西兰	96.1%	96.1%	—	96.1%	96.1%	96.1%

资料来源：根据公开协定资料整理。

3. 尽快在海南建立面向东盟的热带农产品保鲜、加工、储藏、出口基地。抓住RCEP时间窗口期，吸引国内外龙头企业在海南投资一批加工、包装、保鲜、物流、研发、示范、服务等相互融合和全产业链的农业产业化项目，通过“零关税”和原产地政策进口东南亚国家的农产品在海南进行精深加工，使产品增值30%以上再免关税进入内地。

4. 谋划实施以农产品保鲜、加工、储藏为重点的农业产业化重大项目。按照2025年海南农业产业化水平达到国内先进水平的目标，围绕保鲜、加工、储藏等短板领域，开展农业产业化重大项目建设；鼓励引导国家级农业龙头企业在海南开展相关产业化项目，支持海南建立一批加工、包装、保鲜、物流、研发、示范、服务等相互融合和全产业链的农业产业化集群。例如椰子进口加工项目，中国是全球椰子主要消费市场之一，海南则是东南亚椰子进入中国市场的门户。依托海南椰子加工制造产业技术基础，利用进口椰子的低成本，扩大椰树、春光、南国等企业的行业竞争优势，做强本土企业，形成椰子加工产业引领。

5. 加大力度支持海南农业基础设施建设。在加大农业水电等基础设施建设力度的同时，支持海南加快农产品产地预选分级、加工配送、包装仓储等基础设施建设，强化农产品产地集配中心和田头市场的仓储、物流、冷链设施建设；围绕智能种养、智能保鲜、智慧物流等布局建设一批重大新型基础设施工程，并纳入国家重大建设项目库，予以一揽子资金支持；在海南设立南繁育种、农产品储藏保鲜等国家实验室，尽快改善本地相关企业储藏、保鲜、烘干、清选分级、包装等设施装备条件，力争5年内将海南打造成为东南亚储备保鲜能力最强、技术最先进的区域性农产品储藏保鲜中心；支持建设一批生物农药、生物饲料、转基因育种、生物薄膜等生物科技产业化项目，形成绿色农业的重要基础。

6. 以建设面向东盟的热带农产品保鲜、加工、储藏基地，最大限度释放海南热带农业资源价值潜力。从现实情况看，海南面临着农业产业化要求高与起点低的突出矛盾。2019年，海南农产品加工业产值与农业总产值之比仅为0.53∶1，远低于2017年全国平均水平（2.28∶1），与发达国家（3∶1～4∶1）差距更大；2018年，海南农业专业及辅助性活动总产值为63亿元，占农业总产值的比重仅为4.1%，低于全国平均水平（5.1%）[1]。建设面向东盟的热带农产品保鲜、加工、储藏基地，通过开放破解农业产业化水平低的突出问题，最大限度释放海南热带农业资源价值潜力。初步估计，如表3-4所示，若海南农业产业化达到全国平均水平，将新增近3000亿元的农业产值；若达到台湾等先进地区水平，将新增约5200亿元的农业产值。

表3-4　海南新增农业产值预测

项目	2019年	2017年全国平均水平	台湾等先进地区水平
海南农产品加工业产值与农业总产值之比	0.53∶1	2.28∶1	3.65∶1
海南新增农业产值/亿元	—	2957.1	5272.1

资料来源：中改院课题组预测。

[1] 数据来源：根据海南省统计局公布数据计算整理。

（二）务实推进数字经济领域合作

1. 数字经济合作既有需求又有潜力。一方面，东南亚已成为全球数字经济增长最快的区域之一，预计到2025年，东南亚数字经济规模有望突破3000亿美元。另一方面，中国已成为全球第二大数字经济体，2022年我国数字经济规模达50.2万亿元，同比名义增长10.3%，占国内生产总值比重提升至41.5%[1]。未来，有较大空间推动海南自由贸易港与东南亚国家次区域间的数字经济合作。

2. 加快同有条件的东盟国家共建数字自由贸易园区。依托海南“一线”放开、“二线”管住的特殊政策，取得同东南亚国家在跨境电商、数字支付等领域的“早期收获”。例如，在RCEP电子商务框架下，引导国内互联网企业在海南同东盟国家共同建立跨境数字自由贸易园区、数字经济合作园区等，开展数字技术、数字基础设施、数字服务等项下的自由贸易。同时，加大在无纸化贸易、消费者保护、网络安全等领域的探索。

3. 参考RCEP，强化数字贸易规则内外衔接。探索同东盟国家签署数字领域的信任协定、认可服务经营商、争端解决机制协定等；在《中华人民共和国电子商务法》《中华人民共和国网络安全法》等上位法的框架下，利用海南自由贸易港法规制定权，制定与RCEP电子商务规则兼容的数字贸易条例。

专栏3-1　开展数字经济合作的可行性分析

1. 数字经济领域互补性强

一方面，当前东南亚国家数字基础设施建设滞后、产业数字化转型仍处于起步阶段，数字鸿沟问题已经成为其数字经济发展的重要阻碍。另一方面，经过数十年的发展，我国发展数字经济所依托的基础软硬件技术和产业取得了较大进展，初步形成了比较完整的产业链。

[1] 《数字中国发展报告（2022年）》，http://www.cac.gov.cn/rootimages/uploadimg/1686402331296991/1686402331296991.pdf?eqid=8ed6b42a0002068600000066481bca7。

2. 数字经济合作空间巨大

我国有14亿人口的庞大内需市场，有4亿中产消费人口，消费升级需求强劲。此外，我国拥有全球单一市场规模最大的互联网用户群体，为大数据、人工智能、云计算、移动互联网、物联网、区块链等数字技术提供了巨大的应用市场。截至2022年6月，我国网民规模为10.51亿人，互联网普及率达74.4%，这为数字经济合作与发展奠定了超大规模的市场基础。

3. 海南自由贸易港开放政策优势

《海南自由贸易港建设总体方案》明确提出，“数据安全有序流动。在确保数据流动安全可控的前提下，扩大数据领域开放，创新安全制度设计，实现数据充分汇聚，培育发展数字经济”“以物联网、人工智能、区块链、数字贸易等为重点发展信息产业”。相关政策的陆续实施，不仅将促进海南数字经济实现跨越式发展，也将为推动与东南亚国家的数字经济合作提供更好的政策环境。

（三）加快推进旅游业合作

1. 国际旅游消费需求的快速增长成为我国居民消费结构升级的重要特征。2015年，我国已成为世界第一大出境旅游客源国和全球第四大入境旅游接待国[1]。2012—2019年，我国出境旅游人数从8318万人次增至1.55亿人次，年均增长10.4%，高出同期全球平均水平4.9个百分点，占全球出境旅游人数的比重从7.1%提高至10.3%[2]。

2. 探索与东盟建立地方间旅游管理标准体系互认规则。参照ISO1400系列标准，率先形成旅游服务标准指引旅游消费标准化规划，明确海南自由贸易港与东盟旅游服务领域合作的基本原则及标准制定的优先顺序，作为旅游合作管理的基础性、原则性文件。在此基础上，率先制定健康、文化、体育、邮轮等旅游消费新业态以及旅游发展新要素、新模式标准和旅游公共服务与旅游安全领域标准体系。

3. 继续提升国际游客入境便利化水平。在59国人员入境旅游免签政策的基础

[1] 《国家旅游局：中国已成为世界第一大出境旅游客源国》，https://www.thepaper.cn/newsDetail_forward_1587616。

[2] 《旅行、教育、文化娱乐：越来越多中国人参与并受惠于服务进口》，https://www.gov.cn/xinwen/2020-11/06/content_5558295.htm。

上，进一步为扩大免签范围创造条件，尽快实现东盟10国全覆盖，为外国游客到海南就医和医疗旅游提供签证便利，使更多国际游客在海南集聚。

4. 继续放宽旅游市场准入限制。吸引国际优质资本和智力资源，积极培育中外合资旅行社，积极引进更多的国内外领先的旅游集团、高端酒店集团和著名酒店管理品牌，提升海南旅游市场营销、管理的国际化水平。破除障碍，充分用好国家赋予的促进演艺娱乐业发展的政策，尽快在引进高水平的国际文化演艺节目和品牌上获得突破，在海棠湾、亚龙湾等海南旅游热点地区落地国际演艺和演出节目，吸引外商投资文艺表演团体的落地。

二、建立面向东盟的区域性市场

（一）建立面向东盟的热带农产品市场

1. 建立面向东盟的热带农产品市场将带来巨大效益。东盟国家热带水果产量占世界总产量的30%以上，出口量、出口额均占世界的60%以上。根据东盟数据库的相关数据，2020年东盟热带水果[1]出口总额为70.58亿美元，其中出口至中国的热带水果达37.85亿美元，占东盟热带水果出口总额的53.63%（见表3-5）。抓住时间窗口期，在海南建立面向东盟的热带农产品保鲜、加工、储藏基地，若有50%的东盟热带水果经海南加工后进入内地市场，20%出口至其他国家的东盟热带水果经海南保鲜、加工后出口至其他国家，海南仅东盟热带水果进口额就将达到25.5亿美元，相当于2020年海南对东盟所有货物进口额（15.3亿美元）的1.7倍；若50%的东盟热带水果经海南加工增值30%后“零关税”进入内地市场，则加工增值内销货物价值将达到24.6亿美元。

[1] 仅计算菠萝、鳄梨、番石榴、芒果、山竹、木瓜、榴莲、香蕉、椰子。

表3-5　2020年东盟主要热带水果出口情况

水果种类	出口至全球/亿美元	出口至中国/亿美元	出口中国占比
椰子	10.60	2.55	24.06%
大蕉	5.08	5.05	99.41%
香蕉	20.37	8.13	39.91%
榴莲	21.67	15.14	69.87%
鳄梨	0.05	0.01	19.32%
菠萝	3.31	1.21	36.56%
番石榴、芒果和山竹	9.35	5.74	61.39%
木瓜	0.15	0.02	10.42%
合计	70.58	37.85	53.63%

资料来源：东盟数据库官网。

2. 我国粮食、油料油脂、橡胶等战略物资对东盟进口依赖度高。例如，2020年我国进口大米共294.3万吨，其中从东盟进口占79.2%；2022年我国天然橡胶进口来源国较多的4个国家分别是泰国、越南、马来西亚和印度尼西亚，全年进口量占比分别达44.48%、24.69%、10.75%、2.97%[1]。

3. 我国自东盟进口商品潜力巨大。根据中国海关统计数据，2015—2022年，我国从东盟进口货物总额从1946.77亿美元增长到4080.5亿美元，年均增长11.15%，高于同期双边货物贸易年均增速[2]。若未来3年保持这一增速，到2025年，我国从东盟进口货物规模将超过5600亿美元。

4. 将海南打造成为扩大东盟农产品进口的中转交易基地。依托海南自由贸易港特殊政策，在海南自由贸易港设立RCEP下东盟的农产品、消费品、中间产品、关键原材料的采购中心与保税仓储交易中心。与东盟联手，将中国国际消费品博览会打造成亚洲最大的消费品信息发布、交易、展示、仓储、集散基地。支持原产自东盟的消费品在海南自由贸易港建设永久性、大规模、可持续的展示、推介、交易、销售平台，并为其无偿提供场地，相关商品销售适用离岛免税政策。支持海南自由贸易港探索与东盟相关国家海关监管互认，并对自东盟进口的相关商品给予信用通关等便利。

[1] 数据来源：海关总署官网。

[2] 同上。

（二）建立面向东盟的国际大宗商品交易市场

1. 海南具备设立国际大宗商品交易市场的基本条件。以天然橡胶为例，2020年，海南橡胶种植面积达到778.8万亩（1亩≈666.67平方米）左右。目前，海南每年为国家贡献总产量40%以上的橡胶[1]。海南天然橡胶产业集群入选首批全国50个优势特色产业集群名单，得到中央财政农业发展资金支持。此外，目前天然橡胶期货的交割仓库分布于上海、山东、天津、海南和云南。从图3-1可见，从2010—2020年全球橡胶主产国产量来看，多数主产国集中于东盟地区，这也为海南建立面向东盟的国际大宗商品交易市场创造了有利条件。

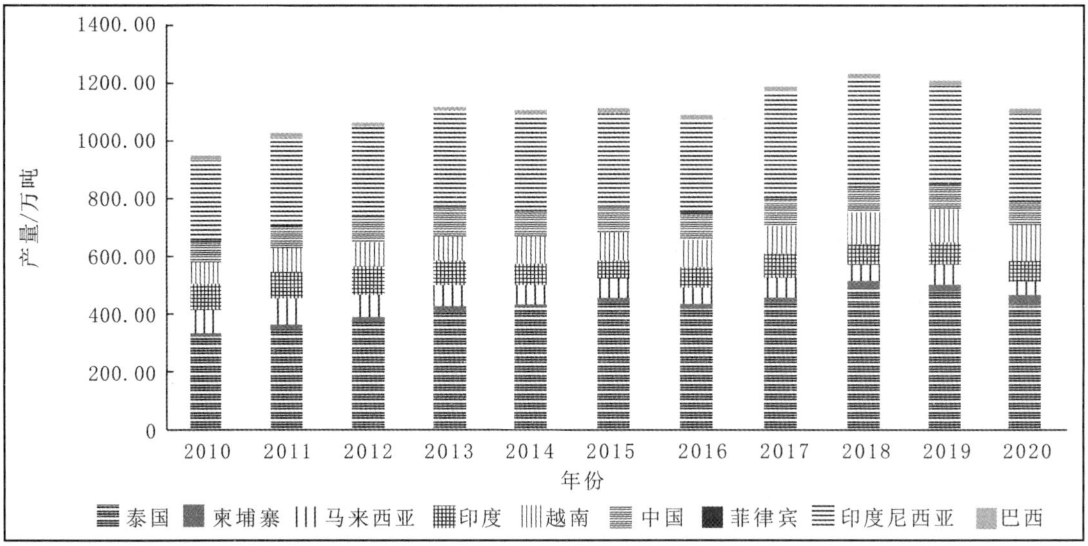

图3-1　2010—2020年全球橡胶主产国产量

资料来源：Wind数据库。

2. 支持在海南自由贸易港建立国际大宗商品交易市场。表3-6为我国现有期货交易所，今后应进一步支持在海南自由贸易港建立天然橡胶、农产品、石油天然气等国际大宗商品交易所，为东盟国家提供交易、交割、定价、结算、风控等一站式服务。

[1]　数据来源：《海南统计年鉴2022》。

表3-6　我国现有期货交易所

交易所名称	成立时间	交易品种	2021年成交额
郑州商品交易所	1990-10-12	普通小麦、优质强筋小麦、早籼稻、晚籼稻、粳稻、棉花、棉纱、油菜籽、菜籽油、菜籽粕、白糖、苹果、花生、红枣、动力煤、甲醇、精对苯二甲酸（PTA）、玻璃、硅铁、锰硅、尿素、纯碱、短纤等25个期货品种 白糖、棉花、PTA、甲醇、菜粕、动力煤等16个期权品种	107.99万亿元
上海期货交易所	1999	铜、铝、锌、铅、镍、锡、黄金、白银、螺纹钢、线材、热轧卷板、原油、燃料油、石油沥青、天然橡胶、纸浆、20号胶、不锈钢、低硫燃料油、国际铜等23个期货品种 铜、天然橡胶、黄金、铝、锌、原油、螺纹钢、白银、合成橡胶、铅、镍、锡、氧化铝等13个期权品种	214.57万亿元
大连商品交易所	1993-02-28	玉米、玉米淀粉、黄大豆1号、黄大豆2号、豆粕、豆油、棕榈油、鸡蛋、粳米、生猪、胶合板、纤维板、聚乙烯、聚氯乙烯、聚丙烯、焦炭、焦煤、铁矿石、乙二醇、苯乙烯、铁矿石等21个期货品种 豆粕、铁矿石、玉米、聚乙烯、聚氯乙烯、液化石油气、聚丙烯、棕榈油、黄大豆1号、黄大豆2号、豆油、乙二醇、苯乙烯等13个期权品种	140.45万亿元
中国金融期货交易所	2006-09-08	从事金融期货、期权等金融衍生品交易与结算	118.16万亿元
上海国际能源交易中心	2013-11-06	原油、低硫燃料油、20号胶、铜（BC）、SCFIS欧线等5种期货品种，原油期权	21.47万亿元
广州期货交易所	2021-04-19	碳排放权、电力等事关国民经济基础领域和能源价格改革的重大战略品种，中证商品指数、能源化工、饲料养殖、钢厂利润等商品指数类创新型品种，工业硅、多晶硅、锂、稀土、铂、钯等与绿色低碳发展密切相关的产业特色品种，咖啡、高粱、籼米等具有粤港澳大湾区与“一带一路”特点的区域特色品种，以及国际市场产品互挂类品种共16个期货品种（正在研发）	—

资料来源：根据公开资料整理。

3. 探索形成国际化的交易规则。海南国际大宗商品交易所全面对接新加坡、伦敦等国际交易所相关规则，并实行以人民币计价、以国际交易者为主体的交易模式。

4. 率先争取中国证监会支持建立天然橡胶现货期货交易所。充分利用海南自由贸易港实行最高水平开放的政策与制度的突出优势，依托自身的发展基础和区位优势，抓住中国与东南亚对天然橡胶的市场需求，打造面向东南亚的天然橡胶交易中心。建议争取支持，在海南建立以天然橡胶为重点的热带农产品交易所。研究确定热带农产品现货期货交易品种，引入国际化的技术与管理人才，采取国际化质量与标准，建设涵盖热带农产品信息、交易、定价、价格指数发布、金融保险等功能的，以人民币计价的国际化、数字化国际热带农产品现货期货交易所，提升海南对热带农产品的定价权与产业链、供应链、价值链管理能力。

（三）建立海南国际文物艺术品交易中心

1. 我国文物艺术品交易市场潜力巨大。2019年全球艺术品市场销售量达到4050万宗，为十年来最高[1]。目前，我国可进一步挖掘的艺术品投资市场潜在需求大约2万亿美元，是全球艺术品市场总成交额的4～5倍。

2. 抓住机遇加快推进海南国际文物艺术品交易中心建设。抓住建设海南国际文物艺术品交易中心的重大机遇，依托海南自由贸易港低税率政策，引入艺术品行业的展览、交易、拍卖等国际规则，加快建立海南国际文物艺术品交易中心，吸引国内外知名拍卖机构及投资者在交易中心开展业务，在通关便利、保税货物监管、仓储物流等方面给予政策支持。对此，建议海南尽快出台行动规划。

---

[1] 《全球艺术品市场交易量创十年新高 中国居第三》，https://baijiahao.baidu.com/s?id=1660392031379638879&wfr=spider&for=pc。

（四）打造面向东盟的金融服务市场

1. 在海南建立区域性的跨境财富管理中心。一方面，从图3-2可见，中国个人财富管理需求全面快速增长。截至2020年底，中国个人金融资产已达205万亿元[1]。另一方面，东南亚正成为全球新中产阶层的聚集地之一，全球每6个进入世界中产阶层的家庭中就有1个来自东盟，财富管理潜在需求较大。

2. 尽快在海南开展个人跨境财富管理试点。利用“探索开展跨境资产管理业

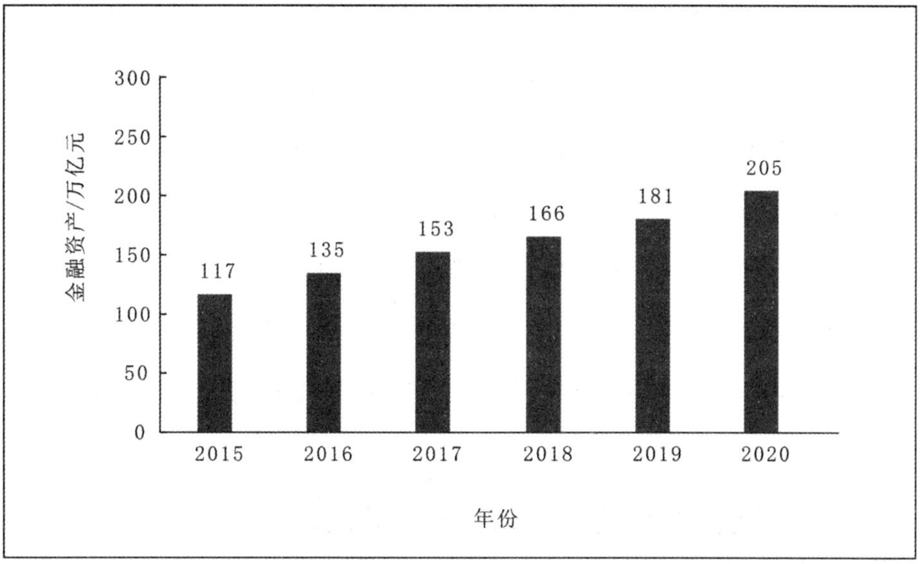

图3-2　2015—2020年中国个人金融资产

资料来源：WTO数据库。

务试点”等政策，吸引东盟国家人员，特别是华人华侨在海南自由贸易港享受个人财富管理服务。

3. 在海南建立面向东盟的国际资本市场与人民币债券市场。吸引东盟国家企业在海南自由贸易港开展人民币融资。同时，支持以海南自由贸易港为基地，进一步完善和加强人民币跨境结算系统建设，打造人民币跨境结算系统备份。在海南建立区域人民币债券清算中心。

[1]　《麦肯锡：未来十年全球财富管理和私人银行的趋势及制胜战略》，https://baijiahao.baidu.com/s?id=1699355623226418941&wfr=spider&for=pc。

（五）建立面向东盟的区域性创新要素市场

1. 建立面向东盟的知识产权市场。参照RCEP知识产权规则，进一步推广涵盖著作权、商标、地理标志、专利、外观设计、遗传资源、传统知识和民间文艺、反不正当竞争、知识产权执法、合作、透明度、技术援助等的海南自由贸易港知识产权保护条例。同时，建立区域性知识产权交易所，积极吸引东盟国家知识产权在海南开展定价、交易、融资等服务，并推动知识产权在海南或内地成果转化，以此吸引更多创新要素在海南集聚[1]。

2. 建立面向东盟的数据要素市场。依托中央赋予海南跨境数据安全有序流动的政策优势，研究建立面向东盟的数据交易所，开展数字版权确权、估价、交易、结算交付、安全保障、数据资产管理等服务。

3. 建立面向东盟的碳汇资源市场。建议建立海南碳汇交易市场，加强与国际碳汇交易市场的合作，完善信息共享与沟通机制，助力区域内绿色发展。依托海南碳汇资源，研究建立海南国际碳汇交易所，在全国率先实现碳达峰、碳中和。

三、努力打造中国-东盟自贸区3.0版先行区

（一）建设中国-东盟自贸区3.0版有条件、有需求

1. 中国-东盟贸易自由化便利化安排不断升级。东盟作为中国周边外交的优先方向和经贸合作的重点区域，双边贸易自由化便利化水平持续提升。例如，2002年中国-东盟自贸区（CAFTA）签署时，双边贸易额为547.7亿美元；2010年CAFTA全面建成时，90%以上商品实现了“零关税”，双边贸易额接近3000亿美元（2927.76亿美元），年均增长23.3%；2019年CAFTA升级议定书全面生效，双

[1] 迟福林：《面向东盟建立区域性市场是建设海南自贸港的关键之举》，http://www.xinhuanet.com/sikepro/20210417/08fb0f30afae4542aced5fe5f8265f18/c.html。

边贸易额超过6000亿美元，较2010年实现翻番[1]，在促进人文交流的同时，也助力当地经济发展。多年来，中国与东盟8个国家分别签订了双边教育交流协议，与马来西亚和泰国签订了学历学位互认协议[2]，并在科技人员交流、技术转移、共建联合实验室和科技园区等领域开展了深度合作。2022年是中国东盟全面战略伙伴关系开局之年，双方经贸往来更加密切，东盟继续保持中国第一大贸易伙伴地位。2022年中国与东盟进出口规模达6.52万亿元（人民币），同比增长15%。同期，东盟占中国外贸比重较2021年上升了1个百分点[3]。中国连续14年保持东盟最大贸易伙伴地位。

2. 新条件、新背景下中国-东盟经贸互补性进一步提升。以消费为例，尽管中国目前面临着消费增速下滑的压力，但消费结构升级是一个中长期趋势。2020年，中国居民旅游、健康、文化娱乐、教育等服务型消费占比为42.6%[4]，与发达国家相同发展阶段相比仍有15个百分点的上升空间，并蕴藏着数万亿美元的新增消费空间。也就是说，未来中国不仅是东盟的中间产品出口大市场，更是消费品与服务出口大市场。

3. RCEP生效为中国-东盟自贸区3.0版建设提供重要制度基础与参考。总的来看，RCEP生效实施是大变局下区域经济一体化的重大利好，不仅将促进中国与东盟更深层次开放合作进程，也对中国-东盟自贸区建设提出更高需求。例如，RCEP采用正负清单相结合的办法推进跨境服务贸易自由化便利化，6年（或15年）[5]后全面实行负面清单管理，并首次引入新金融服务、自律组织、金融信息转移和处理等规则。

---

[1] 数据来源：商务部、海关总署。

[2] 王勤　赵雪霏：《论中国-东盟自贸区与共建“一带一路”》，https://m.thepaper.cn/baijiahao_9435259。

[3] 《2022年东盟仍居中国第一大贸易伙伴》，https://new.qq.com/rain/a/20230113A05J1400。

[4] 数据来源：根据《中国统计年鉴2021》相关数据计算得出。

[5] 6年过渡期：中国、新西兰、菲律宾、泰国和越南5国。15年过渡期：柬埔寨、老挝和缅甸3国。

（二）率先实现海南与东盟服务贸易更高水平合作的重要突破

1. 推进服务贸易更高水平开放是中国与东盟的共同需求。如表3-7所示，与RCEP相比，新加坡在CPTPP中的跨境服务贸易负面清单限制措施少7项，马来西亚少3项。同时，中国正在积极推进加入CPTPP进程。

表3-7　CPTPP与RCEP跨境服务贸易负面清单限制措施数量比较

单位：项

文件	日本	加拿大	新西兰	澳大利亚	新加坡	马来西亚	文莱	智利	秘鲁	越南	墨西哥
CPTPP	41	16	4	8	25	17	20	20	25	5	31
RCEP	57	—	—	19	32	20	—	—	—	—	—

资料来源：根据CPTPP、RCEP内容整理。

2. 在RCEP基础上形成中国与东盟更高水平跨境服务贸易自由化便利化安排。按照RCEP要求，中国、泰国、越南、菲律宾将于2027年前实现跨境服务贸易承诺方式由正面清单向负面清单转变，且需要在2024年前提出首张出价单。建议在目前CAFTA市场准入承诺的基础上，尽快引入跨境服务贸易负面清单管理制度，在RCEP中中国和东盟国家承诺的基础上，参照CPTPP中的相关标准，尽快就跨境服务贸易负面清单及其配套附件进行早期研究，并争取在2024年开始进行谈判。

3. 以具体可操作的边境内规制大幅降低跨境服务贸易壁垒。通过国民待遇、最惠国待遇、国内规制、承认、透明度等相关条款，确保跨境服务贸易自由便利。例如，明确给予境外服务提供者的待遇不得低于本国，不得以数量配额、垄断、专营服务等形式限制服务提供者的数量，不得以当地存在作为跨境服务提供的条件；要求一缔约方对服务提供者在另一缔约方领土内或一非缔约方领土内获得的学历、经历和职业资格等以自主、协调或其他方式予以承认；等等。

4. 率先形成与跨境服务贸易相适应的标准技术互认规则。参照RCEP，共同制定服务业领域标准，以医疗健康、研发设计、文化娱乐、商务等为重点领域，制定区域内跨境服务贸易“认可经济营运商”认证标准，符合条件的境外服务贸易企业经备案后可在国内自由开展自身业务范围内的相关服务贸易业务。

（三）探索形成符合地区实际的电子商务规则

1. 适应中国-东盟数字经济合作的大趋势。近年来，中国与东盟数字经济合作持续深化。例如，2016年7月，中国-东盟跨境电商平台完成筹建；2016年底，中缅跨境电商产业园在云南瑞丽建立；2017年，阿里巴巴在马来西亚建立首个数字自由贸易区；等等。与此相对应，2014—2019年，中国与东盟数字服务贸易额都实现了年均8%左右的增速[1]；2020年，中国、东盟数字服务贸易占比大幅提升至55%以上。预计到2025年，中国数字经济规模将超过60万亿元[2]；东南亚数字经济市场规模有望突破3600亿美元[3]；双方在数字技术应用、数字基础设施建设、智慧城市发展和产业创新数字化转型等方面的合作潜力巨大。

2. 在推进地区电信市场开放中实现重要突破。在RCEP规则基础上，进一步提升电信市场开放度，强化各方关于电信市场开放的约束力。例如，明确提出允许中国与东盟国家的电信企业按照合理和非歧视的条款和条件，接入和使用各自领土内或跨境提供的任何公共电信服务；参考CPTPP，通过监管、竞争保障、条款执行、争端解决、透明度等边境后规则，确保双方电信服务供应商享有国民待遇，并能够无歧视地参与电信市场竞争。

3. 形成地区内统一的跨境数据流动规则。一是建立地区内统一的数据分类规则，实现非敏感与非涉密数据的自由便利流动；二是建立地区内统一的数据出入境审查标准，明确各自审查的内容、程序、主体等，实现重要数据经审查后出入境；

[1] 数据来源：根据联合国贸易和发展会议数据库相关数据计算得出。

[2] 《ICT深度观察十大趋势发布：2025年我国数字经济规模将超60万亿元》，http://finance.people.com.cn/GB/n1/2021/1223/c1004-32315482.html。

[3] 《东南亚数字经济“逆疫而上”蓬勃发展》，https://baijiahao.baidu.com/s?id=1716499387799722800&wfr=spider&for=pc。

三是明确加强信息保护领域的立法与公平执法，并形成信息保护立法指引附件，进一步细化个人信息保护程序、标准，明确跨境传输的具体条件，并提出个人信息保护应努力采取非歧视做法。

第三节

打造中国与东盟蓝色经济伙伴关系核心区

南海问题是中国与东盟全面战略合作中绕不开的重大话题，也是海南自由贸易港建设必须面对的重大课题。当前，在域外大国的干扰下，南海形势日益复杂多变，泛南海区域比以往任何时候都更需要紧密的交流与合作。在这个特定背景下，加快海南自由贸易港建设，需要加快打造蓝色经济伙伴关系核心区，即：以服务共建和平之海、友谊之海、合作之海为目标，以区位和政策优势为依托，以产业项下的自由贸易为主线，以旅游、环保等领域合作为突破口。

一、打造蓝色经济伙伴关系核心区的战略需求

（一）蓝色经济成为中国与东盟全面战略合作的重大选项

1. 海洋经济已成为中国与东盟经济可持续发展的重要关注点。一方面，2022年，我国海洋生产总值达到94628亿元人民币，占我国GDP的比重仅为7.8%[1]，无论是与海洋强国（10%以上）相比，还是与我国海洋资源相比，都仍然偏低；另一方面，东盟涉海国家逐步加大对海洋的重视力度。例如，印度尼西亚正在积极实施

[1] 《2022年中国海洋生产总值超9.46万亿元 占中国GDP 7.8%》，https://baijiahao.baidu.com/s?id=1762971379309694675&wfr=spider&for=pc。

“全球海洋支点”战略，以期实现重塑海洋秩序；菲律宾的海洋战略将国家领土范围确定、海洋生态保护、海洋经济与技术以及海上安全作为4个优先关注重点；越南提出力争到2030年把越南发展成为海洋经济强国的目标，并打造形成7个海洋经济跨产业集群；等等。

2. 蓝色经济蕴藏着中国与东盟合作的巨大空间。自《南海各方行为宣言》签署以来，中国与东盟国家已建立起覆盖海洋经济、海上联通、海洋环境、防灾减灾、海上安全、海洋人文等领域的务实合作网络。但总的来看，合作成果相对较少、合作成效有限。在此背景下，实现由陆地走向海洋成为拓展合作空间的重要举措。例如，研究发现，未来30年内，在关键的海洋行动上每投资1美元即可产生至少5美元的全球收益，甚至更多。2020—2050年，若中国与东盟在保护和恢复红树林栖息地、扩大海上风能生产、国际航运脱碳和增加可持续来源的海洋蛋白质生产这4个关键领域，投资2万亿～3.7万亿美元，即可带来8.2万亿～22.8万亿美元的净收益，投资回报率为410%～616%。

3. 蓝色经济合作有望成为地区内全面合作的试金石和推进剂。例如，由于不合理的开发利用，东盟红树林生态系统服务价值的损失达21.6亿美元/年[1]；预计到2030年，东盟沿海地区人口将从目前的6.3亿人增长到8亿人，随着气候变化与海平面上升，其中很大一部分人将因此遭遇灾害风险。特别是难以在短期内形成统一的地区安全机制和行为规范的背景下，以可持续发展为目标的蓝色经济合作有望实现突破，并将带动中国与东盟全方位合作进程。

（二）蓝色经济成为海南自由贸易港建设的重要支撑

1. 较强海洋经济影响力、竞争力是国际知名自由贸易港的基本特征。在海洋事务领域具有顶级影响力、在海洋治理领域具有较强话语权、在海洋产业领域具有较强国际竞争力，是国际海洋中心城市的一般特征。例如，新加坡不仅拥有航运

[1] 数据来源：《全球红树林状况（2021年）》。

及修造船、石油勘探开采冶炼、金融保险等海洋事业全产业链条，也是全球航运中心、国际海事仲裁地，并在区域海洋治理中扮演重要角色；伦敦不仅是国际金融中心、国际船舶交易与航运服务中心，也是国际海事仲裁中心，在引领创新国际海事服务方向、制定国际海事规则方面具有巨大影响力与话语权。

2. 海洋合作事关海南自由贸易港建设进程。海洋是海南区位优势和战略地位的主要依托，是融入国家重大战略的重要资源，是海南经济社会发展的重要载体。未来几年，若南海形势日渐趋稳，并且以“南海行为准则”（COC）为重点的地区秩序建设取得重要进展，则海南自由贸易港建设和区域合作就有一个稳定的地区环境；若南海形势进一步严峻，则海南自由贸易港建设就会受到较大的干扰。也就是说，无论是实现战略目标还是推进与东盟国家交流合作的战略任务，都离不开稳定的南海形势与海洋合作。

3. 建设具有竞争力的海洋服务体系是海南自由贸易港建设的重大任务。《海南自由贸易港建设总体方案》要求，“积极发展海洋物流、海洋旅游、海洋信息服务、海洋工程咨询、涉海金融、涉海商务等，构建具有国际竞争力的海洋服务体系”[1]。中央要求海南自由贸易港以旅游业、现代服务业与高新技术产业为主导，并赋予一系列支持政策与国家级重大项目和工程，为海南海洋交通运输、涉海金融、涉海商务、海洋信息服务等产业发展提供政策和制度保障。

（三）发挥海南自由贸易港海洋资源优势

如表3-8所示，2018年以来，一系列中央涉海支持政策与一批国家级重大项目和工程的实施，为明显提升海南海洋资源开发能力与全球海洋资源要素配置能力提供了良好条件和重要支撑。未来几年，以海南自由贸易港为平台，依托海南管辖200万平方公里海域的资源优势，积极推动以海洋资源可持续开发利用为目标的蓝

[1] 《中共中央 国务院印发〈海南自由贸易港建设总体方案〉》，https://www.gov.cn/gongbao/content/2020/content_5519942.htm。

色经济合作，逐步打造海洋环保、海上运输、海洋科研、海上旅游、海洋人文交流等方面的重要平台，使海南自由贸易港在中国与东盟海洋产业对接、海洋绿色发展、海洋人文交流中成为服务保障基地与重要平台，服务共建和平之海、友谊之海、合作之海。

表3-8　中央支持海南海洋经济发展政策

领域	文件	具体支持
海洋渔业	“4·13”讲话与《中共中央 国务院关于支持海南全面深化改革开放的指导意见》	加强国家南繁科研育种基地（海南）建设，支持海南建设全球动植物种质资源引进中转基地，建设国家深海基地南方中心，支持海南建设现代化海洋牧场
海洋油气	《中共中央 国务院关于支持海南全面深化改革开放的指导意见》	支持澄迈等油气勘探生产服务基地建设，建设国家战略能源储备基地
航运	“4·13”讲话	推进航运逐步开放，建设航运交易场所
	《中共中央 国务院关于支持海南全面深化改革开放的指导意见》	推进航运逐步开放，建设航运交易场所；优化整合港口资源，重点支持海口、洋浦港做优做强
	《海南自由贸易港建设总体方案》	以“中国洋浦港”为船籍港，简化检验流程，逐步放开船舶法定检验，建立海南自由贸易港国际船舶登记中心，创新设立便捷、高效的船舶登记程序。加快推进琼州海峡港航一体化。推动港口资源整合，拓展航运服务产业链。打造国际航运枢纽
海洋旅游	《中共中央 国务院关于支持海南全面深化改革开放的指导意见》	支持海南开通跨国邮轮旅游航线，支持三亚等邮轮港口开展公海游航线试点，加快三亚向邮轮母港方向发展
	《海南自由贸易港建设总体方案》	加快三亚向国际邮轮母港发展，支持建设邮轮旅游试验区，吸引国际邮轮注册
海洋新兴产业	“4·13”讲话	发展海洋科技，加强深海科学技术研究，推进“智慧海洋”建设，把海南打造成海洋强省
	《中共中央 国务院关于支持海南全面深化改革开放的指导意见》	高起点发展海洋经济，积极推进南海天然气水合物、海底矿物商业化开采，鼓励民营企业参与南海资源开发，加快培育海洋生物、海水淡化与综合利用、海洋可再生能源、海洋工程装备研发与应用等新兴产业；支持海南布局建设一批重大科研基础设施与条件平台，建设航天领域重大科技创新基地和国家深海基地南方中心

续表

领域	文件	具体支持
海洋新兴产业	《海南自由贸易港建设总体方案》	依托文昌国际航天城、三亚深海科技城，布局建设重大科技基础设施和平台，培育深海深空产业。对注册在海南自由贸易港并实质性运营的鼓励类产业企业，减按15%征收企业所得税。对在海南自由贸易港设立的旅游业、现代服务业、高新技术产业企业，其2025年前新增境外直接投资取得的所得免征企业所得税
海洋现代服务业	《海南自由贸易港建设总体方案》	完善海洋服务基础设施，积极发展海洋物流、海洋旅游、海洋信息服务、海洋工程咨询、涉海金融、涉海商务等，构建具有国际竞争力的海洋服务体系
海上基础设施	《中共中央 国务院关于支持海南全面深化改革开放的指导意见》	加快完善海南的维权、航运、渔业等重点基础设施；实施南海保障工程，建立完善的救援保障体系；完善南海岛礁民事服务设施与功能

资料来源：根据相关公开文件整理。

二、推动构建海洋产业合作圈

（一）务实推进重点海洋产业的合作发展

1. 深化海洋旅游合作。通过区域海洋旅游资源、海上旅游航线旅游产品服务项目的衔接和融合，实现各国海洋旅游业发展的互利共赢。依托我国工程建设优势，推进与泛南海区域国家合作共建邮轮港口和维修保养基地；强化政府间协调，支持新加坡、中国香港等域内邮轮旅游企业开辟环南海、RCEP地区、海上丝绸之路沿线国家的邮轮旅游航线。

2. 深化海洋渔业合作。在RCEP成员国中，有9个位列前20位渔业和水产养殖生产国，其产量占全球产量的近55%；有5个位列全球20大进口国。应积极推进中国与东盟渔业合作协定与RCEP的有效衔接，持续扩大在渔业捕捞、水产技术交流、海洋生物资源开发与养护和水产品贸易方面的合作。重点强化与越南、菲律宾、印度尼西亚等渔业大国的海水养殖产业合作，依托我国资本与技术，探索合作发展生态型、高产值深水网箱、大型智能化养殖渔场。同时，加大生态系统海洋渔业管理成功经验的分享与推广力度，合作打造海洋牧场，提升中国与东南亚国家的渔业合作深度。

3. 务实推进油气石化产业合作。着眼于泛南海地区能源需求增长和低碳转型的双重任务，利用RCEP扩大能源领域市场准入契机，支持区域内各成员围绕能源及石化加工产业开展双向投资；坚持开放性，吸引域外民企和国际油气公司参与南海油气资源勘探开采；合作开展天然气水合物等新型资源的研发勘探和技术研发储备，共同绘制南海天然气水合物基础地质数据图，加快推进资源区块优选、开采控制等领域研发和技术攻关。同时，支持区域内油气化工企业组建产业联盟等，积极发展面向区域内外的石化加工业。

4. 推动蓝色金融合作发展。鼓励和引导金融机构加入《可持续蓝色经济金融原则》，加大海洋投入；利用现有绿色金融市场基础，以蓝色债券作为重点融资工具，研究蓝色债券政策指引，出台指导目录与规范等配套政策，实现蓝色债券发行的重大突破；建立蓝色经济项目投融资对接和路演常态机制，鼓励通过市场化方式发行公司信用类债券；依托亚洲基础设施投资银行、新开发银行和丝路基金等机构，加快设立国际海洋开发银行，加强蓝色经济金融国际合作。

（二）推动建设面向东盟的蓝色经济自由贸易网络

1. 实现更大范围的海产品“零关税”。在RCEP“零关税”基础上，聚焦海产品及其加工制品、石油天然气、海洋矿产品等重点商品，实行更大范围的“零关税”，并逐步构建起适应海产品贸易的通关机制与原产地规则；适应海产品自由贸易需要，制定实施海产品项下的服务贸易规则，实现海产品开采、加工、运输、保鲜、交易等服务贸易自由化便利化。

2. 合作共建海洋主题的自由贸易产业园区。以务实推进海洋渔业、邮轮旅游、海上交通运输、船舶工业、海洋油气、海洋环保等产业的开放合作为重点，共建一批海洋经济示范区，并在园区内实行产业项下的自由贸易。例如，打造区域内渔业捕捞、养殖和加工合作基地；探索推进南沙邮轮旅游和水上旅游园区建设，吸引大型邮轮驻靠观光，发展旅游免税购物、边贸物流以及岛礁体育旅游等。

3. 逐步构建起以海洋经济为主题的地方经贸合作框架。以海洋渔业、海洋能源、海洋旅游等海洋资源开发为重点，推动构建涵盖环保标准、争端解决机制、知识产权保护、贸易救济等的泛南海蓝色经济治理规则。

（三）谋划一批区域性资源加工产业链供应链项目

1. 探索共建海洋渔业资源开发加工产业链。选取跨界海域开展渔业捕捞、养殖等合作；发挥中国渔业种苗研发、养殖等技术优势，探索同相关国家开展技术贸易；充分利用RCEP快速通关机制，实现海水产品及相关产品的便利化通关；支持域内外龙头企业同相关国家谋划设立跨境渔业加工园区，发展高附加值水产品精深加工，推动构建水产品全值化、高附加值精深加工产业链。利用海南、粤西地区拥有共同海域的地缘优势以及两省作为我国渔业主产区的发展基础，合作发展海鲜产品进口、热带水产种苗出口和现代渔业科技服务贸易，积极拓展渔业生产原料贸易、海产品精深加工与冻品国际贸易和冷链物流、供应链金融服务等相关产业。

2. 积极构建海洋可再生能源开发产业链。依托海南全岛与周边海域及南海海上风能资源，以完善海上风电产业链为重点合作推进海上风能资源利用；加强与周边国家海上风电装备质量监督检验中心、重点实验室、高校院所等机构的合作，推动逐步建立集风电机组研发、装备制造、工程设计、检测认证、施工安装、运营维护等于一体的风电产业链体系。

3. 探索共建船舶制造、维修、保养、补给等产业链。支持造船企业建立企业联盟，推动形成海洋船舶新加坡研发设计、广东制造维修、海南补给管理等的船舶产业链；加强与区域内外海洋工程装备技术科研机构、海工装备制造企业的合作，提升中深水自升式钻井/生产平台、深水半潜式钻井/生活平台、极地冰区平台、海洋多功能（钻采集输）平台等关键技术装备开发制造能力。

（四）促进港航领域的合作

1. 加强港口基础设施建设合作。加大对区域内欠发达国家在基础设施领域的援助力度，提升印度尼西亚、菲律宾、柬埔寨、缅甸、东帝汶、孟加拉国港口基础设施质量与水平。同时，着力推进泛南海区域内各港口与公路、铁路、内河、航空等交通枢纽的有机连接，加强区域内各港口城市疏港通道建设，实现疏港公路、铁路、管道和场站全覆盖，建设港口集疏运体系，促进港口与其他运输方式的无缝衔接。

2. 推动共建海南与东盟国家沿海城市间的港口联盟。以中国-东盟港口城市合作网络为基础，结合中国-马来西亚港口联盟等现有合作基础，协同推进海南、广东、香港、澳门与区域内其他国家和地区合作组建以企业为主体的泛南海区域港口联盟，推动共建泛南海区域航运标准体系、管理制度体系等；吸引更多港口城市、港口建设相关企业、多式联运相关企业参与，以项目合作、人员培训、信息交流、技术共享等方式强化区域内海上互联互通。同时，建立并完善区域港口物流合作协调机制。

专栏3-2　相互持股港口合作模式及借鉴

1. 美国两州合建港口：纽约-新泽西港模式

纽约港和新泽西港合称纽约-新泽西港，两港的港务局财务各自独立，共同开展港口码头建设、桥梁隧道建设，把建好的码头设施出租给船公司，该港口已成为美东第一大港口。

该模式可以借鉴发展为两国合建港口的方式。

2. 中国-马来西亚两国双园模式

该模式由中国与东盟创立。该模式中，广西北部湾国际港务集团收购了关丹港的股权成为股东之一，参与港口的经营规划，与港口的马方投资商对港口的深水码头、港口的吞吐能力等进行建设。

参考此模式，可以在相邻的两个港口之间开展相互投资、相互持股，共同参与港口的开发和建设，如修建港口码头、出租码头各分收益，开发港口业务，建设港船航道、入港疏通道路等，在一定条件下，甚至可以共同新建一个港口，实现港口互联互通更高层次的一体化。

3. 共建互联互通的航运网络。丰富航线类型，推动区域内国家和地区强化海上航线联合开发、共享，联合组织开行至泛南海区域国家主要港口的国际航线；增加国际航线密度，提升海上航线规模，形成放射状、网络化、便捷化的航运交通网络布局；加强冷链物流、滚装航线、集装箱班轮航线，形成更多面向泛南海区域的国际班轮航线网。

（五）以产业合作为先导带动海上功能性合作

重点加强海水淡化、海洋可再生能源、海洋生物医药、海洋新兴产业等领域的技术创新；加强数据、信息、知识共享，支持区域和全球海洋观测预报系统；加强海上预警、海上搜救、应对极端气候等方面的合作；加强涉海企业之间的分工与协作，共建海洋科技成果交流与推广中心；加强海洋教育交流与合作，共同建立海洋人才交流基地，推动蓝色经济合作发展能力建设。

三、打造海洋生态环境保护圈

（一）推进与东盟海洋生态环境领域的地方合作

1. 强化海洋生态环境保护合作。2015—2021年，中国及周边国家海域海洋生物多样性健康指数均有所下降，具体来看，菲律宾、泰国、马来西亚、越南、新加坡、印度尼西亚、文莱及中国分别下降0.7%、0.2%、0.6%、1.2%、0.6%、1.0%、1.0%、1.1%（见表3-9）。由此可见，强化海洋生态环境保护合作的迫切性日益增强。为此，要共同开展海洋生态系统和海洋生物多样性保护，开展海洋生物多样性调查与观测，恢复红树林、海草床、珊瑚礁等典型生态系统。谋划设立跨海域海洋特别保护区、自然保护区、水生野生动植物保护区和水产种质资源保护区等。鼓励岛屿地区率先探索海洋生态环境保护的合作机制，共同就岛礁及临海区域的使用标准及生态环境保护标准开展合作，取得“早期收获”。争取亚投行与丝路基金的支持，设立南海生态环境保护基金，重点支持南海生态恢复、保护区建设、环保人才培养、重点生态技术研发应用等项目。

表3-9　2015—2021年中国及周边国家海域海洋生物多样性健康指数

国别	2015年	2016年	2017年	2018年	2019年	2020年	2021年	变动情况
菲律宾	80.37	80.70	80.62	80.15	79.81	79.84	79.84	-0.7%
泰国	86.72	86.98	86.95	86.89	86.75	86.55	86.55	-0.2%
马来西亚	85.15	85.41	85.61	85.10	84.99	84.62	84.62	-0.6%
越南	81.54	81.25	81.14	81.09	80.73	80.60	80.60	-1.2%
新加坡	76.78	76.34	77.45	76.58	76.67	76.31	76.31	-0.6%
印度尼西亚	81.59	81.25	80.94	80.78	80.86	80.73	80.77	-1.0%
文莱	83.95	83.85	83.72	83.58	83.41	83.14	83.14	-1.0%
中国	88.86	89.38	90.31	86.26	85.32	87.84	87.84	-1.1%

资料来源：保护国际基金会（Conservation International）。

2. 探索设立中国-东盟海洋生态环境管理办公室。探索建立常设的中国-东盟海洋生态环境管理办公室，承担南海海域跨区域海洋生态监测、预警、修复方案指导、人才培养等职能，并在《联合国海洋法公约》框架下推动泛南海区域国家签署《海洋环境保护框架性议定书》；发挥我国技术优势，与东盟国家共同开展海洋环境监测、入海污染物处理技术、海洋生态灾害防治、海洋生态恢复等领域的新工艺、新技术的研究和推广。在此基础上，逐步探索区域性统一的海洋生态环境治理框架。

3. 探索建立海洋碳汇交易市场。合作研究制定泛南海海洋生态系统碳汇试点办法，明确海洋碳汇标准体系、增汇措施、交易规则、激励办法等，明确分行业、分领域碳排放配额。合作开展固碳机制、增汇途径和评估方法等研究，逐步建立区域内蓝碳监测和调查研究的技术方法和标准体系。积极开展蓝碳标准体系和交易机制研究，争取国家能源集团支持，设立泛南海海洋碳汇交易市场，开展海洋碳汇跨国交易、抵押质押、融资租赁等业务。

4. 推动构建地方间海洋环境保护合作机制。鼓励海南与南海岛屿地区率先探索海洋生态环境保护的合作机制，共同就岛礁及临海区域的使用标准及生态环境保护标准开展合作，取得“早期收获”。例如，形成包括通知制度、污染事故应急制度、信息共享制度、海洋环境标准制度、科学和技术合作制度、海洋环境监测制度、海洋环境影响评估制度、资金制度和纠纷解决制度等在内的制度体系。

（二）推进泛南海海洋产业绿色转型合作

1. 共同谋划制定海洋产业能耗标准。强化政府间协调，在遵循包容性、多层次原则基础上，共同谋划制定海洋产业能耗标准，并对欠发达国家给予特殊待遇。

2. 形成发展低耗能、低排放的海洋产业联合倡议。围绕海水养殖、海洋药物与生物制品、海水利用、海洋化工、海洋盐业等领域，谋划一批循环利用示范项目；推动产业政策、环保政策、节能减排政策有效衔接，倒逼海洋渔业、海洋重化工、海洋盐化工等向绿色化、低碳化、循环化转型；重点建设一批产业特色鲜明、科技含量较高、设施设备先进、运行机制灵活、生态环境友好、综合效益显著的跨国水产养殖产业园区，形成海洋绿色转型的示范效应。

3. 开展海洋生态环境保护规则与绿色技术推广合作探索。在维护发展中国家发展权和环境权的前提下，与东盟国家的地方政府合作制定海洋生态环境保护公约与绿色技术推广备忘录，支持发展中国家通过产能退出、产业转型、绿色技术应用等多种方式强化区域内生态环境保护。

4. 构建海洋科技创新联合体，助力传统海洋产业绿色化转型。以RCEP经济技术合作相关规则为契机，发挥中国、新加坡等国家拥有的海洋科技创新资源和研发经验优势，加大对域内海洋科技相对滞后的国家和地区及其企业的扶持力度，通过构建包含中小企业在内的海洋科技创新联合体等形式深化海洋科技合作，促进科研成果共享。

（三）推动海上防灾减灾和突发事件合作

1. 共建泛南海海洋灾害预警预报中心。以服务过往船只安全航行为导向，充分发挥中国在技术、资金、人才等方面的突出优势，合作共建泛南海海洋气象与灾害天气预报实验室和海洋气象灾害预警中心，适时发布南海及周边地区海洋灾害及预警信息、航线建议及相关海洋气象服务。共同就南海气象灾害开展研究，强化对南海气象灾害形成理论机制的认识，不断提高实验室与预警中心预测的准确性和指导的科学性。

2. 合作优化南海周边应急救援港口基础设施。依托中国产能与装备优势及新加坡等的服务优势，积极同柬埔寨、印度尼西亚、马来西亚、文莱等泛南海区域国家开展以港口为重点的基础设施建设合作，助力相关国家推进重要港口海上救助基地建设与升级扩建。进一步发挥丝路基金的融资与指导功能，鼓励支持欠发达国家在重要航线航道的港口开展应急救援软硬件升级，建立海上应急救援母港及后勤保障港口、船舶维修保养港口等。

3. 实施对东盟最不发达国家的应急救援能力援助。积极发挥政府的主体作用，开展海上应急救援能力综合评估，支持泛南海区域国家围绕应急救援能力开展地方政府间交流，设立应急救援能力提升项目，促进海上应急救援人才交流、培训常态化，助力柬埔寨、缅甸、孟加拉国、东帝汶等国家海上应急救援能力的提升。积极引导企业、高校、智库及社会组织等参与，鼓励支持其举办面向欠发达国家的公益性讲座、论坛、研学等相关活动，推动政府、企业、社会对应急救援能力认知的提升。

4. 待条件成熟时建立泛南海应急救援指挥协调系统。适时发起成立由中国主导的泛南海应急救援指挥协调机制，定期对泛南海重点应急救援基础设施开展工程防御能力、监测预警能力、应急响应能力、备灾能力、宣传教育能力等评估，合作制定泛南海应急救援行动计划，共同开展业务培训等；合作开展海洋公共安全应急管理标准化建设，共同打造泛南海重要航线海洋预警报服务与救援决策辅助系统，逐步实现共享信息、共同行动、协调配合的应急救援格局。

5. 加强海南防灾减灾基础设施建设。选择重要岛礁及相关海域开展海洋综合观测站（点）建设与观测设备设施布放，推进“一站多能”升级改造。优化海洋观测系统布局，新建、升级和改造一批岸（岛礁）基、离岸海洋观测站（点），结合国家全球海洋立体观测网的部署和要求，开展验潮站、浮标、志愿船、无人机、雷达、海况视频等观测监测系统的建设，推进潜标、海床基、海底观测站布局和建设，实现观测网络由近岸和近海拓展至深远海。强化海洋数据分析处理，发展基于大数据、云计算的海洋行政管理、海洋环境监测、海洋预报减灾、海洋科技服务、海域海岛监管、海洋经济统计分析、海洋行政许可办理，实现“用数据决策、用数据监管”的海洋治理。

四、率先实现邮轮旅游合作圈的实质性突破

（一）抓住泛南海邮轮旅游市场较快恢复的有利契机

根据国际邮轮协会（CLIA）发布的亚洲邮轮市场报告，2018年亚洲邮轮乘客人数创下历史新高，达到424万人次，其中中国乘客占了一半以上（55.8%）。2019年全球邮轮市场旅客量再创新高，达到2970万人次，同比增长4.2%。2020—2021年，全球邮轮产业基本停摆，旅客量持续下降。2022年得益于各国陆续放松旅行限制，全球邮轮市场强劲复苏，全球主要邮轮公司所属邮轮船队全面复航。2022年全球邮轮市场旅客量明显回升，达2040万人次，同比增长325%[1]。

[1] 数据来源：国际邮轮协会。

（二）合作开发以岛屿为主要目的地的邮轮旅游产品

1. 共同开发设计环南海邮轮旅游航线。开辟连接菲律宾、马来西亚、印度尼西亚、新加坡、越南等沿线国家的定期邮轮旅游航线，打造建设“一程多站”国际邮轮旅游航线。发挥中国旅游消费大市场优势，鼓励邮轮公司和其他企业积极经营国际邮轮旅游航线，积极推动嘉年华、皇家加勒比、云顶、诺唯真、维京等邮轮集团（公司）增加航线密度，将海南纳入国际旅游“一程多站”航线。加强与国内外邮轮旅游城市的沟通交流，扩大“21世纪海上丝绸之路沿线邮轮旅游城市联盟”的影响力。

2. 合作开发面向泛南海的邮轮旅游产品。充分利用国家支持海南开通跨国邮轮旅游航线、支持三亚等邮轮港口开展公海游航线试点、放宽游艇旅游管制等政策[1]，放大港口航运资源优势，构建海上邮轮旅游全产业链。一是支持海南本土涉海旅游企业试点中资方便旗邮轮无目的地航线，开辟面向泛南海的邮轮旅游业务；二是加快推进邮轮母港建设，打造连接琼州海峡经济带、粤港澳大湾区的泛南海邮轮旅游航线；三是以“三通”（通航、通商、通勤）为载体，加快建设口岸服务体系、生产作业设备和后勤补给配套设施等系统，发展国内外邮轮旅游、游艇业、港航始发境外旅游、境外海陆联动落地旅游等业务。依托中国海上丝绸之路旅游推广联盟平台，联合联盟各成员单位，构建面向“一带一路”国家和全球的邮轮旅游营销平台。

（三）实行更加开放的邮轮产业政策

1. 放宽进口邮轮的年限限制。建议将泛南海海域航行的进口邮轮年限延长至15年，或者针对特定船型采取“一事一议”的灵活政策，给予一次性政策上的特别放宽。

---

[1] 《海南自由贸易港的任务清单》，https://news.sina.com.cn/c/2018-04-16/doc-ifzfkmth4274369.shtml。

2. 放宽邮轮旅游航线的审批。在现行中资邮轮开展海上游航线试点的基础上，争取有关部委支持，批准外籍邮轮（含挂方便旗的中资邮轮）、邮轮公司运营三亚/海口—南海无目的地邮轮旅游航线。

3. 放宽外籍邮轮多点挂靠审批条件。以三亚凤凰岛为母港、多点挂靠的外籍邮轮经营国际航线实行备案制代替审批制。简化外籍邮轮多点挂靠审批手续、缩短审批时间、下放审批权限，可采取一次申报、二次备案的方式。试点中资外籍邮轮以三亚凤凰岛为母港的国内航线。

4. 扩大游艇旅游市场开放。取消游艇核载人数（12人）的限制；对游艇产业给予资金、财政补贴、税收减免等政策支持，鼓励发展适合大众消费水平的中小型游艇。

（四）建设培育邮轮旅游“总部基地”

1. 立足实际，加快构建海南邮轮经济体系。吸引国际邮轮公司设立地区总部。在提升完善三亚、海口邮轮母港城市功能的基础上，加快培育邮轮相关产业，延伸产业链条，大力促进邮轮旅游业与其他产业融合发展，形成大产业发展的格局。

2. 积极发展邮轮维修保养企业。尽管海南缺乏建造邮轮的基础，但可以发展邮轮维修保养产业。建议积极引进国内外邮轮维修保养企业，支持邮轮维修、保养、配套企业发展，逐步形成邮轮维修、养护产业链，全面提升母港功能。

3. 推动邮轮母港向邮轮城延伸。一方面，完善母港城市交通基础设施。根据邮轮母港城市的要求，推动三亚、海口加快构建以邮轮港口为中心的立体交通体系，建立面向国际国内的更加发达的航线系统。另一方面，提升母港城市综合服务能力。高标准建设邮轮港辅助设施，完善满足游客需求的休闲、娱乐、购物、住宿、银行等诸多商业配套设施，重点发展邮轮产品及相关旅游线路开发、邮轮港口服务、岸上游客服务及消费和邮轮人才培训等。

▶▶▶

第四节

打造中国与东盟医疗健康合作示范区

当前，适应国内及东盟中等收入群体医疗健康消费需求快速增长的大趋势，统筹医疗健康与公共卫生合作进程，充分发挥海南资源环境优势和自由贸易港政策制度优势，务实开展医疗健康与公共卫生项下的多样化、多层次的经贸合作与人文交流，在促进中国与东盟全面战略合作、促进政治互信与民心相通方面发挥更大作用。

一、海南有条件成为中国与东盟医疗健康合作示范区

（一）开拓20亿人医疗健康大市场

1. 中国居民医疗健康消费需求快速增长。2013—2019年，我国居民人均医疗保健支出从912元增长到1902元[1]，年均增长13.0%，比同期全国居民人均消费支出年均增速（8.5%）高4.5个百分点；占居民人均消费支出的比重从6.9%提高到8.8%，占居民服务型消费支出的比重从17.4%提高到19.2%[2]。2022年，我国居民人

[1] 《〈关于深化医疗保障制度改革的意见〉发布 政策助力我国医疗行业发展》，https://news.chinabaogao.com/yiyao/202003/0364R4642020.html。

[2] 数据来源：中改院课题组整理。

均医疗健康消费支出为2120元，增长0.2%[1]。

2. 岛内居民医疗健康消费需求快速增长。2019年，海南城镇居民医疗保健支出为1597.33元/人，海南农村居民医疗保健支出为918.35元/人。[2]从2013—2019年，海南城镇居民人均医疗保健支出从734.3元增长到1597.33元，年均增长13.8%，占城镇居民人均消费支出的比重从4.7%提高到6.3%；农村居民医疗保健支出从362元增长到918.35元，年均增长16.8%，占农村居民人均消费支出的比重从4.5%提高到 4.9%[3]。2021年，海南居民人均医疗保健支出为1683元，比2013年增加1142元，增长211.1%[4]。

3. 东盟国家蕴藏着巨大的医疗健康消费增长潜力。WEF预测，未来10年，东盟将成为世界第四大经济体，届时70%的东盟人口会成为中产阶级，消费市场的规模将成长为4万亿美元。若东盟国家医疗健康消费占比达到10%，将形成4000亿美元的医疗健康大市场。

（二）努力打造面向全国、辐射东盟的医疗健康消费高地

1. 海南具备打造医疗健康消费高地的基础条件。一方面，海南生态环境独特，天然医疗健康资源丰富，森林覆盖率和空气质量优良天数比例全国领先，且素有“天然药库”“南药之乡”之称，资源禀赋特色突出。另一方面，中央赋予海南博鳌乐城国际医疗旅游先行区9条优惠政策，并支持海南创新医药卫生领域市场准入方式。在此背景下，国内国际游客对海南医疗健康消费的刚性需求全面快速增长。

---

[1] 数据来源：国家统计局。

[2] 《2019年海南人均可支配收入、消费性支出及城乡对比分析》，https://www.sohu.com/a/442345159_120113054。

[3] 数据来源：中改院课题组根据公开资料整理。

[4] 《喜迎二十大｜数说新海南，奋进自贸港系列五》，https://mp.weixin.qq.com/s?__biz=MjM5ODUxNzQxOQ==&mid=2650609473&idx=1&sn=d429ba19d6ae605f450997f89fa70c88&chksm=bec0388589b7b193189a5e320e46f9a6bbb6d9e92f1d3abb5f11bb89350cecc2059ea14b236d&scene=27。

2. 海南资源与政策优势远未转化为医疗健康产业发展优势。调查数据显示，2020年仅有1%的过夜游客是以健康或疗养为主要目的；博鳌乐城国际医疗旅游先行区接待医疗旅游人数8.39万人[1]，仅相当于2017年我国出境医疗旅游规模的10%，我国九成以上居民医疗旅游需求被境外吸收。2018—2021年，全省医疗健康产业增加值从148.18亿元增长到197.18亿元，占全省地区生产总值的比重达到3.0%[2]，但仍低于全国2019年水平（7.08%），与发达国家存在10个百分点以上的差距。

3. 海南高质量多样化医疗健康服务供给体系建设滞后。从国际医疗健康产业发展经验看，有优质医疗、廉价医疗、特色专科三种医疗旅游模式。从海南目前的医疗健康旅游发展看，海南医疗健康产业发展仍处于培育起步阶段，市场主体、产品体系和服务质量等与优质医疗模式的国家差距较大，医疗价格与东亚、东南亚地区相比缺乏竞争力，特色专科仍处于培育期。

（三）以医疗健康与公共卫生合作进步增强人文交流与互信

目前，中国与东盟在疟疾、血吸虫病、艾滋病等疾病的联防联控方面取得了实质性成果。在未来与东盟的公共卫生合作中，中国一方面应在履行承诺的同时，与东盟成员国进行充分的沟通交流，宣传人类命运共同体理念；另一方面应加强针对东盟国家的区域国别研究，在充分认识各国政治、文化、经济等方面差异的情况下，与东盟各国求同存异，进一步培育并弘扬地区安全观念，并以此带动人文交流与民间互信。

[1] 《借“医疗特区”东风 海南打造国际医疗旅游对外开放新高地》，https://china.cnr.cn/yaowen/20210510/t20210510_525482167.shtml。

[2] 《健康海南行动2022年主要目标提前实现》，https://en.hainan.gov.cn/hainan/5309/202211/77bef06c74054f3fbde34d06e620e0e5.shtml。

二、务实开展与东盟的医疗健康合作

（一）共建中国–东盟医疗健康一体化大市场

1. 适应东盟不断增长的医疗健康消费需求。随着东盟国家经济社会发展水平的提升以及东盟六国[1]老龄化趋势增强，预计医疗健康消费需求将进一步增长。根据国际顾问公司Solidiance的数据，到2025年，东盟医疗健康开支预计将增长至7400亿美元；到2050年，东盟65岁以上人口在东盟总人口中的比例将达21.1%。

2. 用好海南自由贸易港医疗健康产业开放政策，全面放开医疗健康产业。在争取尽快将博鳌乐城国际医疗旅游先行区除“干细胞临床研究”外的其他开放政策扩大到全岛的同时，放宽医疗健康领域投资准入限制并降低准入后市场壁垒，支持东盟优质医疗健康企业通过投资、跨境服务等方式在海南开展面向东盟和中国居民的医疗健康服务。

3. 引入新加坡等的医疗健康服务标准。因高效完备的医疗服务和严格的质量标准等，新加坡的医疗水平在全球排名第六。这不仅成为新加坡产业发展的突出优势，也成为新加坡吸引全球人才的重要条件。建议引入新加坡医药、医疗器械、养老用品、保健品、健康管理服务、医疗服务、老年保健服务等医疗健康产品与服务的标准体系，使海南与欧美日等发达经济体在药品、医疗器械、保健品及各种医疗健康服务技术方面实现同步。例如，对已在新加坡通过标准评估的药品与医疗器械，可自动获得认证，无须开展临床试验直接在海南使用；采用新加坡的医药标准，逐步实现已经上市但未达到新标的药品退市。同时，开展健康服务标准制定合作，实现与新加坡健康服务行业管理标准、规范化技术和程序及市场监管执法标准的直接对接。

[1] 东盟六国包括马来西亚、菲律宾、新加坡、泰国、越南及印度尼西亚。

（二）打造与东盟医疗健康深度合作平台

1. 合作设立跨境医疗健康产业园区。在海南自由贸易港与东盟相关国家设立中国-东盟医疗健康产业园，探索联合管理、共同运营模式，合力打造药品与医疗器械研发、制造、维修及医疗健康保险等跨境产业链。

2. 建设以面向东盟等为重点的健康医疗服务自贸园区。逐步对外资开放医疗服务业，吸引国际医疗服务机构、国际商业医疗保险机构进驻，推动我国医疗健康服务产业升级和共建“一带一路”国家协同发展。例如，允许境外资本在园区内设立独资、合资医疗机构；在园区内实行高水平医疗标准；放宽境外医师在园区内的执业限制；适当降低园区部分医疗器械和药品的进口关税；鼓励园区利用多种渠道融资，吸引社会投资；在园区内先行探索医疗保障制度对接试点。

3. 多平台、多形式、多领域开展医疗健康合作。通过建立健康产业基金、健康科技园区、健康服务业合作示范基地等合作平台，形成资金、政府、科研的合作体系，打造一批面向泛南海沿线国家和地区的国际化医疗保健机构。加强在健康管理、健康职业教育、健康技术研发等领域的互利合作。

4. 推动建立我国传统医疗健康产业“走出去”平台。充分发挥我国传统医疗产业优势，推广中医文化，积极发展中医药服务贸易，拓展与共建“一带一路”国家的合作。

（三）与岛屿地区共建健康养生休闲旅游业联盟

尽快将境外医师执业等博鳌乐城国际医疗旅游先行区政策实施范围扩大到全岛，取消医疗机构的股比限制。充分发挥沿线岛屿在健康服务业方面的特色和优势，探索建立海南岛与其他岛屿经济体的休闲养生互换互助计划。充分发挥海南黎药产业优势，培育一批具有海南本土特色的国际村或健康养生社区，实现岛际健康服务业资源优势互补、错位竞争、协同发展；在海南建立岛际健康服务业合作示范基地，以多种形式开展健康管理、健康职业教育、健康技术研发等领域的互利合作。

（四）推进与东盟医疗健康产业项下的自由贸易

1. 扩大对东盟优质药品与医疗器械的进口。随着国民生活水平的不断提升，对优质服务的需求日益增长。为此，不仅需要主动扩大区域内优质消费品与中间产品的进口，也需要扩大区域内优质服务产品的进口。例如，率先全面落实我国在RCEP中的关税减让承诺，支持广西、云南、广东、福建、海南等地探索自泛南海地区进口货物简易通关制度。同时，适应国内服务型消费需求增长的大趋势，对国内紧缺的健康、养老等服务率先对境外服务提供者实行国民待遇，加强同发达国家专业技术人员的资格互认，允许签订互认协议的国家或地区在我国境内经备案后开展相关技术执业。

2. 建立与扩大进口相适应的制度与政策体系。在降低关税总水平的同时，大幅降低或取消药品、常见病所使用的医疗器械进口环节增值税及重要日用消费品进口环节增值税；尽快实现以癌症治疗为主的医疗器械进口“零关税”；扩大医疗技术等服务进口，以满足全社会日益增长的服务型消费需求 。同时，在简化通关、检验检疫、入境、港口及边境机构等边境相关手续的基础上，大幅降低政府行政效能、市场规则、要素成本、基础配套等边境后壁垒。

3. 支持国内企业在海南与东盟布局海外仓。依托RCEP“零关税”政策与原产地规则，聚焦农（海）产品、关键原材料和重要零部件等，支持国内企业在东盟相关国家设立采购中心与仓储中心；依托RCEP原产地规则，支持国内企业在东盟布局部分产业环节，重点开展商品的保税加工、保税维修、保税组装及物流保险、贸易结算等业务。

三、推动公共卫生领域合作取得重要突破

（一）推进与东盟防疫政策协调和公共卫生合作

1. 将海南自由贸易港作为东盟公共卫生援助基地。强化对东盟欠发达国家公共卫生基础设施的援助，加强对公共卫生领域的知识产权转让、技术援助、人才培养等能力建设方面的支持。

2. 加强区域内公共卫生管理机构的合作对接。在海南举办中国-东盟公共卫生安全高官会、中国-东盟公共卫生治理论坛等，就区域内公共卫生治理体制、机制、标准、规则等开展磋商。

3. 谋划打造一批泛南海公共卫生合作平台。依托泛南海区域内疾病预防控制和公共卫生风险防控高端资源，合作建立泛南海公共卫生风险防控信息中心、区域公共卫生应急联络中心、区域疾病预防控制高等级实验室；建设区域性抗疫物资生产、储备、研发的合作基地，强化在高端医疗技术及药品医疗器械研发、试验、技术交流、抗疫物资、应急响应等方面的协调合作。

（二）以海南为基地加大区域性公共产品供给力度

1. 合作打造高标准公共卫生监测系统。合作打造泛南海公共卫生安全监测、评估及预警系统。充分利用人工智能、大数据分析等技术，开展泛南海传染病长期流行趋势分析，短期暴发和流行风险预测预警，重点传染病与常见病预防建议，旅行卫生提示，外来有害生物、外来物种生态安全及基因评估预警等工作。同时，统筹人员自由便利流动与公共卫生安全，探索打造利用人脸识别技术、大数据采集分析技术等的人流智慧监测系统，强化对跨国人群驻留时长、来源结构、健康状况及高危人员、敏感人员等的实时监测。

2. 打造面向东南亚的区域性公共技术支持平台。加快建设面向东南亚的区域

公共卫生风险防控信息中心、区域公共卫生应急联络中心、区域疾病预防控制高等级实验室，作为面向东南亚的区域性公共技术支持平台。同时，在海南自由贸易港建设区域性公共卫生物资与设备储备、援助基地。

3. 打造覆盖中国与东盟的公共卫生人员数据库。打造包含专业、技术水平、年龄结构等在内的泛南海公共卫生人员数据库，打通医院、防疫机构、研发机构、基层卫生机构等信息壁垒，强化对公共卫生人员总量、结构、趋势等内容的分析研判，为引进、培养、调配公共卫生人员提供决策支持。在此基础上，合作开发基于物联网、大数据、人工智能等技术的智慧医疗系统，为泛南海地区提供健康管理、疾病筛查、远程诊疗、智慧处方等一体化服务，并将其作为提升欠发达国家医疗机构医疗与卫生服务能力的重要举措。

（三）逐步建立公共卫生地方合作机制

1. 根据东盟不同成员国特点制定合作方案。东盟各成员国国情迥异，中国在东盟框架下开展公共卫生安全合作应将多边合作与双边合作相结合，制定精细化的区域合作方案。一方面，中国应对东盟各成员国卫生管理体制、卫生合作需求及国际卫生合作情况有准确的掌握，根据不同成员国特点商讨合作优先事项以及双方可接受的卫生合作形式；另一方面，为卓有成效地推进公共卫生安全合作实质化工作，中国应优先选择有意愿、有能力在公共卫生安全议题中发挥领导力的国家作为合作伙伴开展公共卫生安全工作，包括有能力主导公共卫生安全技术网络运营的泰国、马来西亚、印度尼西亚等。

2. 建立传染病防控等专门领域的正式合作机制。当前，中国与东盟缺乏实质性的公共卫生安全技术合作，如为了抵御未来可能出现的公共卫生突发事件，各国应维持信息通报网、医疗物资储备系统等重点预防性项目的长期运行，加大资源投入。因此，中国与东盟双方亟须设计面向实践的合作方案实施路径，并为持续而稳定的项目资源支持做好准备。在传染病防控领域，应组织切实的联防联控平台，包括构建专门的中国-东盟公共卫生安全合作机制、建立长期稳定的突发传染病防控特别工作组、建立危机防控机制、加强口岸检疫检验基础设施建设等。东盟也亟须加强公共卫生人才培养，中国可在当前建立的多个合作网络基础上强化科技赋能工作，更主动地向东盟派遣流行病专家组，联合举办技术培训班，针对与传染病有关的实验室管理、诊断与检测、突发疫情应急处理措施等进行培训，分享中国突发传染病应对经验，提高中国在东盟公共卫生安全治理领域的参与度和领导力。

3. 逐步形成泛南海公共卫生治理框架。加强区域内公共卫生管理机构的合作对接，率先建立医疗与卫生管理部门副部长或部长级定期磋商机制，就区域内公共卫生治理体制、机制、标准、规则等开展磋商。同时，建立泛南海公共卫生治理论坛，邀请区域内知名专家学者就公共卫生管理规则优化、技术改进、人员能力提升等开展系统交流。待条件成熟时，共同签订泛南海公共卫生治理框架协议，形成常态化、机制化的公共卫生合作格局。

第五节

打造中国与东盟人文交流特区

30多年来，在政府的推动下，中国与东盟人文交流总体上呈现日趋多元、多领域成果显著的态势，这有力促进了双方经贸合作及其他领域合作的进程。当前，面对域外大国干扰，我们应充分发挥海南自由贸易港人员进出自由便利等政策优势，积极开展与东盟合作的以教育为重点的人文交流项目，努力打造标志性人文交流平台，促进民众之间增信释疑，积极推动中国与东盟民心相通的进程。

一、人文交流已成为中国与东盟全面战略合作的重要支柱

（一）经贸合作带动人文交流持续深化大趋势

1. 中国-东盟贸易投资自由化便利化安排不断升级。东盟作为中国周边外交的优先方向和经贸合作的重点区域，双边贸易自由化便利化水平持续提升，经贸合作、人文交流不断深化，为泛南海区域合作奠定了重要基础。2022年是中国东盟全面战略伙伴关系开局之年，双方经贸往来更加密切，东盟继续保持中国第一大贸易伙伴地位。2022年中国与东盟贸易总值达6.52万亿元，增长15%，占中国外贸比

重达到15.5%，较2021年上升了1%[1]。截至2023年9月，中国连续14年保持东盟最大贸易伙伴地位[2]。

2. 经贸合作带动人文交流不断深化。2011—2020年，中国在东盟的劳务合作人数由8.4万人增长至10.94万人[3]，在促进人文交流的同时，也助力当地经济发展。同时，中国与东盟8个国家分别签订了双边教育交流协议，与泰国和马来西亚签订了学历学位互认协议，并在科技人员交流、技术转移、共建联合实验室和科技园区等领域开展了深度合作。

（二）中国与东盟人文交流取得重要进展

1. 教育合作取得重要进展。据教育部统计，截至2018年底，共有15733名中国人在马来西亚进行相关阶段的学习和研究；双方签署教育合作谅解备忘录，厦门大学马来西亚分校于2016年正式办学。厦门大学在马来西亚建立分校，是中马两国教育合作的成功范例[4]。

2. 文化交流与合作取得重要进展。例如，中国-东盟博览会从刚开始的“一展一会”发展到2023年第20届的共计超300场部长级高层会议论坛，建立40多个领域“10+1”合作机制，涵盖文化、教育、旅游、智库、媒体等领域，逐渐成长为多元立体的国际人文交流盛会。与此同时，伴随着经贸合作的深化，民间人文交流也逐步形成特色。例如，由于特殊的地理和自然原因，印度尼西亚地震、海啸灾害频发，每当有灾害发生时，中国驻印度尼西亚企业都会迅速响应，积极为当地捐款捐物或参与当地的救援工作。

---

[1] 《贸易快报|2022年中国-东盟贸易增长强劲》，https://www.thepaper.cn/newsDetail_forward_21549943。

[2] 《外交部发言人：通过东博会推动构建更为紧密的中国—东盟命运共同体》，https://www.gov.cn/lianbo/bumen/202309/content_6903963.htm。

[3] 《对外投资合作国别（地区）指南 东盟（2021年版）》，https://www.investgo.cn/upfiles/swbgbzn/2021/dongmeng.pdf。

[4] 《中国驻马来西亚大使：中马是好邻居、好朋友、好伙伴、好兄弟》，http://swt.gxzf.gov.cn/zt/jjdm/jmdt/t9831528.shtml。

3. 青年交流日益深化。自2013年起，中国每年举办中国-东盟青少年文化交流节，2018年起升级为中国-东盟青年精英交流节。2021年10月，第八届中国-东盟青年精英交流节在中国湖南举办。2021年7月，第12届中国-东盟青年营在中国云南和广西举办、中国-东盟青少年绘画展在中国贵州举办。2021年7月至8月，“义路同行到东盟”——全球青年创业专场培训活动在中国义乌举办，并开展了东盟青年创业培训、东盟外交官义乌行、“东盟好物在义乌”商品展、义乌-东盟进口贸易对话会等一系列活动。2023年7月4日，第九届中国-东盟青年精英交流节在中国湖北开幕。东盟10国友好组织代表、青年学生代表及在鄂留学生代表，泰国、老挝驻华使节等70余人参加活动[1]。2024年5月20日至24日，第十届中国-东盟青年精英交流节在广西壮族自治区成功举办。5天行程中，东盟国家青年代表70余人走读广西，与中国青年建立友谊、交流互鉴，围绕“青年携手，共筑未来”活动主题，为构建更加紧密的中国—东盟命运共同体发出青年声音[2]。

4. 科技交流与合作日益成为重点。近年来，中国与东盟通过技术转移、开展人员交流、联合研究等方式增进科技交流。由于科技水平的差距，东盟主要国家在接受中国企业投资时要求中国企业必须逐步向印度尼西亚转移技术。中国在印度尼西亚的企业也注重对这一责任的积极履行。近年来，中国与东盟数字经济合作持续深化。例如，2016年7月，中国-东盟跨境电商平台完成筹建；2016年底，中缅跨境电商产业园在中国云南建立；2017年，阿里巴巴在马来西亚建立首个数字自由贸易区；2020年9月，华为泰国公司与泰国数字经济促进局联合建设的5G生态系统创新中心正式运行；2021年4月，腾讯云在印度尼西亚首都雅加达设立的首个数据中心正式投入运营[3]。

---

[1] 《第九届中国-东盟青年精英交流节在湖北开幕》，https://baijiahao.baidu.com/s?id=1770496654981177754&wfr=spider&for=pc。

[2] 《第十届中国—东盟青年精英交流节在广西成功举办》，http://wsb.gxzf.gov.cn/xwyw_48149/dfws_48154/t18484218.shtml。

[3] 《中国与东盟国家深化数字技术合作》，http://world.people.com.cn/n1/2021/1026/c1002-32263993.html。

（三）海南自由贸易港人文优势突出

1. 海南与东盟地缘相近、人文相亲。海南是中国-东盟自贸区的腹地，是连接东北亚和东南亚的地理区域中心，与菲律宾、文莱、马来西亚、新加坡和印度尼西亚隔海相望。海南是我国三大侨乡之一，具有独特的侨务资源优势，拥有浓厚的侨务文化氛围。目前，海南拥有100多万归侨、侨眷，同时拥有300多万琼籍华人华侨聚居在东南亚各地，活跃于政、商、学各界，并具有较大的影响力。海南同乡会、海南会馆等海南元素社会团体遍布东盟地区，200多个东南亚华人华侨组织与海南保持着经常性友好往来。

2. 海南在国家公共外交中的影响不断扩大。近年来，博鳌公共外交基地、三亚国家首脑外交和休闲外交基地、万宁中非合作交流促进基地和海口国家侨务交流示范区建设加快推进，海南正成为我国对外开放的重要窗口，这为海南成为“泛南海经济合作圈”的核心区，加强泛南海经济、人文、政治等多领域合作交流奠定了重要基础。

3. 人员进出自由便利的政策优势。自2018年5月1日起实施59国人员入境旅游免签政策。截至2022年，海南国际友城数量增至65对，省级友城数量位居全国前列[1]，大部分友城地处“一带一路”沿线，覆盖东盟绝大多数国家和部分太平洋和印度洋地区国家。

[1] 《海南国际“朋友圈”越来越大 国际友城数量增至65对》，http://www.jl.chinanews.com.cn/gnyw/2022-05-18/196994.html。

二、推进海南自由贸易港与东盟的广泛人文交流

（一）在海南率先放开面向东盟的劳务市场

1. 2019年，受海南省公安厅委托，中改院形成《海南引进外籍家政服务人员可行性分析》。中改院课题组在报告中提出，尽快在中国大陆开放菲佣市场，不仅能形成人才吸引的独特优势，还将带动与东盟间的人文交流。建议：一是制定实施技术技能人才引进负面清单，出台海南省外籍家政服务人员管理条例及实施细则。二是构建政府层面的对接交流机制。例如，选择有较好国际声誉的外籍劳工输出国（菲律宾、印度尼西亚、马来西亚等），通过协商和谈判建立良好而长期的合作关系，在相关部委的支持下，签订双边雇佣协议或签署直接引进外籍劳工的双边备忘录。三是强化外籍家政服务人员中介机构管理。严格按照中介雇员制方式引入、管理外籍家政服务人员，明确中介机构的管理与服务清单。

2. 以配额管理等形式支持海南有序放开家政服务市场。以配额管理的形式支持海南有序放开菲律宾佣工、印度尼西亚佣工等面向东盟国家的家政服务市场，为国际化人才和海南中高收入家庭提供优质家政服务。可率先开展与菲律宾方面的协商，以“备忘录+年度计划”方式推动地方政府间劳务合作。例如，争取签订引进外籍劳工备忘录；在此基础上，根据海南外籍家政服务人员的数量需求和素质要求，提出年度引入的意向规模，协调具体事务和处理突发事件。

3. 合作建立跨境劳务合作管理服务平台。支持海南与菲律宾、印度尼西亚、柬埔寨等国家的地方政府建立跨境劳务合作管理协调机制与信息服务平台，并在海南建立跨境劳务合作管理服务中心，为跨境劳务人员和劳务用工企业提供一站式服务。

（二）建立与东盟渔民交流合作机制

1. 以建立地区间渔民交流机制降低渔民纠纷对海洋资源合作全局的影响。南海被中国、越南、菲律宾、马来西亚、印度尼西亚、文莱所包围，岛屿主权归属争议与专属经济区主张重叠，给各国确定渔业管辖范围造成困难，且由于不断增长的需求和捕捞能力与逐年衰减的渔业资源之间的供需矛盾日益突出，南海渔业冲突事件不断，并且随着渔民冲突、渔船冲突被赋予政治意义，南海渔业纠纷逐步上升为“国家安全”议题[1]。据不完全统计，在1998年至2018年的20年间，涉及中国渔船渔民的南海渔业纠纷近400起，涉及10000多名渔民，超过20名渔民在渔业纠纷中丧生[2]。建立地区间渔民交流机制，将渔民纠纷影响范围限制在地区间，将最大限度地降低渔民纠纷对海洋资源开发全局、外交全局的影响。

2. 建立海南–东盟国家渔民交流机制。适应泛南海区域海洋资源尤其是海洋渔业资源开发的现实，以海南建设自由贸易港打造最高水平开放形态为重要契机，以最大限度强化人文交流纽带作用为目标，建立海南与东盟国家间的渔民交流机制以及渔民冲突应急处理机制。率先建立海南琼海潭门镇同菲律宾的渔民交流机制，共同成立跨国渔业促进协会，加强双方民间的沟通。

3. 在海南打造面向东盟的渔民教育培训基地。对东盟各国渔民开展海洋渔业发展能力培训，推广我国渔业捕捞、养殖技术与标准；同时，围绕海洋生态环境保护、海上应急救援等领域面向东盟各国渔民开展公益培训。

4. 探索建立泛南海渔业发展委员会。借鉴国际经验，成立有社会组织性质的泛南海渔业发展委员会作为泛南海渔业发展及渔业资源治理主体，切实解决区域内非法捕捞等问题。随着双边合作实践的不断积累及合作成效的不断显现，在条件成熟时，以我国为主构建区域性多边渔业合作机制，并探索建立南海区域渔业管理组织。

---

[1] 赵岚、郑先武：《资源安全视域下南海渔业纠纷探析》，《亚太安全与海洋研究》2019年第1期。

[2] 《预防和管控南海渔业冲突应是“准则”磋商的重要考量》，http://www.nanhai.org.cn/review_c/309.html。

专栏3-3　地中海、加勒比海沿岸国渔业合作实践

1. 地中海沿岸国渔业合作：地中海渔业总委员会

地中海共22个沿岸国家，这些国家分属亚、非、欧3个洲。

地中海渔业总委员会（GFCM）是开放性的，即使是非地中海国家或国际组织，只要符合一定的条件，也有可能加入该委员会。

地中海渔业总委员会的宗旨是：促进该区域生物海洋资源的发展、养护、合理管理和最佳利用，以及水产养殖的可持续发展。

地中海渔业总委员会根据其职能建立了以下附属机构：科学咨询委员会（SAC）、水产养殖委员会（CAQ）、守法委员会（CoC）以及它们各自在罗马的附属机构和秘书处。

地中海渔业总委员会建立了渔业研究和管理的分区域网络。根据分区域数据收集计划和研究计划确立的分区域网络，可用于共同识别数据优先性。

2. 加勒比海沿岸国渔业合作：加勒比区域渔业机制

加勒比区域渔业机制（CRFM）是加勒比海地区专门的区域组织，其成员资格开放给加勒比共同体的成员国和其附属成员。

加勒比区域渔业机制的目标包括：成员管辖权内对海洋和其他水产资源的有效管理和可持续发展；为了有效管理共享、跨界或高度洄游海洋和其他水产资源，在利益相关国之间促进和建立合作安排；对成员渔业部门在发展、管理和养护其海洋和其他水产资源方面提供技术建议和咨询服务。

加勒比区域渔业机制设立了三个机构：部长理事会、加勒比渔业论坛、技术部门。其中，加勒比渔业论坛由机制各成员的代表和所有利益机构、组织以及团体（利益相关者）的代表组成，负责对机制的技术和科学工作作出决定。

资料来源：黄瑶、李燕妙：《南海沿岸国渔业合作路径的新探讨——以〈海洋法公约〉第123条为视角》，《大珠三角论坛》2013年第3期。

（三）以教育合作带动青年间人文交流

1. 以教育基地建设吸引东盟青年到海南留学。支持在海南建立东盟大学，以国际援助方式吸引东盟学生到海南留学。鼓励、支持东盟高等教育机构在海南设立理工农医类独资教育机构；支持海南大学、海南师范大学等与东盟高校开展“2+2”联合培养项目；发起中国与东盟高校联盟，通过教师互访、教授互聘、学生互换、学分互认和学位互授等形式实现两地教育资源共建共享与人才联合培养。

2. 建立“双港”青年人才互访机制。以高等院校、科研机构等为重点，通过合作举办国际学术会议、联合开展课题研究等方式，加强科研人才交流互访；建立“双港”公务人员定期交换机制，推进“双港”公务人员常态化交流；发挥海南省青年企业家协会、香港海南青年联合会等平台作用，打造“双港”青年企业家训练营等交流互访机制，促进两地青年企业家信息共享、资源整合等。

3. 支持东南亚籍青年在海南就业创业。聚焦海南自由贸易港建设急需紧缺人才，制定实施东盟青年就业创业吸引计划，鼓励支持在海南留学的东南亚籍青年优秀留学生留在海南就业创业；同时，强化对留琼东南亚籍青年人才的社会保障，如对海南自由贸易港“总部基地”建设急需的金融服务、会计审计、国际仲裁等行业港澳青年人才，放宽其购房条件，并对其实行与本地居民同等的社会保障待遇。

4. 制定出台海南自由贸易港揽才计划。参照香港经验，制定出台人才吸引行业清单，实行更低的个人所得税优惠政策（见表3-10）。支持岛内企业以开拓东盟市场为目标招聘东盟留学生，对其出入境、居留、就业等证件办理实行特批制度。争取中央支持，将东南亚籍人员管理权下放到海南；参照《港澳台居民居住证申领发放办法》，为境外人才颁发海南引进境外人才居住证，境外人才凭证依法享受海南居民的权利、公共服务和各方面的便利。

表3-10　香港人才引进主要举措

引才政策	政策内容	条件要求	备注
高端人才通行证计划	获得长达2年的签证，在这2年期间找到工作，就可以续签	①过去一年年薪达250万港元或以上的人士；②毕业于全球百强大学并在过去5年内累积3年或以上工作经验的人士；③未符合工作经验要求但最近5年内毕业于全球百强大学的毕业生	前2项不设名额限制，最后1项每年上限10000人
优秀人才入境计划	通过综合计分制或成就计分制的方式接受评核，获批准后可获发逗留香港的签证/进入许可		无年度配额限制

续表

<table>
<tr><th>引才政策</th><th>政策内容</th><th>条件要求</th><th>备注</th></tr>
<tr><td>一般就业政策</td><td>—</td><td rowspan="2">雇主引入人才的职位属人才清单表列的13项本地人才短缺的专业，招聘的职位年薪达200万港元或以上</td><td>政策实施对象为海外人士</td></tr>
<tr><td>输入内地人才计划</td><td>—</td><td>政策实施对象为内地人士</td></tr>
<tr><td>非本地毕业生留港/回港就业安排</td><td>在港非本地毕业生可无条件延长2年非本地毕业生签证，只要在这2年内找到工作，就可以续签直到拿永久居住证</td><td>非本地应届毕业生只需符合一般的入境规定，非本地非应届毕业生必须在提出申请前获得聘用</td><td>政策拓展至粤港澳大湾区校园毕业生</td></tr>
<tr><td>科技人才入境计划</td><td>—</td><td>在递交申请时，聘用公司获创新科技署批出有效配额，申请人获聘用公司聘请，是在香港工作的全职雇员</td><td>—</td></tr>
<tr><td>延长工作签证年期</td><td colspan="3">在现有和新增的输入人才计划下的人才，到港获聘后可获发最长3年的工作签证</td></tr>
<tr><td>人才买房退税</td><td colspan="3">向合资格外来人才（居港7年并成为香港永久性居民，购入并持有首套住宅）退还在港置业额外的印花税，但需要按“第二标准税率”缴纳从价印花税</td></tr>
<tr><td>人才服务窗口在线平台</td><td colspan="3">提供一站式服务，统筹入境事务处处理输入人才计划的申请；提供支援服务，制定服务承诺以提升审批效率</td></tr>
<tr><td>设立招商引才专组</td><td colspan="3">—</td></tr>
<tr><td>港澳人才签注</td><td>杰出人才、科研人才、文教人才、卫健人才、法律人才及其他人才等6类人才可申请有效期5年、3年或1年的人才签注，在有效期内可多次往来香港，每次逗留不超过30天</td><td>—</td><td>2023年2月20日起实施</td></tr>
<tr><td>粤港澳大湾区青年就业计划</td><td>参与计划的企业须在香港以月薪不低于18000港元聘请目标毕业生，并派驻在大湾区内地城市工作及接受在职培训（6～12个月）；政府会给聘用的毕业生发放每人每月10000港元的津贴，为期最长18个月</td><td>持有香港或香港以外的大学院校在2019—2021年颁发的学士或以上学位，可合法在港受雇工作的香港居民可参加计划</td><td>2021年起实施，名额2000个；恒常化的粤港澳大湾区青年就业计划于2023年上半年推出</td></tr>
</table>

资料来源：根据相关公开政策文件整理。

（四）建立面向东盟的能力提升与教育培训基地

1. 强化RCEP成员国的官员能力建设。就RCEP文本解读、RCEP规则利用、国内政策制定、RCEP与更高水平经贸规则对接等开展专题培训，提高对RCEP相关政策落地实施的理解和利用能力，特别是提升RCEP欠发达成员国政府官员使用经贸规则的能力。

2. 加强面向企业的RCEP知识宣介与培训。借鉴日韩经验，以海关部门为主导建立RCEP大数据库，实现规则精准推广，为重点企业提供“点对点”精准服务；为小微企业提供原产地证书申领程序、业务流程等公共培训项目，明显提升其对RCEP的利用能力。依托RCEP智库联盟，组建RCEP规则解读和实际操作指导的专家队伍。通过举办公益讲座和论坛、政府购买服务等方式，加大对中小微企业的培训力度。

3. 争取支持在海南开展面向欠发达成员国的能力建设援助。在国家层面设立援助项目，在海南自由贸易港开展面向东盟的数字技能、专业服务、科学技术等领域的专业教育与培训服务。

（五）打造重点产业项下的人文交流项目

1. 在旅游及相关服务业领域实行职业资格单向认可制度。建立旅游消费领域的从业人员普查与评估机制，了解海南在旅游、健康、文化、娱乐、体育、会展等领域的人才基数、短缺情况，在此基础上动态发布旅游消费紧缺人才需求目录。对目录内人才实行特定区域内的单向认可制度，承认其在所在地的职业资格、工龄等。例如，在旅游、医疗健康、金融、教育等领域，允许取得美国、欧盟、日本、新加坡等发达经济体相关职业资格的人员，在海南经备案审核后直接开展相关经营与业务活动；探索建立职业技能等级转换制度，对境外取得技能等级证书或学历证书的，自动转换为我国相应技能等级，并开展与之相匹配的服务工作；设立综合的职业技能打分制度，综合评估申请人的职业技术能力，不再单纯以学历或职称作为审核标准。

2. 合作开展专业服务业从业人员的国际化培训。在更大范围内推行“旺工淡学”旅游业人才培养新模式，实施涉旅企业国际标准普及行动。支持海南高等院校、职业学校、研究机构等举办职业技能培训机构，支持其与国际知名培训机构、境外企业或经济组织合作打造培训项目，并经评定后给予一定的资金奖励。加强职业资格证书与继续教育、专业学位教育、会员管理和职业诚信体系等制度的关联复合。完善职业资格信息服务体系，打破部门信息壁垒，以学习成果为导向，搭建职业资格证书与学历（文凭）、技能等级鉴定证书、继续教育证书和职业培训证书等学分积累、认证、转换平台。允许外商独资人力资源服务机构在海南设立总部或分支机构，鼓励香港、澳门人力资源服务机构按有关规定来海南设立独资人力资源服务企业。

3. 合作建立面向东盟的旅游人才培训基地。鼓励省内职业院校与香港教育机构合作举办旅游人才培训机构，打造覆盖国内、面向东南亚的国际化旅游服务人才培训基地；吸引香港旅游经营企业或经济组织在海南注册经营性培训机构，加大对香港品牌培训机构的引进力度，支持其以远程服务等方式为海南旅游人员提供培训、资格认定等服务；强化琼港澳旅游及相关服务从业人员的交流，建立“大旅游”管理、财务、物流、培训等领域的人才单向认可制度，大幅降低香港免税购物的高层次、国际化人才参与海南免税购物市场建设和管理的制度性壁垒。

三、高起点打造国际化人文交流平台

（一）搭建多层次对话交流平台

1. 发挥博鳌亚洲论坛的影响力。充分利用博鳌亚洲论坛等平台，吸引南海周边各方的政府和企业代表、学者参加，了解参与方对地区经济合作在各个层面的利益诉求，掌握参与方社会各界对区域合作发展的意见和建议。与此同时，有效构建和利用智库学界和半官方交流机制，支持相关智库和学者向南海周边各方推介构建“泛南海经济合作圈”的初步构想，充分阐释建设“泛南海经济合作圈”的必要性、可行性和未来蓝图展望，打消顾虑，提升各方的参与意愿。

2. 构建区域高端交流对话平台。服务新时代中国大国外交战略，积极争取联合国及相关国际组织、机构落户海南或在海南设立分支机构，集中建设海南使领馆“一条街”，邀请共建“一带一路”国家在华新设使领馆落户海南，提高海南对外开放水平。

3. 构建区域文化交流合作平台。以妈祖文化、佛教文化、海洋文化等为重点，加强人文交流和民心相通建设，以中国（海南）南海博物馆为载体，以南海“海捞瓷”以及《更路簿》研究为重点，建设集收藏、保护、研究、展示、教育和服务为一体的南海物质和非物质文化遗产中心及交流合作平台。

4. 构建区域国际科技合作交流平台。以海南自由贸易港为合作基地，以国际科技合作研发为先导，强化我国与泛南海地区的科学技术合作，把海南打造成为中国与21世纪海上丝绸之路国家的国际科技合作交流平台。

（二）建立对东盟的综合性援助平台

例如，在海南设立东盟发展合作办公室作为国家国际发展合作署派出机构，统筹负责对东盟欠发达国家的绿色发展、能力建设、健康卫生、人文交流、海洋安全等领域的对外援助项目的策划和执行。

（三）充分发挥智库联盟的智力支持作用

1. 为各方解决RCEP建设进程中的实际问题提供智力支持。聚焦政策决策，服务各成员国，充分利用RCEP市场开放承诺和规则，深度融入区域合作进程，实现自身经济发展与产业升级，同时适应企业需求，为促进企业开展RCEP区域多元化布局、提升贸易投资促进政策的针对性与有效性等提供智力支持。着眼中长期，在开展RCEP进展评估的基础上，启动更高标准开放规则谈判的可行性研究，为促进RCEP扩容升级作出贡献。

2. 为加强RCEP区域宏观经济政策协调提供智力支持。在美联储加息政策影响下，RCEP成员普遍面临资金外流、本币贬值的压力。这不仅加剧了RCEP区域输入性通胀压力，也增大了区域金融市场风险。需要加强RCEP成员间的宏观经济政策沟通，尽快建立并不断完善RCEP区域宏观经济政策协调机制；需要加强财政、货币、汇率、贸易和结构性改革等政策协调，促进RCEP区域经济均衡复苏与增长；需要避免出台额外贸易投资限制措施干扰区域内产业链、供应链的稳定性，尽可能扩大宏观经济政策的正面溢出效应。

3. 为促进RCEP成员开展多层次交流合作提供智力支持。搭建政策互鉴平台，促进RCEP成员围绕宏观经济稳定开展政策对话，服务和促进RCEP区域内政策沟通与协调。搭建政商沟通平台，服务和促进RCEP成员政府更好地吸引发展要素，协助企业更有效地开展投资布局。搭建学术交流平台，促进RCEP区域内智库优势互补，并在交流互鉴中有效提高自身国际影响力与智力支撑能力。

专栏3-4　海南自由贸易港-东盟智库联盟

2021年12月，在中国-东盟升级为全面战略伙伴关系的背景下，为发挥海南自由贸易港在中国与东盟全面战略合作中的重要枢纽作用，中国（海南）改革发展研究院发出成立海南自由贸易港-东盟智库联盟的倡议。

2022年4月21日，在博鳌亚洲论坛2022年年会期间，由中国（海南）改革发展研究院、印度尼西亚战略与国际问题研究中心等17个国家相关智库学者联合发起的海南自由贸易港-东盟智库联盟（简称“智库联盟”）正式成立，成为博鳌亚洲论坛本次年会的重要成果之一。东盟秘书处致信表示，“建立东盟-中国智库网络将为各政府决策双方经贸关系提供强有力的基础，期待加强合作”。中国-东盟中心致贺信并表示，“相信智库联盟将成为本地区智库交流与政策互鉴的重要平台，为促进中国-东盟全面战略伙伴关系注入新的活力”。智库联盟的成立，在主流媒体、新媒体和国外媒体中产生广泛影响，引起各界高度关注。中国政府网、国家发改委网站、中国证券网、《中国经济时报》、凤凰网、海外网、广西网络广播电视台、云南网，以及日本共同社、泰国《星暹日报》、菲律宾《菲华日报》、美国侨报网、法国欧洲时报网等数百家国内外媒体和平台转载。

2022年5月13日，智库联盟第一次工作会议举行。来自中国、新加坡、越南、菲律宾、马来西亚、柬埔寨、泰国、印度尼西亚等国的14家智库联盟成员与会，就深化中国与东盟经贸合作这一主题讨论交流。与会代表阐述了深化中国与东盟经贸合作的全局影响，并提出具体建议和举措。与会代表认为，海南自由贸易港在深化中国与东盟经贸合作中具有特殊地位和意义，加强海南自由贸易港与东盟合作交流，将对中国与东盟经贸合作产生重要影响。智库联盟5月13日召开的工作会议引起普遍关注。会议当天，新华社、《光明日报》、中国新闻社、中国网等国家主流媒体迅速向外发布会议消息，中国日报网刊载会议主要发言内容并翻译成英文对外宣传发布。《光明日报》国际版于5月15日刊出《海南自由贸易港–东盟智库联盟：汇聚加强中国东盟合作的智力支撑》一文对工作会议作出大篇幅报道，指出，“在世界局势发生急剧深刻变化的当下，如何更好地维护东南亚区域和平稳定、促进区域共同发展，是相关国家智库需要深度思考、相互交流、持续发力的问题”，“中国与东盟经贸合作具有很多务实举措，其中一个重要体现就是海南自由贸易港这一战略枢纽”。此外，光明网、新海南、南海网、网易、腾讯、新浪、《中国–东盟博览》等媒体和刊物转载及转发。

2022年9月12日，智库联盟第二次工作会议召开，来自中国、新加坡、越南、印度尼西亚、马来西亚、泰国、柬埔寨等7个国家的16位相关智库联盟成员代表参会，就如何以海南自由贸易港为平台促进中国企业进入东盟投资合作、如何更好发挥智库联盟的智力支持作用等进行讨论交流。

未来几年，中改院与其他智库联盟成员将以增进共识、服务决策、扩大影响为重要目标，以合作研究、研讨活动以及研究成果分享与人员交流等为重点，继续加强相互间的务实合作，在高水平开放中促进中国与东盟合作和交流，充分发挥智库联盟在促进中国与东盟经贸合作和人文交流中的重要智力支持作用。

资料来源：中改院课题组整理。

专栏3-5　RCEP智库联盟

2022年5月29日，在由海南省委宣传部、中国日报社、中国人民外交学会、中国（海南）改革发展研究院联合主办的以“开放合作 发展共赢：共建全球最大自由贸易区”为主题的RCEP区域发展媒体智库论坛上，中国（海南）改革发展研究院院长迟福林教授向RCEP各成员国智库发出建立RCEP智库联盟的倡议，以推进RCEP进程中的相关政策等开展合作研究、交流对话、咨政建言等。该倡议得到RCEP各成员国智库的积极响应。

2022年9月23日，RCEP智库联盟成立会议以线上线下结合的方式召开。中国（海南）改革发展研究院、新加坡国立大学东亚研究所、中国海洋发展基金会、中国社会科学院世界经济与政治研究所、中国日报社国际传播发展研究中心、日本国际经济交流财团、韩国东亚财团、老挝国立大学中国研究中心、马来西亚新亚洲战略研究中心、泰国国立法政大学东亚研究所、越南社会科学院东南亚研究所、柬埔寨皇家科学研究院中国研究所、柬埔寨亚洲愿景研究院等13家创始成员智库代表以及部分特邀嘉宾、媒体代表出席了RCEP智库联盟成立会议。

RCEP智库联盟是加强智库合作交流的新平台。RCEP智库联盟成立后，在国内外产生了广泛影响。新华社、《光明日报》、《中国日报》、中国网、中新网、《经济参考报》等国内主流媒体高度关注，积极发布RCEP智库联盟相关消息：新华社第一时间发布相关报道，新华社国内部、对外部、拉美总分社（墨西哥）、土耳其专线（伊斯坦布尔）、日本专线、泰国专线、韩国专线等多条线路、多语种发布相关消息；中国网、中国发展门户网、中国一带一路网首页发布相关消息；《海南日报》、《海南新闻联播》、三沙卫视、新浪等发布相关新闻。

资料来源：中改院课题组整理。

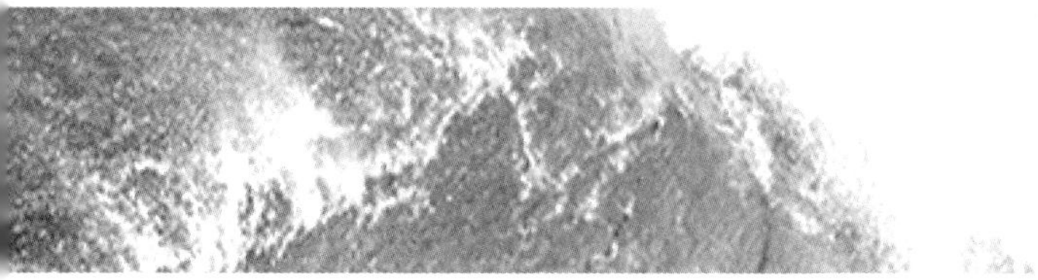

第四章

战略抓手：加快建设“两个总部基地”

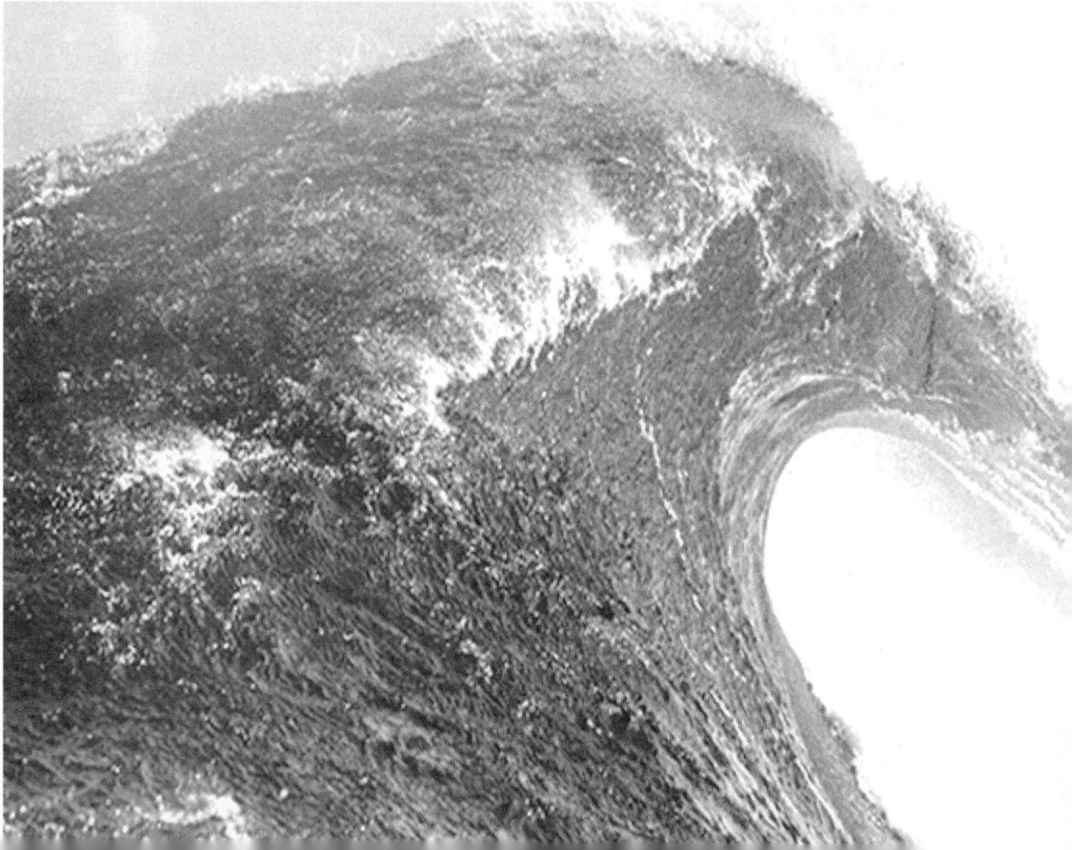

当前，发展与冲突并存，国际安全与经济秩序将发生重大调整。在多种全球性危机叠加的严峻挑战下，中国与东盟面临着如何在更加不确定、不稳定的世界中谋求发展的重大任务。在这个特定背景下，中国与东盟全面战略伙伴关系建设的战略性、全局性、紧迫性凸显。以打造重要开放门户为战略目标的海南自由贸易港，要充分利用其地理区位、资源及政策等优势，主动有为，以加快建设“两个总部基地”为战略抓手在中国与东盟合作中发挥不可替代的战略枢纽作用。

第一节

建设“两个总部基地”的战略需求

“总部经济”或“总部基地”的突出特征是，作为国际产业分工的高端形态，其产业关联度强、集聚辐射带动作用大。抓住RCEP生效的重大机遇，海南自由贸易港有条件实现“两个总部基地”建设的重要突破，并在中国与东盟的市场联通、产业融合、规则衔接、要素配置中发挥枢纽作用。

一、以建设“两个总部基地”为抓手

（一）适应产业链供应链区域化的大趋势

1. 全球产业链供应链区域化基本趋势。1995—2008年，以跨国公司为主体的产业链全球布局快速兴起。依据WTO发布的研究报告，以贸易为基础的全球价值链参与率从35.2%上升到46.1%，以生产为基础的参与率从9.6%上升到14.2%[1]。2008年金融危机后，供应链的回流导致了全球价值链的短暂急剧下降，并在2010年出现反弹。此后，一直保持在大致平稳的状态。

2. 多重因素加速产业链区域化进程。由于更为自由化的区域贸易环境、大国关系变化等多种因素交织，跨国公司基于安全、可控的产业链供应链布局意向进一

[1] 《慢全球化时代的产业链新态势》，http://www.rmlt.com.cn/2022/0427/645883.shtml。

步强化，以往基于低成本、零库存导向的全球产业链布局实现实质性转变。与此同时，各国宏观政策更加强调内向发展和自主发展，关键技术与核心环节技术管控力度进一步加大，全球供应链本地化、区域化、分散化的趋势更加明显。截至2020年底，全球贸易价值链参与率为44.4%，全球生产价值链参与率为12.1%[1]。

3. 抓住亚洲区域内贸易逐步增长的重要契机。1995—2021年，亚洲区域内贸易额年均增长7.7%，快于其整体贸易额增速，占其贸易总额的比重由55.35%提升至61.12%（见图4-1）。尽管近年来亚洲区域内贸易额呈现波动态势，但内部贸易额增长趋势并未发生实质性变化。特别是随着RCEP生效实施，区域内制度开放红利正不断显现，区域内贸易投资呈现快速增长态势。据海关总署统计，2022年，我国对RCEP其他14个成员国进出口贸易额为12.95万亿元，增长7.5%，占我国外贸进出口总值的30.8%，对RCEP其他成员国进出口贸易额增速超过两位数的达到了8个，其中对印度尼西亚、新加坡、缅甸、柬埔寨、老挝进出口贸易额增速均超过了20%[2]。

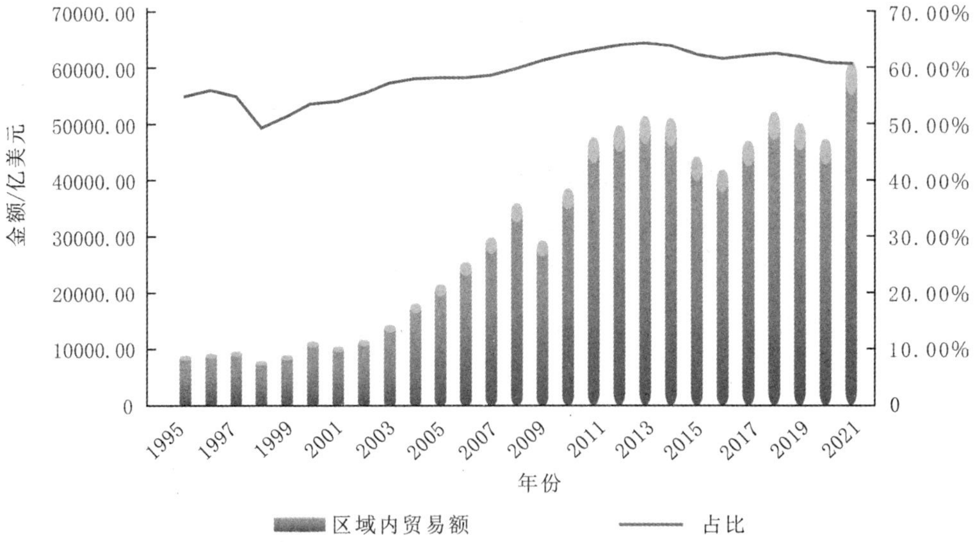

图4-1　1995—2021年亚洲区域内贸易额及占比变化情况

资料来源：联合国贸易和发展会议数据库。

[1]　《慢全球化时代的产业链新态势》，http://www.rmlt.com.cn/2022/0427/645883.shtml。

[2]　数据来源：海关总署官网。

（二）在建设“两个总部基地”中强化自由贸易港功能

1. 以打造“两个总部基地”为抓手，尽快形成海南自由贸易港区域影响力、辐射力。将海南自由贸易港打造成为区域合作交流的战略枢纽，既要以全球与区域生产、销售、合作网络为依托，也要以国际化的服务、人才、平台为支撑。从新加坡、中国香港等的经验看，集聚一批全球或区域性总部企业成为提高自身在区域合作中的地位与作用的重要条件。例如，截至2021年，约有2.6万家国际公司立足新加坡，有超过7000家跨国公司在新加坡设立营运机构，其中4200家在新加坡设立区域总部，区域总部数量为亚洲首位[1]；2021年在香港设立的地区总部企业有1457家，比2002年增长55%[2]。依托总部企业集聚形成的覆盖全球的国际网络、人才资源等有利条件，新加坡、中国香港等不仅成为亚洲企业走向全球的重要平台，也在开展区域合作、构建区域经贸规则及产业链、供应链管理中处于中心地位，发挥主导作用。

2. 强化国内国际双循环的重要交汇点功能。使海南成为国内国际双循环的重要交汇点，是当前海南发挥自由贸易港功能的主要内容。依托独特的地理区位优势，发挥海南自由贸易港制度与政策优势，以区域性离岸国际贸易中心建设吸引国内及东盟国家跨国公司总部及商务服务企业进入，推动东盟国家与我国产业体系、服务体系的深度融合与市场规则体系的有效衔接转换，促进我国与东盟国家现代服务业人才、资本、技术等双向便利流动，并在产业链、供应链管理中促进其更多产业以海南自由贸易港为平台融入我国双循环发展体系。

[1] 数据来源：中国国际贸易促进委员会投资概况（2021年）。
[2] 数据来源：香港特区政府统计处。

（三）以“两个总部基地”建设促进现代产业体系建设

1. 有效提升海南自由贸易港贸易及服务业市场主体效益。总部企业以新型离岸国际贸易为主营业务，作为第三方参与交易，利用所享有的宽松便利政策降低交易运营成本。例如，通过税收优惠政策，可在海南自由贸易港内实现合理合法的避税、减税和免税，从而减轻企业税收负担，增加企业经营利润；借助离岸贸易中的金融制度安排，可将资金自由汇付于国内外的企业或个人，实现汇兑自由，降低国际结算成本与汇率风险；运用离岸贸易所特有的交易模式，货物从生产国直接运到买方所在地或指定地，无须经过第三方海关报关，仅需办理一次进出口报关手续，免去了中间报关环节，能够提高物流和报关效率并降低关务成本。

2. 发挥总部企业在优质要素集聚与配置方面的特殊作用。促进提升我国贸易主体及服务业企业的国际竞争力。打造面向东盟的区域性离岸国际贸易中心，有利于吸引大量外资企业入驻区内开展服务贸易。一方面，通过总部经济发展进一步整合优势资源，创新业务模式，引导区内企业开发“两头在外”的离岸业务，拉长生产线和服务线，推动企业加速迈向国际产业链高端；另一方面，立足我国及东盟这两个最具活力、最具潜力的市场，通过更开放的贸易政策、更低廉的运营成本和更便捷的贸易方式，明显提高相关企业国际市场竞争力，并有效服务我国打造全球贸易资源分配制高点，进而使我国具备更强的产业引领能力和供应链管理能力，显著提升国际竞争力和全球贸易话语权。

3. 促进现代服务业价值链向中高端攀升。以建设“两个总部基地”为抓手，以专业离岸贸易商优化供应链、整合资源为契机，通过市场需求与制度创新的双轮推动，促进区内外商品、资金、技术等要素资源的自由流动，提升跨境电子商务服务、国际物流服务、国际融资服务、国际贸易仲裁、离岸保险等的服务外包和集成水平，明显提升海南服务贸易产业发展层次，加快服务业提质增效和新兴产业发展。

二、破解海南自由贸易港“总部基地”建设的突出矛盾

（一）总部企业数量少、竞争力不强的矛盾突出

总部企业数量少、核心业务在海南发展滞后等问题，不仅使得海南新型离岸国际贸易发展主体缺乏，也未能形成与之相配套的高效、完善的服务体系，导致贸易中间商聚集所需的产业链条不够完整。截至2020年底，在海南设立公司的世界500强企业为30家左右，且核心业务转移相对缓慢；经认定的总部企业49家，但面临着国际贸易合作网络相对较小等问题，主要是它们在国内的业务服务并不具有区域性市场（例如亚太区）的特点，突出表现在订单中心、投资中心设在海南自由贸易港境内，贸易中心、结算中心却在其他地区。

（二）金融服务功能弱成为“两个总部基地”建设的突出掣肘

1. 金融服务是“总部基地”建设的核心要素。与中小企业相比，总部企业更重视低资金成本和结算的便利性，其核心要素是以资金结算为重点的金融服务。一方面，通过完善的离岸清算功能支撑为贸易商提供便捷、高效的资金结算服务，并有效降低汇率利率风险；另一方面，通过完善的金融服务体系为新型离岸贸易主体及非居民企业提供融资、信用担保、避险保值、财务管理等全流程的跨境金融服务，提高离岸国际贸易的区域竞争力与贸易定价权。

2. 完善的金融服务体系与高度开放的金融市场是“总部基地”建设的核心条件。从国际经验看，离岸国际贸易业务发达的自由贸易一般均为区域性或全球性金融中心。

高度发达的金融业与完善的金融服务业态可以满足新型离岸国际贸易主体的各类需求。例如，作为全球第三大金融中心，2021年香港金融业从业人员超过27.7

万人，占香港工作人口的7.6%，并占香港本地生产总值约21.3%[1]，为各类市场主体提供全类别的金融服务（见表4-1）；2018年，新加坡是全球1200家银行、保险等金融机构的总部所在地，金融业占GDP的比重为13%，就业人数占总劳动力的5%[2]，为本地市场、亚元市场、资本市场、资金市场、银行业、保险业、证券基金期货业、资产管理与财务顾问等金融市场主体提供金融服务。

表4-1　香港金融业行业体系及主要业务

行业	主要业务
银行业	在亚洲，银行是最重要的集资渠道之一。香港银行业体制完善，服务范围远超本土，在区内举足轻重。香港的银行提供各类零售及商业银行服务，并为企业提供投资银行服务
基金管理业	基金管理业由资产管理、顾问业务、私人财富管理及其他银行活动构成。截至2020年底，共有2789项证监会认可集体投资计划，当中包括2194项单位信托及互惠基金、300项与投资有关的人寿保险计划、270项退休/强积金相关基金，以及25项其他类别投资计划
证券业	在一级市场，投资银行及证券公司提供首次公开募股（IPO）服务。二级市场主要用来买卖在香港交易所上市的证券
保险业	保险业的两大主要业务为一般保险业务及长期保险业务。以毛保费计算，意外和健康业务、一般法律责任业务及财产损坏等是一般保险业务的三大范畴。长期保险业务方面，个人人寿保险最为重要，占2019年该业务保费的86.1%
债务市场业	银行及经纪行等金融机构提供债务证券发行及买卖服务，这些债务证券主要是政府债券及企业债券
私募基金业	截至2019年底，香港作为亚洲第二大私募基金中心，管理的资产总值约1600亿美元，仅次于内地。通过创业投资及杠杆收购等各种投资策略，为初创企业私募股权或经营公司提供投资管理服务

资料来源：中改院课题组整理。

高度开放的金融市场和与国际接轨的金融制度为总部企业资金结算提供便利化通道。尽管中国香港、新加坡等金融中心离岸金融监管政策有所差异，但高度开放是其金融市场的一般特征。例如，中国香港实行内外一体型的离岸金融市场发展模式，允许境外金融机构在海南自由贸易港内从事与本地金融机构相同的金融业务，

[1]　数据来源：香港金融管理局。

[2]　《解读新加坡金融监管（一）：现状》，https://xueqiu.com/7772907224/102972345。

对境内与境外金融机构在市场准入、日常监管等方面同等对待，外汇及黄金市场完全开放，资金流动、外汇结算不受限制；新加坡虽然采取以内外分离为基础的渗透型离岸金融模式，但其在金融市场准入方面保持高度开放，废除所有外汇管制，企业可自由决定结算货币种类，资金可自由流出流入，外国投资者的资本、利润、利息和红利等可以随时无条件自由汇出。

3. 海南自由贸易港金融服务体系与制度体系难以适应离岸国际贸易所需的金融业务发展。

金融市场主体少、服务体系不完善。首先，金融业增加值占比相对偏低。2020年，海南金融业增加值397.91亿元，占地区生产总值的比重为7.2%，低于全国平均水平1.1个百分点，低于中国香港、新加坡等7个百分点左右[1]。其次，金融市场主体实力弱。例如，2020年，海南年末全省金融机构资产总额14030.72亿元。全年金融机构亏损269.98亿元[2]。证券业与保险业以分支机构和营业部为主，分别仅有4家证券法人机构和2家保险法人机构。最后，金融服务业态缺失。基金公司总部与财产险经营主体尚未实现零的突破，辖内仅有财务公司和资产管理公司两类非银行金融机构，供应链融资、离岸资金托管、离岸担保等相关业务无法展开。

金融市场开放度相对较低与制度体系建设滞后。首先，自由贸易港建设以来，在中央支持下海南在金融业率先开放方面取得了一定进展，但与新加坡、中国香港等相比仍有一定差距。例如，截至2018年末，海南只有南洋商业银行一家外资银行[3]，新加坡外资银行占比为99%；跨境服务贸易负面清单中，海南有17项金融限制措施，新加坡（CPTPP）、中国香港（中国香港与澳大利亚的自由贸易协定）分别仅有4项、5项金融限制措施。其次，与离岸国际贸易相适应的金融制度体系尚未

[1] 数据来源：根据全国及各地区统计局公布数据计算整理。

[2] 《2020年海南省国民经济和社会发展统计公报》，https://www.hainan.gov.cn/hainan/tingju/202102/b8b6c0a3294b4502b08c08b3ba5e6822.shtml。

[3] 《国际银行吹响入驻自贸港号角》，https://caijing.chinadaily.com.cn/a/202112/08/WS61b01b4ba3107be4979fbf02.html。

建立。《海南自由贸易港建设总体方案》明确推动“新型国际贸易结算便利化”的原则性规定，但由于政策具体化进程滞后，且外汇管理制度仍以“三流合一”的传统贸易为主，商业发票、海运提单、报关单、原产地证书等相关政策缺失对离岸国际贸易金融服务造成诸多障碍。最后，离岸金融业务瓶颈多，特别是在离岸贸易中常见的开立离岸信用证、办理离岸出口托收、离岸出口信贷、离岸出口押汇、离岸资金结算等业务均面临不同程度的体制机制掣肘。

监管体系不完善制约金融开放进程。目前，海南自由贸易港对外来资金的监控仍停留在对在岸公司账户大额资金流动的监管上，而对离岸账户的开立和账户内资金流动的管制仍较为有限。例如，由于内外利差的存在，资本投机者容易利用离岸与在岸差价进行人民币套利与套汇活动。此外，离岸金融业务的服务对象主要是非居民客户，金融监管机构不得不承担较高的尽调成本，由此对金融监管机构的专业性、权威性提出更高要求。从实际看，无论是金融监管体制还是监管能力，都难以适应离岸国际贸易金融的安全需求。

（三）现有的税收政策难以吸引总部企业

1. 税收制度是提升总部企业吸引力的重要因素。从总部企业的特征看，由于其本身的轻资产特性，对税负成本与贸易便利性具有高度敏感性，且具有极强的头部效应，一旦某区域所能提供的离岸贸易服务能够吸引企业入驻，那么越来越多的企业将蜂拥而至。在此背景下，税收制度成为吸引离岸国际贸易发展主体、增强区域内离岸国际贸易竞争力的重要因素。

2. 制定具有竞争力的税收政策是自由贸易港发展离岸国际贸易的关键举措。企业所得税方面，香港企业所得税税率为16.5%，是全球最低之一。此外，香港还有一项独特的税收政策——利得税，即任何人士，包括法团、合伙业务、受托人或团体，在香港经营行业、专业或业务而从该行业、专业或业务获得于香港产生或得自香港的应评税利润（售卖资本资产所得的利润除外），均须纳税。利得税税率分为一般税率、两级制税率、特惠税率[1]。新加坡对大多数商品免征关税，企业所得税税率为17%[2]，获得新加坡“全球贸易商计划”（GTP）资质的企业可获得5%～10%所得税优惠。

3. 海南自由贸易港离岸国际贸易税收政策尚未形成明显竞争力。目前，海南自由贸易港已对鼓励类产业实行不高于15%的所得税优惠政策。与中国香港、新加坡等相比，并未形成明显优势。例如，离岸国际贸易外商企业并未在鼓励类产业目录中，难以享受15%的所得税优惠；洋浦实行的“全球贸易商计划”需要离岸国际贸易企业贸易额超过5亿美元才可享受，与上海、浙江等地的支持政策相比，明显门槛较高；此外，同新加坡等相比，财税支持政策体系相对单一，且由于简税制尚未实现，造成实际税负相对较高等问题。

（四）配套服务体系不健全难以支撑“总部基地”建设

1. 国际化、法治化、便利化营商环境是总部企业可持续发展的重要条件。由于总部企业的业务特性，因此在贸易结算、融资担保等方面出现不符点的概率相对较高，由此产生了大量的认证认可、记账审计、纠纷解决、法律援助、信息获取、第三方监督检查等商务需求。例如，一般而言，由于总部企业资金流与报关、口岸、仓储等数据分属三个地区，可能会因为规则不同而导致其难以相互印证真实性，需要熟悉三地会计、通关、法律等的国际化人才进行核算、协调、认证等。

2. 法律、会计、认证等配套服务体系已成为国际自由贸易港发展离岸国际贸易的重要支撑。以新加坡为例。2020年，新加坡专业服务、咨询与支持服务业增加值为464.9亿美元，占其服务业增加值的15%，仅次于批发、交通运输及金融服务业[3]。2020年，新加坡国际仲裁中心（SIAC）新受理1080宗新案件，其中64%为

[1] 《税务资料—利得税》，https://www.ird.gov.hk/chs/tax/bus_pft.htm#a01。
[2] 《新加坡公司的税收》，https://business.sohu.com/a/589199627_100252643。
[3] 数据来源：新加坡统计局。

与贸易相关争议的仲裁案件[1]。再以香港为例。香港所提供的航运服务包括船舶管理、船务经纪、船务融资、航运保险及法律等。截至2020年底，香港共有87家获授权的海事保险公司，其中33家是外资保险商；船务贷款总额约为1290亿港元，占香港银行贷款总额近2%[2]；同时，香港高等法院有专门处理海事纠纷的法律专家，并设有海事法庭法官，且香港是区内主要的海事仲裁中心。2020年，香港国际仲裁中心处理了483宗新个案，其中18.6%涉及海事纠纷[3]。

3. 海南以商务服务为重点的现代服务业发展滞后，难以适应离岸国际贸易发展。

（1）商务服务业发展滞后。海南现代服务业发展滞后，特别是金融、会计、法律、信息等服务业仍处于起步阶段，业态不完整、产业链条短、服务体系建设滞后等，难以形成离岸国际贸易发展的重要支撑。

（2）新型离岸国际贸易服务平台建设滞后。一方面，公共服务平台建设不足。例如，包含贸易、物流、海关和资金流动等多功能，实现离岸贸易参与和监管各方信息同步共享的公共服务平台建设相对滞后；关于金融支持、法律援助、专业人员培训、信息咨询、人才挖掘等离岸贸易的综合集成系统尚属空白。另一方面，具有国际化标准的服务机构力量薄弱，这使得它们难以对离岸国际贸易的主体提供强有力的支持。截至2023年10月，海南省共有律师事务所441家，其中外国律师事务所驻海口代表处2家、琼港联营律师事务所2家[4]。

（3）新型离岸国际贸易服务标准建设滞后。从运作管理来看，仲裁、会计、法律、金融等相关的政策管理制度与标准体系尚未与国际对接，由此使得相关商

[1] 《新加坡国际仲裁中心数据：案件数量大幅增长背后的意义》，http://www.legaldaily.com.cn/Arbitration/content/2021-06/15/content_8677780.html。

[2] 数据来源：香港特区政府统计处。

[3] 《礼德新闻 | 礼德香港办公室合伙人李连君律师接受21世纪经济报道采访，就香港航运业发展发表洞见》，https://mp.weixin.qq.com/s?__biz=MzI1NjMzNDEzMQ==&mid=2247497654&idx=1&sn=6b51825bbdad9efa7b224ee532193d8a&chksm=ea2af7eadd5d7efc8715555fb85db865c6c25f0b40b906cb7b04182d421e44d5555dc7b5a7c3&scene=27。

[4] 《海南自贸港法律法规普法云直播解读修订后的〈海南经济特区律师条例〉》，http://www.legaldaily.com.cn/index/content/2023-10/15/content_8912756.html。

务服务在区域内的权威性与认可度相对较低，成为离岸国际贸易发展空间的重要制约。

（4）新型离岸国际贸易服务人才紧缺。据统计，截至2020年9月，海南现有国际人才仅1万多人[1]，无论是数量上还是层次上，与上海等国内先进地区相比差距较大，与中国香港、新加坡等自由贸易港相比差距更大。

三、充分借鉴总部经济发展的国内外经验

（一）新加坡总部经济发展经验

1. 制定具有吸引力的税收政策。为了吸引大量跨国公司入驻，新加坡经济发展局实施了总部计划，鼓励企业机构在新加坡设立总部，管辖其在本区域及全球的业务及营运。由表4-2可见，为了吸引更多的跨国公司总部入驻，新加坡政府根据不同的企业总部类别采取了有针对性的亲商政策和优惠措施。

表4-2　新加坡对商业总部、区域营业总部、跨国营业总部的认定与优惠

类型	条件	优惠
商业总部	必须是在新加坡注册的本国公司或外国公司，该公司在商业或特定领域有良好的业务基础。在股权、资产、雇员方面都能达到相当的规模 必须至少与3家真正从事商业活动的岸外公司签有正式合同，并向这些公司提供服务且从这些服务中获取利润	10年免税 对享有“先锋地位”的工业企业，可获15%的减税优惠，为期5年 对出口销售和服务所得的50%予以免税，为期10年 对出口服务所得的90%予以免税，为期10年 对新增固定资产投资，在原折旧率的基础上可享受50%的所得税优惠 对购买生产设备的岸外贷款，可扣除利息税

[1]　《海南出台“两个办法”，放宽境外专业人才参加职业资格考试和执业的限制》，https://www.thepaper.cn/newsDetail_forward_9245732。

续表

类型	条件	优惠
商业总部	申请者在本区域的主要业务包括商业和服务业，主要业务核心是将新加坡作为区域管理和监控中心 经营范围：工程和技术服务，计算机信息、通信及业务，娱乐、休闲、生活消遣方面的服务及酒店管理，出版、医药卫生、教育及培训项目，仓储自动化 申请者的经营服务可通过特许经营权计划来进行区域划分 经营服务所雇佣的人员必须以新加坡人为主，受雇者应向申请者的主要业务区域提供至少3项辅助性服务	对经批准的专利权使用费、各种杂费及发展经费，对符合要求的付款可享受全部或部分免税 来自岸外公司的红利收入免征所得税
区域营业总部	新加坡经济发展局授予“区域总部”地位的外国公司或本国企业总部	享受10%的所得税优惠，为期5～10年 岸外公司汇来的利息和权利金、总公司买卖外汇所获得的利润，以及岸外投资所得，均可享有10%的所得税优惠 岸外附属子公司汇来的红利享有10年免税优惠
跨国营业总部	在本区域拥有众多的生产营销网络 与投资国其他同行业相比，其净资产值需达到相当规模，且员工人数需在行业内占据一定地位	拥有股权的海外附属子公司或有关企业的红利可免交企业所得税，若将其转贷给区域子公司或汇入新加坡总部也不增加任何税项 各项管理服务收入只需交10%的企业所得税 向新加坡金融机构融资，并将其转贷给区域总公司或有关企业的所得利息，可申请10%的优惠税率 租税期一般为5～10年

资料来源：中改院课题组整理。

2. 制定以金融为重点的支持政策。

（1）金融和财务中心奖励。为鼓励跨国企业在新加坡设立金融和财务中心，金融和财务中心从事符合条件的活动取得的收入可申请享受10%的企业所得税优惠税率，为期10年，最长可延长到20年[1]。

[1] 《新加坡有哪些税种，又有哪些税收优惠？》，https://baijiahao.baidu.com/s?id=1750471150249704798&wfr=spider&for=pc。

（2）全球贸易商计划。为鼓励全球贸易商在新加坡开展国际贸易业务，对政府批准的“全球贸易商”给予5～10年的企业所得税优惠，税率减低为5%或10%[1]。

（3）特准国际贸易计划。为吸引更多跨国公司到新加坡设立办事处，符合条件的公司可享受10%的所得税优惠。

（二）中国香港总部经济发展经验

与新加坡相比，中国香港总部虽然没有出台专门扶持地区总部发展的政策，但由于中国香港拥有自由的市场环境、国际化的营商环境、完善的法律制度以及低税率和简单税制，中国香港总部企业数量大幅增长。2021年在中国香港设立的总部企业有1457家，比2002年增长55%（见图4-2）。

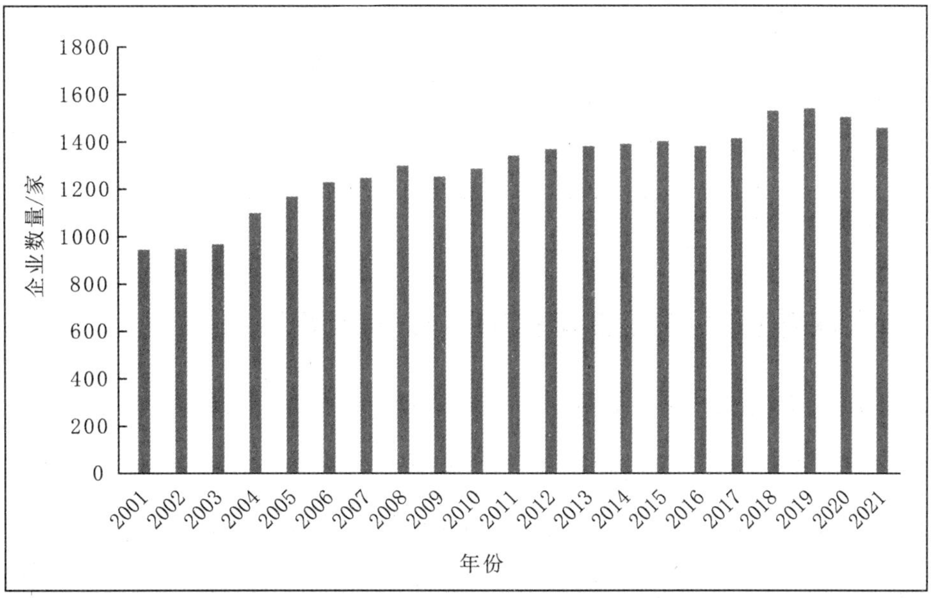

图4-2　2001—2021年香港总部企业数量

资料来源：香港特区政府投资推广署及香港特区政府统计处。

[1] 《新加坡有哪些税种，又有哪些税收优惠？》，https://baijiahao.baidu.com/s?id=1750471150249704798&wfr=spider&for=pc。

（三）国内其他地区总部经济发展经验

由于总部经济可实现资源的大规模聚合，由表4-3可知，2019年以来，据不完全统计，全国已有16个省市发布支持总部经济发展的政策。

表4-3 部分省市出台的促进总部经济发展的政策文件

省份	地区	政策文件	发布年份
江西	南昌	《南昌市支持总部经济发展的若干政策》	2021
广东	深圳	《深圳市鼓励总部企业高质量发展实施办法》	2021
浙江	全省	《浙江省鼓励和引导发展总部经济的若干意见》	2020
湖南	全省	《湖南省进一步加强招商引资工作的若干政策措施》	2020
江苏	南京	《中国（江苏）自由贸易试验区南京片区促进总部经济高质量发展暂行办法》	2020
陕西	西安	《西安市支持总部企业发展若干政策（修订版）》	2020
辽宁	抚顺	《抚顺市总部经济招商引资奖励办法》	2020
黑龙江	绥芬河	《中国(黑龙江)自由贸易试验区绥芬河片区促进经济发展扶持办法》	2020
吉林	长春	《长春新区促进总部经济发展若干政策（暂行）》	2020
山东	淄博	《淄博高新区总部经济财政扶持政策》	2020
贵州	贵阳	《贵阳经济技术开发区关于鼓励发展总部经济若干政策和措施（试行）》	2020
福建	厦门	《湖里区促进总部经济发展实施办法》	2019
海南	全省	《海南省总部经济发展省对市县财政奖励政策实施细则（试行）》	2019
上海	全市	《上海市人民政府关于本市促进跨国公司地区总部发展的若干意见》	2019

资料来源：根据公开政策文件整理。

（四）海南总部经济政策竞争力仍需进一步提升

以跨国公司总部为例。2018年，海南省商务厅印发《海南省总部企业认定管理办法》，提出了跨国公司地区总部、综合型（区域型）总部、高成长型总部、国际组织（机构）地区总部的认定标准。2019年，上海市出台《上海市人民政府关于本市促进跨国公司地区总部发展的若干意见》，进一步放宽了跨国公司地区总部的认定标准。由表4-4可见，对比海南与上海关于跨国公司总部政策，海南仍有较大改善空间。

表4-4　海南与上海关于跨国公司总部的认定标准与优惠政策比较

对比项		海南	上海
认定标准	企业性质	外商独资企业	取消外商独资企业的限制
	母公司总资产	不低于4亿美元（服务业总部为3亿美元）	不低于2亿美元
	母公司在中国境内实缴注册资本	不低于1000万美元（且母公司授权管理的中国境内外企业数量不少于3个）	取消母公司实缴注册资本的限制
	母公司授权管理的中国境内外企业数量	不少于6个	取消地区总部被授权管理机构数量的限制
	注册资本	不低于200万美元	不低于200万美元
优惠政策	开办奖励	海口：300万元（一次性支付） 三亚：根据实缴注册资本累进（5000万元以内，1%；0.5亿～2亿元，2%；超过2亿元，3%；累计总额不超过2000万元）（分5年支付）	500万元（分3年支付）
	基础贡献奖励	按年地方财力贡献市级留成部分给予奖励 海口：前三年60%，后两年40% 三亚：前三年70%，后两年40%	国家级跨国公司地区总部：自认定年度起的年营业额首次超过10亿元的投资性公司，给予1000万元的一次性奖励
	管理人员奖励	海口：年工资薪金所得达到50万元以上的，按其缴纳的工资薪金所得地方财力贡献市级留成部分前三年50%、后两年30%给予奖励 三亚：前三年按60%给予奖励，后两年按40%给予奖励	—
	其他奖励	—	提高跨国公司投资便利度 提高跨国公司资金使用自由度和便利度 提高跨国公司贸易和物流便利度 推动跨国公司研发便利化 加强对跨国公司总部功能的配套保障

资料来源：根据公开政策文件整理。

四、实现“两个总部基地”建设的重要突破

（一）发挥海南自由贸易港的政策优势

1. 发挥海南特殊的税收制度优势。目前，新型离岸国际贸易已被列入海南自由贸易港鼓励类产业目录清单，并享受15%的企业所得税。海南洋浦已发布《洋浦经济开发区全球贸易商计划暂行办法》，初步形成吸引集聚总部企业的政策配套。

2. 发挥海南自由贸易港高水平服务业市场开放政策优势。特别是全岛封关运作后，自由贸易港政策与制度将进入全面落实阶段，实施范围将由目前的重点园区“点状”布局向全岛范围的“面域”布局过渡，贸易、投资、金融、人员、财税、海关等政策制度将进一步升级，投资制度将由极简审批向“标准制+承诺制”过渡，服务贸易制度将由减少限制措施向“既准入又准营”过渡，这将为金融、会计、法律等商务服务体系建设提供重要动力。

3. 积极探索跨境资金流动自由便利的可操作性政策。《海南自由贸易港建设总体方案》明确了封关运作后非金融企业外债项下完全可兑换，将为开展新型离岸国际贸易资金结算提供重要条件。但目前各方对海南自由贸易港探索更大力度的金融开放仍存在认识分歧和决心差异，需要就相关情况进行客观分析与判断。

（二）有效应对内外环境变化带来的严峻挑战

1. 从内部看，沿海地区纷纷吸引总部企业落户。例如，上海、广东等自由贸易试验区不仅具有产业体系完善、国际网络广泛、金融人才丰富等诸多优势，而且有强大的制造业及货物贸易作支撑。特别是一旦某自由贸易试验区所能提供的离岸贸易服务能够吸引企业入驻，那么越来越多的企业将蜂拥而至，这使得区域内出现第二离岸贸易和金融中心的可能性并不大。粤港澳大湾区凭借其世界级港口群、密集的国际机场群、专业批发市场等商贸物流支撑设施，以及“一国两制”政策下独

特的体制机制和红利，当前正是发展离岸贸易的良机，但竞争难度也不容小觑。

2. 从外部看，面临着新加坡等的竞争。新加坡是东南亚地区甚至全世界服务贸易高度发展的聚集地。在离岸贸易的飞速发展过程中，新加坡已成为国际商贸和金融中心、国际结算中心、国际炼油中心及国际航运中心。海南如何在激烈的国际竞争中形成自身“总部基地”建设的突出优势与特色，仍面临着多方面的不确定性。

（三）明确“两个总部基地”建设的基本目标

1. 2025年：总部企业数量达到200家，新型离岸国际贸易规模从2020年的约14亿元增长到2025年的75亿元，年均复合增长率达到40%。新型离岸国际贸易发展主体聚集效应、规模效应逐步显现，以金融为重点的离岸国际贸易服务体系初步形成，服务业规则、规制、管理、标准等制度型开放与制度集成创新取得明显成效，区域内影响辐射作用逐步发挥。

2. 2035年：总部企业数量达到1000家，新型离岸国际贸易规模在1000亿元以上，跨国公司总部和国际贸易企业大量集聚，金融、法律、审计、保险等商业服务体系和与国际接轨的离岸国际贸易规则体系全面形成，区域内供应链、产业链管理服务能力明显提升，覆盖东盟面向全球的国际贸易网络和合作机制运作更加成熟，形成与新加坡、中国香港等离岸国际贸易中心合作竞争新格局。

3. 建成优质要素集聚区与贸易资源配置中心。依托海南地处中国面向东盟的前沿以及背靠超大规模国内市场和腹地经济等优势，用足用好以跨境资金自由便利为重点的开放政策与以“简税制、低税率”为重点的税收制度优势，并在对标新加坡、中国香港等基础上制定新型离岸国际贸易发展的政策支持体系，吸引一批优质跨国公司总部与国际贸易企业及相关人才在海南集聚，并在服务链上下游配套中逐步促进本土相关服务业企业成长，逐步形成以总部企业为主导、配置贸易优质要素的新格局。

4. 建成RCEP区域内贸易服务促进平台。在现有通过银行系统支持新型离岸国际贸易结算的基础上，建设货物贸易清结算平台及物流、信息、法律、认证等国际贸易中心功能服务平台。鼓励支持市场主体开展贸易清结算、市场对接、货物定价、国际贸易保险、企业资信评估认证、信息发布、订单处理等环节业务，推动实现结算便利化与商务服务国际化，明显提升贸易定价权。充分利用企业、政府、社会组织等多方力量，加快拓展国际网络，打造以市场对接为目标的国际贸易共享服务平台，强化自身在区域内贸易组织促进方面的功能作用，打造服务全国、面向东盟的贸易服务促进中心。

5. 建成RCEP区域内产业链、供应链管理服务平台。准确把握全球供应链、产业链趋于区域化、近岸化和本土化的趋势，以及跨国公司局部化、小型化的新动向。在此基础上，按照“坚持高起点谋划、高标准建设”的基本要求，围绕新型离岸国际贸易服务链，精心布局并优化产业链。接下来，深入研究RCEP区域内产业发展转型与供应链调整的最新趋势，前瞻性地规划并构建与之高度契合的商务服务体系。同时，将供应链管理、供应链金融等关键业务作为发展重点，显著提升在RCEP区域内产业链、供应链中的引导力、管理能力和掌控水平。

第二节

率先建设中国企业投资东盟的“总部基地”

面对国际政治经济格局的严峻复杂变化，出台相关举措支持国内有条件的企业到东盟进行投资合作，具有紧迫性。发挥好海南自由贸易港的优势，首要在于打造国内企业到东盟投资的“总部基地”。未来2～3年，海南自由贸易港在率先形成国内企业进入东盟投资合作“总部基地”的政策制度安排方面要有重要突破。

一、适应中国企业加快投资布局东盟的大趋势

（一）东盟成为中国企业国际布局的重点

中国-东盟双边贸易持续高速增长。据中国海关统计，中国-东盟双边贸易总值由1991年的83.6亿美元增长到2022年的9753.4亿美元，扩大了115.7倍，年均增长16.8%；比同期全球贸易增速高约10.8个百分点，比同期东盟、中国的外贸整体增速分别高约9.3个百分点与3.7个百分点。中国-东盟双向投资规模不断扩大。2005—2021年，中国对东盟的直接投资流量额由1.6亿美元上升至191.3亿美元，年均增长35.1%，中国成为东盟第四大外商直接投资来源地。截至2023年7月，中国同东盟国家累计双向投资额超过3800亿美元，在东盟设立直接投资企业超过

6500家。[1]。

（二）多重因素叠加促进中国对东盟的直接投资进一步增长

1. RCEP全面生效为中国投资东盟提供制度保障。RCEP投资章节涵盖投资保护、自由化、促进和便利化四个方面，在市场准入、投资保护、便利化等方面作出了全面、平衡的投资安排，形成了RCEP区域内统一的投资规则体系。这有助于营造更加稳定、开放、便利的区域投资环境，为本区域吸引外资、促进发展注入强劲动力。联合国贸易和发展会议的投资趋势监测报告显示，RCEP签署和实施将有效支撑本地区的投资，2020年全球FDI下降30%～40%，而RCEP仅约减少15%[2]。

2. 地缘政治格局变化带动中国对东盟直接投资的快速增长。一方面，为争取东盟，美国、日本、澳大利亚、印度乃至英国、法国、欧盟等都出台了不同的“印太”方案，均重申支持东盟的中心地位；另一方面，东盟是中国“一带一路”倡议推进的核心地区，也是中国自然资源进口来源地和海上航线的重要门户，还在中国外交工作布局中处于首要位置，是政治、经济、区域合作的重要战略伙伴。在这个背景下，无论是企业层面应对美国对华遏制的相关措施，还是高质量建设“一带一路”，都需要企业加大对东盟国家的投资。

3. 东盟经济增长前景吸引中国企业投资东盟。2017—2021年，东盟GDP（按美元计）年均增长4.5%，高于世界平均水平。预计到2030年，东盟将成长为继美国、中国、欧盟之后的世界第四大经济体。

（三）加快建设中国企业投资东盟的“总部基地”

在大国关系与地缘政治安全格局深刻复杂变化的背景下，吸引欧美资本的难度

[1] 《国务院新闻办发布会介绍中国-东盟经贸合作情况暨第20届中国-东盟博览会、中国-东盟商务与投资峰会有关情况》，https://www.gov.cn/lianbo/fabu/202308/content_6900154.htm。

[2] 数据来源：UNCTAD数据库。

明显增大。2021年，我国来自美、英、法、德、澳国家的外商直接投资额仅占我国外商直接投资总额的3.7%[1]。东盟国家依托自身成本优势、开放政策和良好的发展势头，成为吸引全球投资的主要区域。在这个背景下，海南自由贸易港“两个总部基地”建设，需要以第一个“总部基地”建设的突破，带动以东盟为重点的国外企业进入海南。

（四）打造国内企业进入东盟投资合作的“总部基地”具有战略性、紧迫性

1. 战略性。在新形势、新背景下，引导、鼓励国内企业尤其是制造业企业、数字经济企业以及相关旅游文化企业等尽快以海南自由贸易港为“总部基地”，到东盟国家投资布局，以尽快增强中国与东盟经贸人文交流合作的黏合度，推进中国与东盟产业链、供应链的一体化。这是大局，也是大势。

2. 紧迫性。面对美国“印太经济框架”的干扰，特别是区域内以标准为导向的关键产业链“小院高墙”的逐步建立，迫切需要抓住未来两年的时间窗口，用足用好RCEP的重大机遇，努力打造中国企业进入东盟投资合作的“总部基地”，以此稳定并强化中国-东盟产业链和供应链，并在增强与东盟国家间经贸融合度的过程中，有效排除单边主义的干扰。

二、尽快实现特色产业“总部基地”建设的重要突破

（一）建立农业“总部基地”

1. 支持国内农业企业以海南自由贸易港为“总部基地”对东盟热带农业资源

[1] 《中国外资统计公报2022》，http://images.mofcom.gov.cn/wzs/202211/20221102151438905.pdf。

开展投资。数据显示，东盟土地、劳动力等资源丰富。东盟六国（印度尼西亚、泰国、马来西亚、菲律宾、文莱、新加坡）共有耕地5435.5万公顷，占土地总面积17.8%，农业劳动人口共计5686万[1]。为此，支持国内农业企业以技术、资金进入东盟农业产业发展，通过长期租赁等方式开展农业种植或简单加工。

2. 实现海南自由贸易港与东盟农业领域的差异化发展。例如，抓住中央赋予海南的原产地规则等政策优势，依托14亿人口消费大市场，积极吸引内外知名农产品加工企业，打造包括蔬菜、热带果品、木材、水产品等在内的，涵盖采购、深加工、营销和分销等环节的来料加工基地。争取中央支持，在海南设立农产品储藏保鲜国家实验室，开展储藏保鲜技术研发；通过财政补贴、贴息与担保等方式，尽快改善本地相关企业储藏、保鲜、烘干、清选分级、包装等设施装备条件。力争5年内将海南打造成为东南亚储藏保鲜能力最高、技术最先进的区域性农产品储藏保鲜中心。

（二）建立数字经济“总部基地”

1. 东南亚已成为全球数字经济增长最快的区域之一。2015—2019年，东南亚数字经济规模增速年均复合增长33%，其中印度尼西亚、越南增速分别为49%、38%。2019年，东南亚数字经济规模突破了千亿美元。东盟地区数字经济发展迅速，2022年东盟数字经济规模达到1940亿美元，较2019年增长90%[2]。《2022年东南亚数字经济报告》显示，预计到2025年，该地区数字经济规模将达到3300亿美元，到2030年甚至可能达到1万亿美元。

2. 我国数字经济发展比较优势突出。一方面，目前我国已成为全球第二大数字经济体，2022年我国数字经济规模达50.2万亿元，同比名义增长10.3%，占国

[1] 数据来源：根据各国统计局公布数据整理。

[2] 《东盟数字经济发展潜力巨大》，http://intl.ce.cn/sjjj/qy/202309/09/t20230909_38708103.shtml。

内生产总值比重提升至41.5%[1]，且依托于巨大的市场用户，数字经济仍在快速增长。另一方面，我国在电子商务、金融科技等领域位于世界前列，阿里巴巴、腾讯等互联网龙头企业位列全球上市公司市值前十，我国在全球数字经济产业价值链中的地位迅速提升。根据《全球数字经济竞争力发展报告（2019）》，我国居全球数字经济国家竞争力第三位。

3. 用好海南自由贸易港高水平开放政策，建设国内数字企业走向东盟的“总部基地”。依托海南“一线”放开、“二线”管住的特殊政策，取得同东南亚国家在跨境电商、数字支付等领域的“早期收获”；引导国内互联网企业在海南同东南亚国家共同建立跨境数字自由贸易园区、数字经济合作园区、智能制造合作园区等，积极开展数字技术、数字基础设施、数字服务等项下的自由贸易。

（三）建立海洋旅游“总部基地”

1. 共同开拓泛南海区域旅游大市场。以邮轮旅游为例，泛南海区域邮轮旅游市场潜力巨大。《2018年亚洲邮轮产业市场报告》指出，2018年亚洲邮轮客运量达424万人次，创历史新高。结合表4-5可知，亚洲成为仅次于北美和欧洲的第三大邮轮市场。据报道，美国网络订票系统接到的2021年邮轮旅游订单与2019年相比增加了四成[2]。某邮轮评论网站对4600多名邮轮乘客进行的在线民意调查结果显示，约75%的被调查者计划恢复与以往相同的航次，或者此后将更加频繁地参与邮轮旅游[3]。2022年，得益于各国陆续放松旅行限制，全球邮轮市场强劲复苏，全球主要邮轮公司所属邮轮船队全面复航。2022年全年全球邮轮旅客量明显回升，达2040万人次，同比增长325%[4]。

[1] 《2022年我国数字经济规模达50.2万亿元 数字技术和实体经济融合深入推进》，https://baijiahao.baidu.com/s?id=1766758592774376710&wfr=spider&for=pc。

[2] 《疫情之后：邮轮业能否东山再起？》，https://www.cnss.com.cn/hygc/335701.jhtml。

[3] 《2021年邮轮预订量同比增长40%》，https://www.cnss.com.cn/html/fydc/20200423/335548.html。

[4] 数据来源：国际邮轮协会。

表4-5 2018年部分亚洲国家和地区邮轮游客数量

国家和地区	邮轮游客数量/万人	同比增速/%	国家和地区	邮轮游客数量/万人	同比增速/%
中国台湾	39.1	4.7	菲律宾	6.1	49.1
中国香港	25.0	8.6	印度	22.1	28.1
新加坡	37.3	39.9	马来西亚	15.0	−19.9
日本	26.6	4.5	泰国	3.0	14.5
印度尼西亚	7.2	54.9	越南	1.0	53.7

资料来源：《2018年亚洲邮轮产业市场报告》。

2. 发挥我国旅游消费市场规模巨大的突出优势。从欧洲和北美地区邮轮经济发展的经验看，人均GDP达到5000美元时，邮轮市场进入起步发展期；人均GDP达到10000美元至40000美元时，邮轮市场将步入快速发展期[1]。目前，中国的东部沿海地区已经具备支撑邮轮经济快速发展的基础和条件。北京、上海、天津、广东、江苏等9省市人均地区生产总值均超过10000美元，特别是在中国作为全球最大出境游客源地和人均出境消费额最高的巨大市场背景下，中国邮轮旅游发展可谓恰逢其时。

3. 加快建设以邮轮旅游为重点的“总部基地”。鼓励中资旅游企业加大对泛南海地区旅游资源的投资力度，挖掘东盟沿海国家和地区独特的自然风光、人文景观等丰富的旅游资源，并与当地企业或政府共同规划、开发旅游线路，开发建设新旅游景区。支持海南本土涉海旅游企业试点中资方便旗邮轮无目的地航线，开辟面向泛南海的邮轮旅游业务；加快建设口岸服务体系、生产作业设备和后勤补给配套设施等系统，发展国内外邮轮旅游、游艇业、港航始发境外旅游、境外海陆联动落地旅游等业务。依托中国海上丝绸之路旅游推广联盟平台，联合联盟各成员单位，构建面向“一带一路”国家和全球的邮轮旅游营销平台。

[1] 《邮轮产业成经济发展新风口》，https://www.gov.cn/xinwen/2018-08/08/content_5312410.htm。

（四）建立海洋渔业“总部基地”

1. 中国与东盟互为第一大水产品进出口来源地。2022年，我国自东盟进口水产品45.2亿美元，同比增长48.8%，占我国水产品进口总额近1/5。东盟是我国第一大水产品进口来源地。同时，2022年，我国对东盟出口水产品54.9亿美元，同比增长14.6%，占我国水产品出口总额的23.9%[1]（见表4-6）。东盟是我国第一大水产品出口市场。RCEP生效后，仍有一部分海产品需要在未来几年内逐步实现“零关税”。自2022年起5年内，我国将从东盟进口1500亿美元农产品，其中很大一部分是海产品。

表4-6　2022年我国与东盟主要水产品贸易情况

我国对东盟出口水产品				我国自东盟进口水产品			
项目	出口额/亿美元	增长率/%	占比/%	项目	进口额/亿美元	增长率/%	占比/%
墨鱼及鱿鱼	21.6	14.7	39.3	对虾	7.6	44.1	16.8
鲭鱼	4.1	55.5	7.5	鲇鱼	6.1	110.0	13.5
鳗鱼	2.4	-7.2	4.4	饲料用鱼粉	4.9	36.5	10.8
鲍鱼	1.8	44.7	3.3	墨鱼及鱿鱼	4.5	28.3	10.0
章鱼	1.4	150.0	2.6	麒麟菜	3.0	82.2	6.6
出口总额	54.9	14.6	23.9	进口总额	45.2	48.8	20.0

2. 支持国内渔业企业对东盟的渔业养殖等领域进行投资。支持海南江海实业有限公司、临高海丰养殖发展有限公司等有实力的企业到印度尼西亚、马来西亚等国设立渔业基地或海外渔业加工基地。积极申请利用中国与东盟合作项目的资金支持，与菲律宾、印度尼西亚等国合作建设热带海水水产育种繁育中心、深海网箱养殖示范基地等项目，企业境外直接投资所得免征企业所得税。加快建设国家南繁科研育种基地，并积极向东盟推广海南育种产品。落实RCEP“向发展中国家缔约方和最不发达国家缔约方提供能力建设和技术援助”的要求，鼓励泛南海区域内海洋养殖业发达的国家和地区向域内其他国家和地区推广成功的标准化健康养殖模式，

[1] 《农业贸易百问｜中国-东盟水产品贸易知多少？》，http://www.mczx.agri.cn/mybw/202306/t20230609_7993758.htm。

合作发展水产养殖业（见表4-7）。

表4-7　现有南海渔业合作机制

组织/项目	成立年份	性质/形式	参与方	备注
亚太渔业委员会	1948年	政府间，多边	除文莱外的南海周边国家以及亚太地区其他国家	促进发展和管理渔业生产和渔业文化
东南亚渔业发展中心	1967年	政府间，多边	东盟十国、日本	搜集渔业数据和信息，相关科学研究
联合国环境规划署与世界粮农组织南海渔业发展和协调方案	1974年	政府间，多边	菲律宾、马来西亚、泰国、新加坡、文莱	鼓励区域鱼类种群管理政策，促进建立区域协调机制
东盟渔业协调组	2001年	政府间，多边	除老挝外的其余东盟成员国	可持续发展和负责任捕鱼
中国-印尼渔业合作混合委员会	2001年	政府间，双边	中国、印度尼西亚	功能性合作
中西太平洋渔业委员会	2004年	政府间，多边	中国、印度尼西亚、菲律宾和其他中西部太平洋沿岸国家以及欧盟	公海捕鱼管理
中马渔业合作论坛	2004年	非政府间（半官方），双边	中国、马来西亚	功能性合作
中菲渔业合作联合委员会	2005年	政府间，双边	中国、菲律宾	
中越北部湾渔业联合委员会	2006年	政府间，双边	中国、越南	
南海渔业资源与管理研讨会	2017年	非政府间，科学研讨会	中国、越南、菲律宾、泰国、马来西亚、印度尼西亚	交换和汇编各国渔业数据和管理信息

资料来源：张晏瑲、张旭东：《论南海区域渔业活动所面临的困境与解决方案》，《海南大学学报人文社会科学版》2020年第6期。

3. 推动共建渔业加工产业链供应链。支持企业将高附加值水产品精深加工布局在海南，推动构建水产品全值化、高附加值精深加工产业链。例如，发挥文莱渔业资源丰富及我国养殖技术先进、国内消费市场广阔的优势，加强渔业养殖、储存、运输、精深加工等渔业产业链合作。支持域内外龙头企业同相关国家谋划设立跨境渔业加工园区、海外产业基地、境外产业合作园，在“零关税”进口原材料的基础上，发展高附加值水产品精深加工，再销售至域内市场，深化水产品国际产业链供应链的分工合作，推动构建水产品全值化、高附加值精深加工产业链。

（五）率先实现境外央企在海南设立“总部基地”的突破

1. 抓住时机积极吸引境外央企落户。截至2022年，央企拥有境外机构和项目超过8000个，资产总额近8万亿元[1]。“十三五”期间，央企实现海外营业收入超24万亿元，利润总额近6000亿元。当前，在区域政治、经济、安全格局发生深刻复杂变化的背景下，境外央企资产安全性受到严峻挑战，应抓住时机积极吸引境外央企落户。

2. 打造央企境外业务总部。利用海南自由贸易港的政策，把海南作为央企“走出去”的重要基地，建设央企国际业务区域总部，集中统一管理央企境外的业务，形成合力，降低境外业务的风险。

3. 打造央企境外资金归集总部。当前，央企在国内的资金已经形成了比较完善的归集机制，实现了资金的集中管理和高效使用，但在境外的资金仍然处于分散管理状态。这使得央企境外资金既不安全，也难以高效使用。有的央企自主探索，在中国香港或者新加坡设立了境外资金归集中心，集中管理境外资金。能否考虑利用海南自由贸易港的政策，在打造“两个总部基地”中，对接央企需求，打造央企境外资金归集中心，实现资金安全和高效使用？

4. 打造央企境外产业回流总部。央企已经在境外收购大量资产，不仅形成了大量的境外资产，而且其中一部分具有比较先进的技术属性。一些央企希望把这些技术向国内转移，推动国内经济转型升级。能否考虑利用海南自由贸易港政策，在海南设立一个产业回流总部，形成央企境外产业回流的重要平台？由此，也可以推动海南产业的发展壮大。

---

[1] 《经济日报：96家进入世界500强！国企十年成绩单》，http://www.sasac.gov.cn/n2588025/n2588139/c25171690/content.html。

三、形成“走出去”总部企业的政策支持体系

（一）加快推进海南自由贸易港税收政策的全面落地

1. 全面落实“两个15%”的所得税政策。将享受15%的企业所得税范围由正面清单向负面清单过渡。允许在海南设立面向东盟区域性总部企业的相关人员，在东盟国家开展商务活动的时间作为在海南的居住时间，享受最高不超过15%的个人所得税优惠政策。

2. 强化对外直接投资所得免征所得税的政策预期。明确“新增境外直接投资取得的所得，免征企业所得税”相关细则，支持企业采用投资办厂、控股参股、收购兼并等方式开展投资，并取消“2025 年前”的时间限制，稳定企业预期。

3. 借鉴新加坡经验，出台“海南自由贸易港区域总部促进计划”。建议海南自由贸易港尽快形成中长期总部企业税收激励安排，在明确重点行业的总部企业自动享受“两个15%”所得税的基础上，制定不亚于新加坡的税收激励计划，通过税收返还、加速折旧、财政补贴、人才激励等多种方式将总部企业的实际税负降至10%以下（见表4-8）。

表4-8 新加坡对区域总部/国际总部的认定与优惠

对比项	区域总部（RHQ）计划	国际总部（IHQ）计划
企业需满足的条件	在新加坡拥有不少于50万新元的资本 在新加坡年度商业开支不少于500万新元	—
政府提供的税收优惠	对增量应税所得增收15%的所得税 3年免税，且可延长2年 对总部获得的股息予以免税 对总部支付的股息免除预扣税	依据贡献，同新加坡经济发展局协商对应税所得缴纳0、5%或10%的税收 5～20年的免税期 对总部获得的股息予以免税 对总部支付的股息免除预扣税

注：区域总部和国际总部的应税所得是指来自管理、技术协助和其他支持性服务的所得，以及应税利息和许可费。

资料来源：中改院课题组整理。

（二）出台支持国内企业“走出去”的政策体系

1. 强化对“走出去”企业的资金支持。设立海南自由贸易港对外投资基金，对到东盟开展农业种植、资源加工等投资成本高、风险大业务的企业，给予一定的财政贴息或一次性财政资金支持。

2. 降低企业“走出去”门槛。取消农业、加工制造、数字经济、文化娱乐等领域总部企业境外投资核准制与备案制，赋予总部企业境外投资自主权。

3. 出台“海南自由贸易港对外投资管理条例”。以正面清单方式引导总部企业对东盟投资，明确企业经海南自由贸易港对外投资的投资形式、管理制度、融资渠道、税收政策、管理部门等。同时，制定“海南自由贸易港对外投资救援办法”，对“走出去”企业遭受非商业风险给予资金补偿与维权援助等。

（三）制定实施面向总部企业的金融支持政策

1. 进一步放宽“总部企业”资金自由进出限制。例如，探索对“总部企业”跨境支付领域实行法人承诺制；推广跨境人民币结算在RCEP区域内服务贸易中的使用，打造便捷的服务贸易支付通道；进一步放开汇兑环节，大幅提高额度上限，对超出额度的情况实行真实性审查，满足企业跨境接受服务的用汇需求。

2. 形成跨境资金自由便利流动的制度安排。明确在资金“电子围网”后，在海南自由贸易港的外国投资者的出资、利润，以及资本收益、资产处置等合法所得，可以依法以人民币或者外汇自由汇入、汇出，强化各方预期；近期内，建立“总部企业”资金出境审批绿色通道；吸引海外优质金融机构和金融中介服务机构，在海南自由贸易港境内以跨境服务、商业存在等方式为外资总部企业提供风险对冲、保险、融资、供应链金融、财务管理、投资咨询等服务。

3. 适应“总部企业”业务需求进一步拓展FT（自由贸易）功能。在封关运作前，支持银行开发更多FT投资产品，如FT本外币理财、FT结构性存款，丰富FT账户功能，拓宽存款资金来源。同时，争取央行支持，针对FT账户建立一套相应的清算账户体系和业务系统，建立对接商业银行等金融机构的清算基础设施，以及针对跨境交易的数据采集、监测和监督管理系统。在此基础上，按着“最终实现海南自由贸易港非金融企业外债项下完全可兑换”的目标要求，尽快建立服务“总部企业”对外投资合作需求的境外人民币债券发行办法。

（四）强化对“走出去”“总部企业”的引导与规范

1. 强化对“走出去”“总部企业”的引导。参照RCEP及东盟规则，制定“海南自由贸易港对外投资与海外经营合规管理指引”，并形成定期更新机制，重点就当地的安全审查、行业监管、外汇管理、反垄断、劳工管理、环境保护等问题形成基础性规范。搭建综合信息服务平台，为“走出去”企业提供东盟当地政策与法律查询解读、国别投资环境评价、境外合作项目推荐、各类风险预警等相关服务。

2. 提升对“走出去”“总部企业”的服务水平。支持企业建立“走出去”服务联盟，吸引专业的担保机构、会计师与律师事务所、投资咨询公司、资产评估公司等，合作为走向东盟的企业提供法律援助、投资保险、直接融资、信用评级等一揽子专业服务。

3. 加强对“走出去”“总部企业”的海外权益维护。加快建设政府公共服务平台，加大对市场信息的搜集力度，建立国别风险评级体系；及时向境外中国机构、企业和公民传递紧急情况信息，包括政府稳定性、投资环境、民族紧张情况等，提前发现风险点、及时编织防控网、有效管控影响面；着力扶持非政府组织融入当地社会，争取使其成为海外利益相关方的沟通渠道。

第三节

打造境外企业面向中国大市场的“总部基地”

依托背靠国内超大规模市场优势与最高水平开放政策优势，用好RCEP的重大利好，以完善国际化服务体系为重点，积极吸引东盟国家优质企业落户海南，并以此为“总部基地”开拓国内大市场。

一、发挥海南作为进入中国内地大市场的平台功能

（一）用好背靠14亿人口大市场的突出优势

1. 消费结构升级蕴藏巨大的投资空间。近年来，我国社会消费品零售以年均10%左右的速度增长。2019年，我国社会消费品零售总额达408017亿元，同比增长8%（见图4-3）。从趋势看，未来5～10年，我国消费市场规模将呈现持续扩大的态势。到2030年，有望翻一番，达到100万亿元。

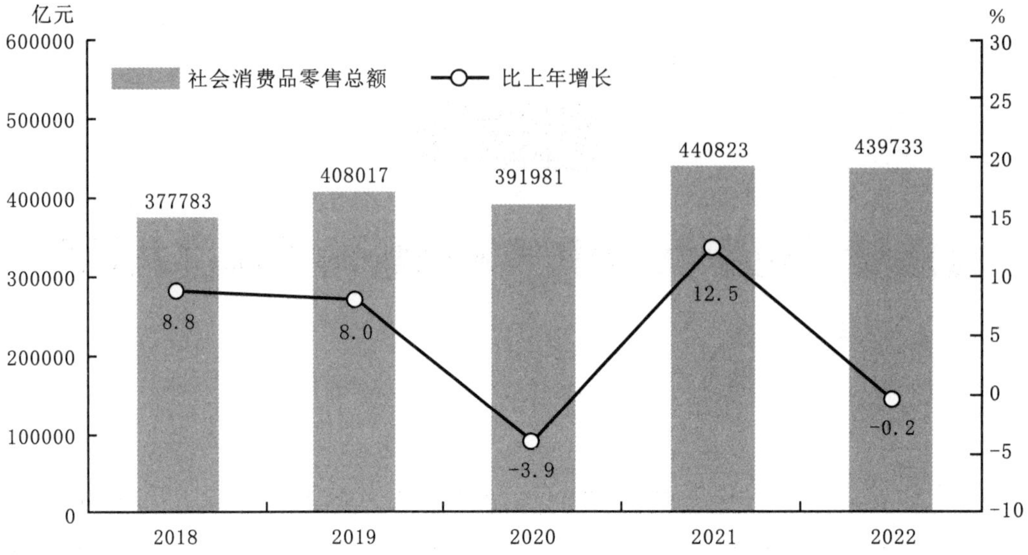

图4-3 2018-2022年社会消费品零售总额及其增长速度

2. 产业结构升级蕴藏巨大的投资空间。到2025年，企业应用云化率和人工智能利用率均将达到90%，数据、智能与制造业的深度融合将催生数个十万亿级产业[1]。2022年，我国服务业占GDP比重为52.8%[2]，低于2019年中等收入国家的平均水平（60.5%）和2018年的世界平均水平（71.1%）[3]。如果到2025年，我国服务业占比达到中等收入国家的平均水平（60.5%），服务业规模有望达到70万亿元，市场增量将达到10万亿元。

3. 城乡融合发展蕴藏巨大的投资空间。如果户籍人口城镇化进程加快，进城农民工能享受到城镇人口的公共服务和公共设施水平，其消费水平接近或达到城镇居民的平均水平，一年至少有5万亿元的新增消费需求。未来5～10年，城乡一体化和城乡融合发展将形成近百万亿元的投资与消费需求，成为中长期发展的最大红利。

[1] 《业内预计2025年企业人工智能利用率达90%》，http://www.cinic.org.cn/xw/schj/467330.html。
[2] 数据来源：根据国家统计局公布数据计算整理。
[3] 数据来源：世界银行数据库。

（二）积极吸引东盟优质企业与要素集聚海南

1. 东盟对华投资逐步恢复。2020年，东盟对华实际投资总额为79.55亿美元，新设企业1872家，实际投资前五大行业分别是制造业（27.4%），房地产业（22.1%），租赁和商务服务业（18.5%），交通运输、仓储和邮政业（7.9%），批发和零售业（7.0%），这五大行业占东盟总投资的82.9%，新设企业数占比为61.8%。2021年，东盟对华实际投资总额为105.8亿美元，同比增长33%，占外商直接投资中国总额的6.1%。其中，前三大投资来源国为新加坡、泰国、马来西亚。2022年，东盟对华投资进一步增长8.2%。

2. 东盟企业对开拓中国市场仍有一定需求。根据普华永道《中国-东盟经贸合作企业信心与展望调研报告》，57%的受访东盟企业对于中国市场有进一步的商业规划，其中，计划将中国纳入供应链环节的受访者最多，其次是将中国作为出口目标市场；25%的受访东盟企业有未来3年内投资中国的计划。为此，我国应充分发挥海南自然资源丰富、地理区位独特以及背靠超大规模国内市场和腹地经济等优势，抢抓全球新一轮科技革命和产业变革重要机遇，聚焦发展旅游业、现代服务业和高新技术产业，集聚全球创新要素，深化对内对外开放，吸引东盟跨国公司在海南自由贸易港设立面向中国内地大市场的区域总部。

（三）重在形成境外企业设立“总部基地”的大环境

1. 率先建立高水平开放型经济新体制。发展离岸贸易要求以全球服务贸易网络为依托，追求高效便利的通关物流、快速的信息流通与处理、通畅的跨境人员流动、专业化外向型的人力资源以及配套的金融服务体系，并对法治保障、海关监管、资本运营、外汇管理、税收制度、风险管控等方面提出新的更高要求。海南自由贸易港发展新型离岸国际贸易，需要坚持以对接最高标准的国际贸易投资规则为重点构建路径和改革方向，以制度型开放为重点深化市场化改革，推进规则、规制、管理、标准等与国际惯例衔接，建立并完善以公开、规范为主要标志的高水平开放型经济体系。

2. 服务于我国推进区域经济一体化。例如，金融一体化在区域经济一体化中居于核心地位和主导功能。无论从区域内其他国家对国际货币需求看，还是提高自身及区域内金融稳定性的需要看，人民币都最有可能成为亚洲货币，并在促进区域经济一体化中发挥基础性作用。从实际情况看，由于金融服务体系建设滞后，特别是人民币在资本项目下仍未实现完全自由可兑换，导致人民币未能有效走向区域化、国际化，从而未能切实提升我国在区域经济一体化中的主导作用。在海南自由贸易港发展新型离岸国际贸易，有利于发展以离岸金融为中枢的高端金融，吸引国内外金融服务机构及人才入驻，并促进相关金融创新、丰富金融市场工具，延展金融市场发展维度，从而提升中国的国际大宗商品定价权，为人民币由结算货币走向支付货币甚至储备货币奠定坚实基础。

3. 服务于以服务贸易为重点的经贸规则制定。例如，以“总部基地”建设为抓手，以专业离岸贸易商优化供应链、整合资源为契机，通过市场需求与制度创新的双轮推动，促进区内外商品、资金、技术等要素资源的自由流动，提升跨境电子商务服务、国际物流服务、国际融资服务、国际贸易仲裁、离岸保险等的服务外包和集成水平，明显提升海南服务贸易产业发展层次，加快服务业提质增效和新兴产业发展。

二、以高水平开放促进境外企业设立“总部基地”

（一）大幅精简跨境服务贸易负面清单

1. 尽快将跨境服务贸易负面清单缩减至30项左右。CPTPP中，新加坡跨境服务贸易负面清单共有25项限制措施（不含金融），金融领域跨境服务贸易限制措施

4项。中国香港-澳大利亚自由贸易协定中，香港跨境服务贸易负面清单共有16项限制措施（不含金融），金融领域跨境服务贸易限制措施有5项。按照《海南自由贸易港建设总体方案》与《中华人民共和国海南自由贸易港法》的要求制定更加精简的跨境服务贸易负面清单，力争在2025年前将非金融领域跨境服务贸易限制措施数量缩减至30项左右。

2. 出台“海南自由贸易港跨境服务贸易条例”。对标CPTPP形成海南自由贸易港跨境服务贸易相关国民待遇、国内规制、透明度和转移制度等配套制度体系。例如，明确在海南自由贸易港范围内，给予境外服务提供者的待遇不低于在相似情况下给予国内服务提供者的待遇；以清单形式列明国民待遇的具体权利；明确在海南自由贸易港境内不得对服务提供者的数量、交易额、人员数量等进行限制；等等。

3. 强化市场管理标准规则对接。制定面向东盟的企业差异化责任豁免目录；允许具备国际执业资格的会计师、审计师等，经海南主管部门备案后，直接为海南自由贸易港外资总部企业提供商业服务；实现重点领域人才资格单向认可，最大限度降低 RCEP 相关企业在海南自由贸易港设立区域总部的准入后壁垒。

（二）形成跨境资金自由便利流动制度安排

1. 争取国家支持，逐步放开外汇管制，促进跨境贸易结算便利化。争取国家外汇管理局的支持，打破当前“同一笔离岸转手买卖业务应在同一家银行网点采用同一币种（外币或人民币）办理收支结算”的限制，允许企业自行选择币种进行离岸贸易结算，银行对其进行合法性、合理性、真实性审核后予以直接办理，便利企业开展灵活多币种的离岸贸易，并加快海南自由贸易港内资本项目自由化进程。

2. 简化外资总部企业经常项下的资金进出审核程序。例如，在离岸账户内，凡是发生的转口贸易、境外的服务贸易，以及发生在境外的出资、分红、利息用汇等，资金都可自由进出，不需任何用汇申请和核销，但仍执行事后备案和第三方审计制度。

3. 对外资总部企业实行宽松的离岸金融外汇政策。对离岸存款实行免交准备金政策，允许以贸易投融资资金自由收付，以支持企业通过离岸账户开展涉外贸易和投融资活动。实施离岸金融业务税收优惠政策。

（三）放宽数据安全有序流动限制

1. 支持外资总部企业商业领域的数据安全有序流动。将商务数据区分为不同类型采取不同的规制措施。明确商务数据划分登记标准，采取绝对禁止流动、一定限制流动和无限制流动等不同的规制措施，促进离岸贸易相关数据信息高速流通。

2. 争取国家支持，积极推动数据跨境流动规则国际互认。一方面，探索加入APEC主导的跨境隐私规则体系等区域性国际数据跨境流动制度安排，提升数据传输便利性。另一方面，以物联网、人工智能、区块链、数字贸易等重点领域数据出境为突破口，探索与重要贸易伙伴通过双边、多边协议建立数据跨境流动认证等信任机制，打通数据跨境流动壁垒。同时，积极参与跨境数据流动国际规则制定，建立数据确权、数据交易、数据安全和区块链金融的标准和规则，推动建立区域统一的数据流动规则。

3. 率先落实RCEP中电子商务的相关规则。探索同东南亚国家和地区签署数字领域的信任协定、认可服务经营商、争端解决机制协定等；在《中华人民共和国电子商务法》《中华人民共和国网络安全法》等上位法的框架下，充分利用特区立法权，制定与RCEP电子商务兼容的数字贸易条例。

（四）放宽专业服务业领域的市场准入

1. 进一步放宽会计审计市场准入限制。例如，降低外商设立特殊普通合伙会计师事务所、有限责任会计师事务所的准入条件，实现和内资同等准入标准。允许具备国际执业资格的会计师经海南主管部门备案后，直接为海南居民和企业提供记账报税、审计验资、资产评估等会计服务。支持境外服务提供者通过商业存在、跨境交付等方式为海南自由贸易港内的离岸国际贸易主体提供法定审计服务、代理记账服务。

2. 进一步放宽法律服务市场准入与经营范围限制。允许国外律师事务所通过设立分支机构、合伙联营等多种方式进入海南，为非居民企业提供国际法律服务；取消各联营方合计出资额及各联营方出资比例的限制；扩大国外律师事务所分支机构及合伙联营律师事务所的经营范围，允许开展除中国法律业务外的国际法律服务。

3. 赋予外资总部企业适用法律自主选择权。参照《2024香港国际仲裁中心机构仲裁规则》，出台“海南自由贸易港国际商事仲裁条例”；允许港资、外资企业在商事领域自主选择法律适用。为在港法律服务机构在琼营业提供更大便利。进一步扩大香港律师事务所驻海南代表机构业务经营范围，逐步实现由非诉讼领域向民商事诉讼领域拓展。

三、形成具有竞争力的外资总部企业吸引政策

（一）借鉴新加坡经验制定总部企业税收政策

1. 制定实施“海南自由贸易港总部企业吸引计划”。结合海南自由贸易港离岸等新型国际贸易发展目标与优势，研究出台“海南自由贸易港总部企业吸引计划”，明确海南自由贸易港“总部”认定标准、申请条件、交易范围、交易类型、享有的税收优惠、企业培育发展奖励等支持政策。例如，明确对获得海南自由贸易港“全球贸易商”资格的国内外贸易企业在海南自由贸易港从事货物进出口贸易、离岸贸易、服务贸易等国际贸易，享受为期5年10%的企业所得税政策，优惠税率到期可申请续期。

2. 制定出台海南自由贸易港总部专项支持计划。以促进离岸贸易总部集聚为

目标，研究出台“新型离岸国际贸易总部专项支持计划”，从是否获得“全球贸易商”资格、年进出口货物贸易额、前三年年均离岸贸易比重、每年在海南的相关营业开支、在海南雇佣的国际贸易人员与高级管理人员数量、对海南人力资源培训与发展作出的贡献以及利用海南金融服务、会计审计服务、贸易仲裁服务等服务的情况等角度明确海南自由贸易港新型离岸国际贸易总部的认定标准，并分类分层级给予开业资助、认定后给予一次性奖励、税收返还等激励，以此吸引国内外大型跨国贸易商将贸易型总部设在海南，以海南为基地开展辐射亚太区域的贸易业务。

3. 对潜在的、高成长性的中型贸易企业给予灵活激励。对于有意愿将海南作为国际贸易活动区域中心的中型企业，给予为期3年（不可续期）的优惠税率政策，鼓励其在此期间以海南为基地建立和发展全球和区域贸易网络，使其尽快成长为符合“全球贸易商计划”“新型离岸国际贸易总部专项支持计划”申请条件的企业，享受相应的政策支持，从而吸引鼓励高成长的中型企业选择海南作为离岸贸易的基地。

（二）完善对外资总部企业的认定及管理制度

1. 修订《海南省总部企业认定管理办法》。实行以投资、结算、研发等核心业务实际开展情况为主的认定标准，取消跨国公司地区总部和总部型机构须为外商独资企业的限制，放宽跨国公司地区总部和总部型机构母公司总资产要求，取消跨国公司地区总部母公司实缴注册资本的限制；探索将内外资企业设立的符合一定条件的办事处视作总部企业。同时，制定“海南自由贸易港促进跨国公司区域总部发展条例”，就跨国公司区域总部企业认定标准、资金使用、支持政策、服务保障等作出相关规定。

2. 成立面向总部企业的信用管理体系。在借鉴穆迪、标准普尔、惠誉等评级系统的基础上，着手建立海南自由贸易港总部企业信用评级方法与标准体系，打造以我为主、覆盖RCEP的企业信用评级系统。

3. 争取更大政策制定权。争取中央支持，将总部企业设立分支机构的审批权下放至海南，并支持海南省政府按着吸引总部企业的需要，根据公司规模和实际贡献为企业量身定做优惠配套。

（三）建立面向东盟的金融市场体系

1. 建立面向东盟的区域性三板市场。在海南建立面向东盟的区域性三板市场，其与现有的沪深和香港市场功能并不矛盾，反而可以形成互补。例如，沪深两个交易所主要是服务国内企业的，很难服务“走出去”的企业，也无法满足东盟区域内进出口商的投融资需求。建议争取中央支持，授权中国证监会在海南建立面向东盟的三板市场，实行与国际接轨的发行、挂牌、交易、摘牌机制，吸纳有关国家跨国企业总部及高成长性服务业企业进岛挂牌，打造新型离岸国际贸易主体投融资平台。

2. 建立面向东盟的人民币离岸债券市场。虽然亚洲股票市场十分发达，但长期债券市场发展滞后。因此，建立面向东盟的人民币离岸债券市场，既具有可行性，又具有战略性。建议尽快将“允许符合一定条件的非金融企业，根据实际融资需要自主借用外债，最终实现海南自由贸易港非金融企业外债项下完全可兑换”政策具体化，并全面落实《清迈倡议》的相关安排，积极吸引东南亚国家政府或企业在海南发行人民币债券；率先对印度尼西亚、菲律宾、越南、缅甸等经济体量相对较大或增长较快、货币较为稳定的国家，在海南发行人民币债券。

3. 建立面向东盟的离岸财富管理市场。利用“探索开展跨境资产管理业务试点”政策，尽快开展个人跨境财富管理试点，允许欧美知名理财公司在海南以独资、合资、合作等形式开办私人银行等财富管理机构，建立面向国内市场与东盟市场的财富管理中心。

4. 吸引各类金融总部机构在海南集聚。吸引和鼓励具有跨境资金结算先进经验的大型银行等金融机构，特别是海外跨国银行入驻海南自由贸易港，并鼓励其开展离岸金融业务，促进银行业同业间往来，为离岸贸易提供保障；积极引进各类金融机构和金融中介服务机构，为新型离岸国际贸易发展提供风险对冲、保险、融资、供应链金融、会计、审计等综合服务，逐步探索研究新型离岸国际贸易风险补偿机制；鼓励各类资本依法设立商业银行、消费金融公司、证券投资公司、基金管理公司、期货公司、财产保险公司等，尽快补齐海南自由贸易港金融体系短板。

第四节

形成“两个总部基地”建设的大环境

“总部基地”建设，政策是基础，服务是核心。充分学习借鉴新加坡、中国香港等国际自由贸易港吸引总部企业的制度安排，以推进金融、法律、会计等商务服务业规则、规制、管理、标准等与国际接轨为重点，加快形成海南自由贸易港“两个总部基地”建设大环境。

一、形成“两个总部基地”建设的发展环境

（一）形成“两个总部基地”建设的金融发展环境

1. 明确建立与海南自由贸易港总部企业相适应的离岸金融制度。在离岸业务与在岸业务基本隔离的前提下，海南自由贸易港内实行相对独立的、与国际规则相衔接的离岸金融制度，与境外的金融往来自由，与境内的往来实行跨境管理。加强与上海、粤港澳大湾区等的合作，推动信息和资源共享，实现协同联动发展，形成互助共赢的离岸金融市场体系。放开对离岸转手买卖结算的币种限制，以及对跨境出口电商按个人物品方式开展的贸易结汇金额限制。

2. 逐步放宽离岸银行业务经营牌照限制。在目前拥有离岸银行业务经营牌照4家银行（交通银行、浦发银行、招商银行、平安银行）的基础上，适时扩大可提供

离岸金融服务的银行范围，支持我国各大国有商业银行逐步在海南开展离岸金融服务业务；支持海南自由贸易港内法人银行申请离岸业务牌照；允许符合条件的银行类金融机构经相关监管部门核准后在海南开展离岸金融业务；推出离岸贸易银行机构“异地办理”新模式，准许其他区域具备相关服务经验的金融机构为海南自由贸易港企业办理离岸贸易相关业务。

3. 鼓励与支持各类金融机构开展离岸业务。支持金融机构经批准开展跨境融资、投资、贸易结算等离岸金融业务。支持建设离岸保险中心。探索建设离岸人民币金融中心，为协调人民币回流机制与体外循环机制提供金融服务平台，服务于海南自由贸易港率先实现人民币国际化。同时，确保人民币与外币账户完全分离，将离岸与在岸业务分割开来，抑制离岸金融业务对人民币政策稳定性的冲击。

4. 推动离岸账户管理模式创新。争取支持出台关于离岸账户管理的相关规定，包括明确在海南自由贸易港实行内外分离的外汇管理模式、允许符合一定资质的海南自由贸易港内居民企业开设离岸贸易账户、明确海南自由贸易港内离岸账户的外汇权限、明确在岸业务和离岸业务的分类监管办法等，以满足企业境外融资、资金结算需求，便利离岸贸易业务顺利开展。坚持“一线”放开、“二线”管住的原则，适应离岸贸易业务的需要创新FT账户。条件成熟时，研究建立离岸资本账户体系，试行离岸证券、离岸信托和离岸租赁业务。

（二）形成“两个总部基地”建设的专业服务支撑体系

1. 引进国际中介服务机构。充分利用海南自由贸易港政策优势，加快引进更多国际知名会计、审计、信用评级、资产评估、投资咨询等专业中介服务机构，形成完整的服务体系，为离岸贸易相关企业、金融机构营造稳定、高效的发展环境和公平竞争环境。

2. 加快建立与国际接轨的专业服务业管理标准体系。学习借鉴高水平专业服务业管理标准，加快建立海南自由贸易港会计、审计、法律、金融等专业服务业管理标准体系，积极推进海南相关行业企业开展国际标准认证，提升专业服务国际化及专业化水平。允许具备国际执业资格的会计师、审计师等，经海南主管部门备案后，直接为海南非居民企业提供记账报税、审计验资、资产评估等会计服务。对标美国、欧盟、日本、新加坡、中国香港等发达国家和地区的会计、审计等服务业行业管理标准，允许符合当地标准的服务业企业经备案审核后直接开展相关经营与业务活动。

3. 设立“总部基地”一站式服务中心。以企业需求为导向，结合海南自由贸易港银行外汇业务和跨境人民币业务自律机制，强化行业自律建设，探索建立新型离岸国际贸易企业服务中心，为企业提供政策咨询、企业培训、研究报告、项目协调、金融法律等各类服务。

4. 打造“总部基地”国际信息服务中心。推出具备国际、国内两个贸易系统功能的海南版离岸国际贸易信息共享服务中心，打造具有海南特色的离岸贸易专业服务品牌，充分利用国际贸易“单一窗口”等“互联网+”政务服务手段，最大限度减少业务人员需常驻海南公司的要求，吸引跨国企业将贸易结算企业设立在海南自由贸易港。简化离岸转手买卖年检申报程序，鼓励企业主动披露、自主改善，关注企业发展需求和诉求，强化政策和服务供给，引导企业合规运作，支持企业扩大发展，通过财务共享服务中心集聚。

（三）形成“两个总部基地”建设的政策支持环境

1. 争取中央支持加大政策支持力度。支持海南在符合《海南自由贸易港建设总体方案》和《中华人民共和国海南自由贸易港法》的前提下，根据打造“两个总部基地”需要，制定财税、金融等优惠政策或地方性法规；支持海南暂停适用、清理或修订不利于打造“两个总部基地”的法律法规相关条款；支持海南根据打造“两个总部基地”需要自主制定对接高水平国际经贸规则的相关政策，在服务贸易、投资、金融、电子商务等领域率先探索突破；支持海南自由贸易港创新土地供应制度，吸引境外大型企业集团、世界500强及行业协会（商会）、华侨华人、东盟-中国工商总会等在海南自由贸易港建设总部大楼、总部企业集聚区等；在59国免签政策的基础上，形成商务人员临时入境清单，详细列明商务人员临时进入和停留的条件和限制，包括每类人员的停留时长等；通过配额管理、完善社会治安管理制度等方式，在海南率先引入菲佣等技能型外籍劳工，为国际化人才和海南中高收入家庭提供优质家政服务。

2. 封关运作的制度安排要与打造“两个总部基地”相适应。监管制度设计应在“一线”放开中完善“二线”管住、管好的硬件与制度条件，切实防范因过度风险防控而造成的海南与内地货物、资金等要素双向流动的制度性壁垒；在资金流动方面，应在强化安全审查的基础上，按照最大限度便利企业境外收购、获取关键性资源要素等投资活动的原则，设计相关规则和监管办法；在货物流动方面，重点强化对海南自由贸易港“零关税”货物进入内地的监管，对海南自由贸易港“零关税”进口并进入内地的产品（非FTA“零关税”产品），在实行信用监管的同时，建立跟踪识别机制。

3. 完善总部企业内商务人员出入境政策。借鉴新加坡经验，完善中高层次人才工作签证制度。例如：对认定的高端专业人才或急需人才，对其个人及家属签发不少于5年的多次出入境有效签证及居留许可；对认定为中等技能人员和技师的，对其个人及家属签发不少于2年的多次出入境有效签证及居留许可。根据我国国家战略发展和双边发展需要、外国经济发展情况、安全形势、外国人在琼违法指标等综合因素，经第三方定期和不定期评估，动态调整免签国家范围。

二、形成“两个总部基地”建设的法治环境

（一）以专业、权威为目标完善海南自由贸易港仲裁体制体系

1. 吸引中国香港、新加坡国际仲裁机构入驻海南。作为专司区域内离岸贸易争议的常设商事仲裁机构，独立、公正地解决离岸国际贸易争议及争端，并赋予其在仲裁人员聘任、规则制定等方面的充分自主权。

2. 制定与国际接轨的离岸贸易仲裁制度。参考《联合国国际贸易法委员会仲裁规则》，建立海南自由贸易港仲裁规则。对离岸国际贸易案件，允许当事人自主选择两大法系仲裁模式裁决。尽快以“仲裁地”标准取代“仲裁机构所在地”标准，建立海南自由贸易港临时仲裁制度。明确商事仲裁的法律效力，限制司法机关干预仲裁程序、推翻仲裁裁决等行为，确保仲裁结果的权威性。

3. 建立多元化国际商事纠纷解决平台。加强与银行、证券、保险等行业协会、社会组织的合作，加快建立多功能、一体化的离岸国际贸易诉调对接中心，完善纠纷在线解决平台功能；建立和解、调解、仲裁、公证、诉讼有机衔接、互相协调的诉调对接平台，降低纠纷解决成本；确立调解协议的强制执行效力，并推动与《新加坡调解公约》对接，减少诉累，节省司法资源。引进港澳台籍和外籍法律、经济、金融专家作为调解员参与纠纷化解，提升多元化纠纷解决机制的公信力。

（二）赋予外资总部企业商事领域法律适用自主选择权

在不损害国家主权、安全和社会公共利益，不违反《中华人民共和国海南自由贸易港法》的前提下，充分尊重当事人对法律适用的选择权及纠纷解决机制的选择权，依法保障国际商事纠纷当事人自由选择适用外国法律或者国际商事通行规则、商事惯例的权利；在案件审判中正确使用国际条约、公约和多边协定，积极推动建立与国际通行规则相衔接的制度体系。

（三）建立公正、高效、权威的审判体系

1. 探索设立海南自由贸易港金融审判机构。近期可考虑创设金融法庭，待条件成熟时设立专门的金融法院，集中处理海南自由贸易港区域内金融相关案件，在防范金融风险、强化营商司法保障的同时，实现对金融类案件更加集约化、专业化、高效化的审理。

2. 推动形成审判组织新格局。加强国际商事纠纷审判组织建设，依法对与自由贸易港相关的跨境交易、离岸交易等国际商事交易行使司法管辖权。

三、营造“两个总部基地”建设的政务服务环境

（一）高效的服务型政府是知名“总部基地”的基本经验

1. 精简高效。比如：新加坡政府的主要组成部分是16个政府部门和67个法定机构。我国香港特区政府架构由决策层、执行层构成：在决策层面，主要包括政务司、财政司和律政司3个司，并形成13个决策局；在执行层面，形成56个执行部门，它们大部分以“署”“处”命名。

2. 专业透明。早在20世纪八九十年代，新加坡政府就推出了一站式网络通关的贸易管理电子平台，将海关、检验检疫、税务、金融等35个政府部门全部链接到平台，实现在一个平台上完成进出口贸易相关审批、检验检疫和海关通关等环节，极大地提升了贸易便利化水平。

3. 信息化服务。例如：新加坡作为国际航运中心，通过打造TradeNet和PortNet两个电子信息系统，加强了各个贸易部门之间的信息共享，并方便监管部门对进出口货物实施监控，实现了监管部门与港口间的全面信息化管理[1]。PortNet

[1] 赖文光、王静改：《国内外航运电子商务发展现状分析及对策建议》，《港口经济》2014年第9期。

系统全天候为客户提供舱位预订和船只进出港服务，依靠发达的信息化系统，集装箱通过大门只需25秒。正因为发达的信息化系统，新加坡作为国际贸易中心的地位才能不断得到巩固。

4. 践行服务型政府理念。比如：浙江“店小二”精神的实质就是服务意识，“随叫随到、不叫不到、服务周到、说到做到”；政府寓监管于服务中，只要不踩红线、底线，决不一罚了之、一停了之，甚至一关了之；对企业反映的问题，站在企业发展的角度想方设法帮助解决。再比如在山东淄博，围绕食客的需求，针对烧烤餐饮店需要解决的难题，提供环保、治安、交通、宣传等公共服务。烧烤专列构建一小时当天往返的“烧烤都市圈”；72小时修好一条景观路；政务大厅设烧烤办证窗口，“一件事、一次办”；市级机关单位车位免费停；等等。

（二）成立法定机构性质的海南自由贸易港经济委员会

1. 海南自由贸易港经济委员会承担自由贸易港的开发经营职能。建议在省级层面建立海南自由贸易港经济委员会，其性质为法定机构，主要负责内外贸易、国际经济合作、招商引资、总部经济、产业促进和口岸运营等。

2. 海南自由贸易港经济委员会权责法定。该机构的法定职能确定，建议分两步走：第一步，由省人大出台“海南自由贸易港经济委员会条例”，明确其法律地位、职能权限、运行机制、人事管理、财务监管、考核评价及与相关机构的关系、主要负责人的产生和免职、经费来源、活动管理、监督、变更和撤销等内容。第二步，争取全国人大通过《中华人民共和国海南自由贸易港法》以明确相关条款或授权海南省人大决定，从而建立海南自由贸易港经济委员会。海南自由贸易港经济委员会不属于行政序列，在法定职权范围内依法开展相关业务，独立承担法律责任，不受行政机关及其他机构的干涉，在经费总额控制与职责明确的前提下享有充分的管理、人事聘用和财务自主权。

3. 海南自由贸易港经济委员会实行严格的法人治理结构。海南自由贸易港经济委员会实行“理事会-职能部门”的扁平层级组织架构。其中，理事会为法定机构的决策机构，直接对省委、省政府负责；按着因需设立、突出专业性的原则，设立若干职能部门，在明确相关职责的前提下负责开发营运的具体事务。

（三）加快建立以法定机构为主体的高效执行系统

1. 加快推进法定机构化重构。省级现有的经济、社会、行政管理部门尽可能推进法定机构化改造，全省形成法定机构体系。法定机构拥有相对独立的财政管理权；管理人员实行聘任制，工作人员实行聘用制，不按公务员管理，采用企业化、市场化的用人制度；建立奖优罚劣、能上能下、能进能出的绩效考核评价体系，打造一套高效、灵活的执行体系。

2. 按照因需设立、经济优先的原则，逐步形成法定机构为主体的执行体系。当前，要聚焦贸易投资自由化便利化，尽快在专业性要求比较强、自由贸易港建设需求急迫的领域设立法定机构，作为海南自由贸易港经济委员会的具体执行部门，实行企业化管理、市场化运作，但不以营利为目的。例如：设立贸易与投资促进局，负责推行贸易投资自由化便利化的相关政策，并赋予其行政审批、投资审核、资质认定、准入条件设置等职能；设立旅游业发展促进局，负责全省旅游产业规划、标准制定、旅游企业监管及国际旅游消费中心建设规划与基础设施建设等；设立公平竞争促进局，负责全省公平竞争审查、垄断认定等。

专栏4-1　法定机构概念、基本特征、治理模式

1.法定机构的概念

法定机构是指依照法定程序设立，承担公共政策执行职能或者公共服务职能，按照市场化模式灵活自主运作，独立于政府序列之外的公共机构 。

2.法定机构的基本特征

从国内外的实践经验看，法定机构主要有以下8个基本特征：

（1）机构法定。法定机构多是“一机构一立法”，即其职能、工作性质和资助模式都以专门的法规条文作为依据。

（2）与政府机构相对独立。法定机构是一种新型的法人组织形式，通常不列入行政机构序列。

（3）以执行专业技术职能为主。法定机构多承担执行、技术支撑等功能，被授予的行政职能一般为规范性、程序性的监管和服务等职能。

（4）组织架构。通常由有关部门和社会各方面代表组成法定机构的理事会，理事会负责对所属重大事务进行决策，其下再到执行层，负责机构日常具体的运营。

（5）人事关系。法定机构人员身份一般不是公务员，而是受聘职员。

（6）经费来源。法定机构经费来源形式多样，包括财政支付、由政府资助部分日常经费、服务收费、交易收费、基金收益等。

（7）运作管理。法定机构通常采用企业化的管理模式。

（8）运营监管。法定机构通常都有健全的责任机制和监督机制，围绕立法机构、决策部门、董事会、执行层4个权力单元设计比较清晰的责任关系脉络。

3.法定机构的治理模式

法定机构采用“决策层+管理层”的治理模式。

（1）决策层。理事会是决策层的组织形式，由法定机构职责任务对应的主要政策部门、相关政策部门、服务对象、行业组织等利益相关方的代表，法律、财会等专业人士以及法定机构行政负责人组成，审议和决定法定机构的基本制度和重大事项，监督管理层执行理事会决议，对公共利益负责。理事会设立专门委员会。

（2）管理层。管理层由法定机构行政负责人及其副职组成，负责执行理事会的各项决议，组织开展各项业务活动，管理法定机构的人事、财务、资产等日常事务。

资料来源：根据公开资料整理。

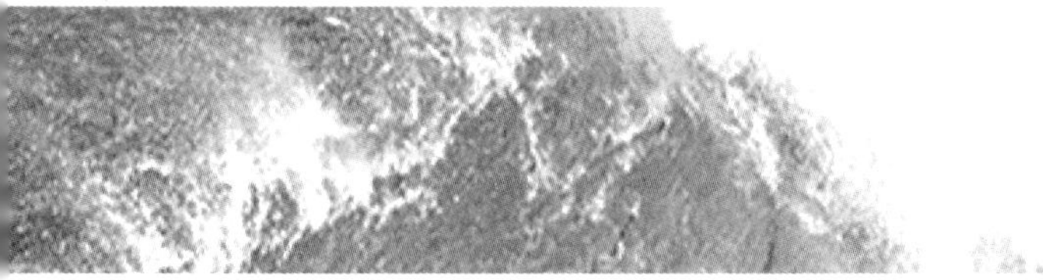

第五章

战略举措：促进海南自由贸易港与粤港澳大湾区联动发展

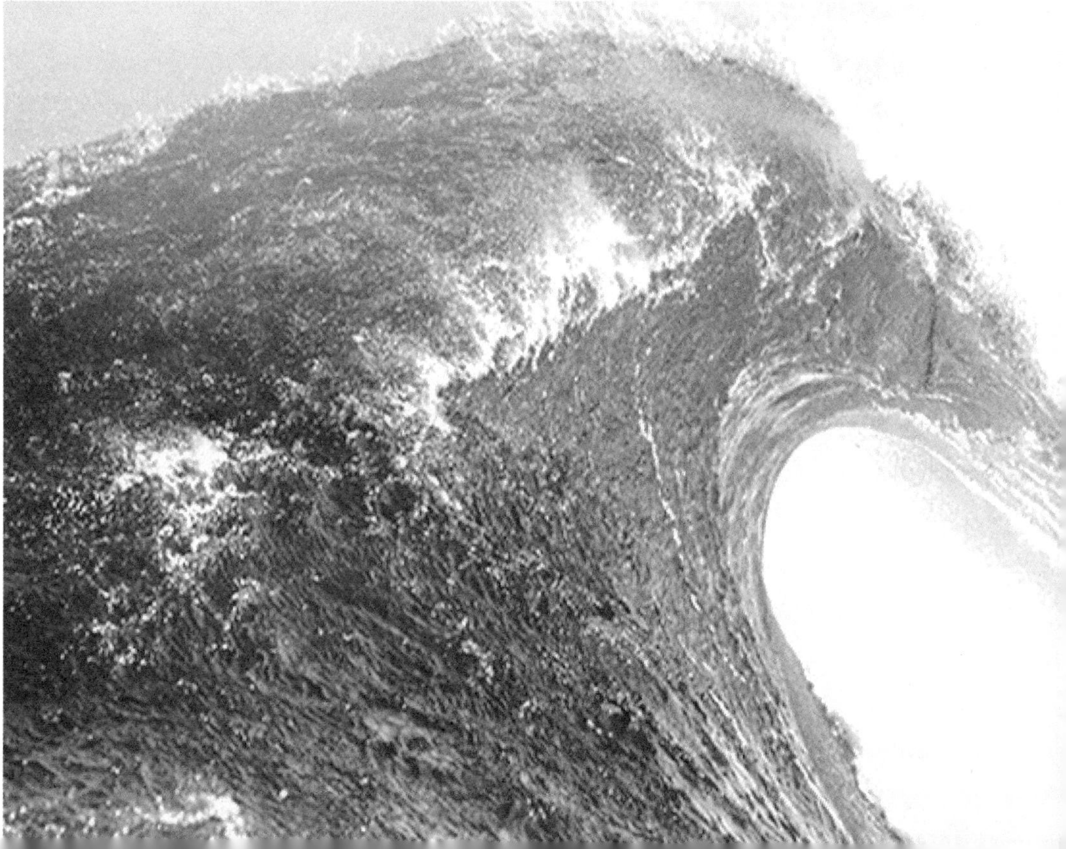

建设海南自由贸易港、粤港澳大湾区，分别在我国新时代改革发展全局中承担着重要战略使命。未来几年，按着“海南所需、粤港澳所长”的基本导向，务实推进海南自由贸易港与粤港澳大湾区的市场融合、产业对接、规则衔接等，发挥各自比较优势，携手集聚全球优质资源要素，形成重大战略的叠加放大效应。

第一节

促进与粤港澳大湾区联动发展的战略需求

在国际政治经济环境日趋复杂，不稳定性、不确定性明显增加的情况下，率先推动海南自由贸易港与粤港澳大湾区、深圳先行示范区和广东沿海经济带西翼联动发展，是用好国内大市场、做大市场流量、夯实产业发展基础的务实举措。

一、实现两大国家战略的叠加放大

（一）共同服务和融入新发展格局的战略需求

粤港澳大湾区是我国开放程度最高、经济活力最强的区域之一。同时，海南自由贸易港地处RCEP区域中心位置。从长期看，在亚太区域不稳定性、不确定性上升的情况下，中央要求粤港澳大湾区成为新发展格局的战略支点，海南自由贸易港成为面向太平洋、印度洋的重要开放门户。在我国加快构建国内国际双循环新发展格局的背景下，依托海南自由贸易港政策、制度优势与粤港澳大湾区综合发展优势，主动服务于国内大循环关键环节的畅通及效率和水平的提升，并在此过程中逐步形成适应自由贸易港建设要求的产业体系、服务体系和市场体系。

（二）强化对双循环新发展格局的重要支撑

一方面，海南作为自由贸易港是我国推进高水平开放的重大战略举措，具有内地省市难以比拟的高水平开放政策优势，但受制于海南薄弱的产业基础与有限的人才、资金现实，难以在短期内形成对东盟的影响力。另一方面，粤港澳大湾区经济发展水平全国领先，产业体系完备，集群优势明显，珠三角九市已初步形成以战略性新兴产业为先导、先进制造业和现代服务业为主体的产业结构，但由于国际环境是深刻复杂变化的，迫切需要在对外布局中赢得发展新空间。为此，需要明显提升琼州海峡一体化水平，在促进形成分工合力的经济发展格局中实现各自优势的叠加放大，努力成为新发展格局的重要交汇点。

（三）在联动发展中共同构建面向东盟的产业体系

发挥海南自由贸易港与东盟国家相连，地处泛珠三角、泛北部湾及中国-东盟自由贸易区、RCEP区域中心位置等区位优势，借助粤港澳大湾区产业优势与国际化网络，共同开展与东盟的经贸合作和人文交流，逐步构建起与之相适应的生产分工体系和经贸合作秩序，努力成为中国与东盟商品要素双向流动的大通道、要素高效配置的大平台，在强化地区内产业链供应链稳定性与安全性的同时，充实和拓展与东盟国家的合作内容、领域和机制等，打造大变局下区域经贸合作的新平台、新机制、新典范。

二、推动两地经济转型发展进程

（一）提升夯实海南自由贸易港市场流量与产业基础

1. 市场流量小、产业基础薄弱成为海南自由贸易港建设的突出掣肘。一方面，产业基础薄弱使得海南自由贸易港难以在促进与东盟合作中发挥枢纽作用。例如，2021年，海南省现代服务业增加值2004.51亿元，仅相当于广东省的4.4%；旅游业增加值587.45亿元，相当于上海市的39.2%；高新技术产业增加值961.96亿元，仅相当于广东省的8.6%，高新技术企业仅1202家，仅相当于广东省的2%[1]。另一方面，市场流量小制约海南自由贸易港对双循环支撑作用的发挥。例如，2021年，海南全省接待国内外游客8100.43万人次，仅相当于广东省的31.5%；全省货运量28039万吨，仅相当于广东省的7.0%；实际利用外资35.19亿美元，仅相当于广东省的12.3%[2]。

2. 助力海南现代产业体系建设，并强化与内地市场的联结。发挥粤港澳大湾区等对海南自由贸易港产业发展的带动作用。2021年，粤港澳大湾区经济总量约为12.6万亿元[3]，人口总数约为8600万人，经济发展水平全国领先，产业体系完备，集群优势明显，经济综合实力强，且与海南自由贸易港产业体系建设方向高度重合。例如：香港、澳门服务业高度发达，珠三角九市已初步形成以战略性新兴产业为先导、先进制造业和现代服务业为主体的产业结构；深圳高新技术产业发达，且逐步成为全球创新中心；粤西地区拥有较为完整的农产品加工及海洋资源开发产业体系。若能依托海南自由贸易港土地资源及区位、政策优势，积极吸引粤港澳大湾区及粤西地区相关企业转移至海南或在海南设立总部、分部，将明显加速海南构建“3+1+1”现代产业体系。

3. 丰富海南自由贸易港政策应用和压力测试场景。总的来看，海南自由贸易港政策效应远未充分释放。2021年享受海南自由贸易港15%企业所得税优惠税率的企业674户，仅占同期全省市场主体总量（160.4万户）的0.04%；2021年所属期仅8460人享受个人所得税15%的减免优惠，仅占全省2021年引进人才总量（19.9万

[1] 数据来源：海南省统计局、广东省统计局、上海市统计局。

[2] 数据来源：海南省统计局、广东省统计局。

[3] 《2021年粤港澳大湾区经济总量约12.6万亿元》，http://m.news.cn/gd/2022-04/20/c_1128576024.htm。

人）的4.25%[1]。当前，海南自由贸易港正处于全岛封关运作准备的关键阶段，迫切需要丰富海南自由贸易港政策应用场景，为建立行之有效的风险防控体系积累经验。推进琼粤合作将吸引更多企业入驻海南，提升海南自由贸易港政策效应，丰富海南自由贸易港政策应用场景。

（二）促进广东提升发展平衡性

1. 城乡区域发展不平衡是广东高质量发展的最大短板。2021年珠三角人均地区生产总值达128264元，分别是粤西、粤东、山区的2.3倍、2.7倍、2.8倍[2]。

2. 以琼粤合作带动粤西地区发展。广东沿海经济带西翼地处粤港澳大湾区和海南自由贸易港之间，推动广东沿海经济带西翼服务海南自由贸易港建设，加快粤西地区交通基础设施与海南互联互通，共同发展面向国内国际双循环的产业合作，有利于加速广东沿海经济带西翼发展，破解广东区域发展不平衡的突出矛盾。

3. 以琼粤合作拓展广东对外投资贸易空间。《广东省国民经济和社会发展第十四个五年规划和2035年远景目标纲要》提出“不断扩大广东与周边国家贸易规模”，“加快高质量‘引进来’和高水平‘走出去’步伐”。深化琼粤合作，不仅将带动广东新一轮对外开放进程，也将发挥海南自由贸易港地处东盟前沿的区位优势，在琼粤联手打造国内企业“走出去”的“总部基地”中，助力广东企业扩大东盟布局，从而拓展广东对外投资贸易发展空间。

（三）促进港澳更好融入国家发展大局

1. 港澳拓展发展空间的现实需求。受综合成本高、发展空间受限等因素制约，港澳企业、人才等要素有外流倾向。尽管中央在前海设立了对接平台，但港澳发展空间受限的问题依然存在。例如，横琴粤澳深度合作区总面积约为106平方公

---

[1] 《明税：2022年度税务实践五大热点问题》，https://zhuanlan.zhihu.com/p/608284603。

[2] 数据来源：广东省统计局。

里，前海深港现代服务业合作区面积为120.56平方公里，且可利用建设面积分别只有几十平方公里。

2. 港澳更好融入国家发展大局的重大任务。20多年来，在“一国两制”框架下，内地与港澳基础设施互联互通水平明显提高，并初步实现生产要素和生活要素的自由流动。2020年，香港51.8%的贸易与内地相关，44.7%的对外投资投向内地[1]。与此同时，港澳对外开放合作面临着不确定、难预料因素增多的全球形势。在此背景下，需要继续在“一国两制”框架下，适应港澳转型发展的新需求，在更好融入国家发展大局中增强自身经济增长的重要动力与基础支撑能力。

3. 促进琼粤港澳合作发展的重大选项。海南拥有3.54万平方公里的土地面积。“双港”合作共建海南自由贸易港，不仅将为香港开展产业布局、延伸产业链供应链提供巨大空间，也将明显提升海南以土地为重点的资源要素效益。同时，随着一系列开放政策的落实，海南、前海、南沙、横琴等与港澳的开放落差逐步缩小，未来海南全岛封关运作后，贸易、投资、金融、人员、财税、海关等政策制度将进入全面落实阶段，这将为琼粤港澳合作提供基础条件。

三、促进形成联动发展新格局的阶段安排

（一）高起点谋划联动发展的总体思路

1. 以产业合作为核心，着力构建梯度衔接、分工合理、优势互补的产业协作体系。按着“海南所需、粤港澳所长”的基本导向，充分发挥海南自由贸易港与粤港澳大湾区、深圳先行示范区和广东沿海经济带西翼等各自的比较优势，在强化引导的基础上，在市场主导中逐步整合区域内优势资源，形成梯度衔接、分工合理、优势互补、上下游协同的跨区域产业链和特色产业集群，畅通区域内生产、分配、

[1] 数据来源：香港特区政府统计处。

流通和消费环节，避免海南自由贸易港与广东及港澳的同质化竞争，明显提升区域内资源配置效率和产业协同水平。

2. 以合作项目与合作平台共建为抓手，着眼构建双循环新发展格局的重要交汇点。一方面，在已有的合作框架协议、合作项目的基础上，按着“海南所需、粤港澳所能、合作所向”的基本原则，尽快谋划一批具有重大带动效应的先导性合作项目，以尽快取得海南自由贸易港与粤港澳大湾区、深圳先行示范区和广东沿海经济带西翼联动发展的“早期收获”。另一方面，在优化提升现有重点园区区域合作功能的同时，共同谋划设立联动发展重要平台，打造琼粤合作示范区。

3. 以基础设施互联互通为支撑。深化琼州海峡港航一体化，强化港口间统筹协调，逐步打造统一规划、统一建设、统一运营、统一管理、统一标准的省际现代交通体系，实质性破除基础设施联通性不足对联动发展的掣肘。同时，充分发挥粤港澳大湾区及广东沿海经济带西翼基础设施完备的优势和海南自由贸易港自由便利的运输往来政策优势，推进区域内重大基础设施协同建设和规划衔接，共同开拓面向亚太的综合立体交通网，形成高效便捷的基础设施互联互通新格局。

4. 以体制机制创新为保障。把破除一切制约联动发展、开放合作的体制障碍和制度藩篱作为实现联动发展的重要内容和关键环节，重点推动实现市场一体化发展机制、区域合作机制、合作利益共享机制等方面的创新。充分发挥港澳独特优势，推动海南自由贸易港、广东与港澳在规则、规制、管理、标准等方面对接，推动市场一体化建设。进一步完善地区合作工作机制，深化跨省规划衔接、联防联控、产业结构布局调整、制度创新联动等方面合作，最大限度解放和激发区域内资源要素潜力。

（二）明确联动发展的阶段性目标

1. 到2025年：率先实现琼州海峡港航体制机制一体化，明显提升基础设施互联互通水平；强化政府间高层协调，合作布局一批合作平台；聚焦旅游、商务服务、高新制造、海洋经济等谋划实施一批重大产业合作项目，争取取得“早期收获”。

2. 到2030年：基础设施互联互通和各类商品要素便捷高效流动格局基本实现；联动发展的体制机制运作更加成熟，分工合理、功能互补、错位发展的产业链基本形成，重大合作平台的要素集聚力、产业竞争力明显提升；成为国内国际双循环的重要支撑区，要素双向流动、市场连接融通的支撑功能明显提升，并成为与东盟深化经贸合作的重要门户。

（三）形成国内区域联动发展的标杆示范

1. 国家重大战略衔接联动发展典范。充分发挥海南自由贸易港政策与区位优势，以及粤港澳大湾区、深圳先行示范区和广东沿海经济带西翼的综合优势，尽快在制度创新、市场连接、产业联动、基础设施互联互通方面实现重大突破，率先形成区域内国家重大战略衔接联动的体制机制，为推动国家重大战略联动共振与区域板块融合发展提供示范。

2. 双循环新发展格局的重要支撑。充分利用区域内开放优势，用好国内国际两个市场、两种资源，更加注重与国际高水平经贸规则对接融合，引领我国新阶段高水平、制度型开放进程，集聚全球优质生产要素，并在推动与东南亚合作交流、RCEP区域合作等方面实现重要突破，率先构建更高水平国内国际双循环，不断提升海南自由贸易港在我国构建新发展格局中的功能作用。

3. 现代产业体系发展典范。坚持市场主导与政府引导相结合，加快地区内现代产业体系深入对接、优势互补和联动发展，建立有利于资源和生产要素高效整合的体制机制，推进海南自由贸易港与广东的现代服务业、新型工业和热带农业等产业对接，提升海南自由贸易港与港澳服务贸易一体化水平，构建梯度发展、分工合理的产业协作体系，在推动产业转型升级、构建现代产业体系方面实现重要突破。

第二节

推动广东海南相向发展

以优势互补、务实高效、合作共赢为基本原则，立足各自比较优势，坚持开放合作，立足现实基础，务实高效推进合作。着力在推动制度创新、培育增长动能、构建全面开放新格局等方面取得新突破，明显提升对东盟的影响力、辐射力，为实现国家战略目标提供坚实支撑。

一、琼粤合作具备基础与条件

（一）琼粤两省地缘相近、历史渊源深厚

1. 广东省雷州半岛与海南岛地缘相近。两地仅隔一条琼州海峡，最窄处不到20公里。根据科学考证，海南岛和雷州半岛所在地原是陆地相连，后来由于地壳断裂才与大陆分离，逐渐形成了今天的琼州海峡。

2. 雷州半岛与海南岛人文相亲。两地在历史上曾多次被统一进行行政管理：汉武帝时期在徐闻设合浦郡，东到开平新兴，北到容县横县，西到东兴、北仑河。徐闻为首县，为合浦郡治之所在，在海南设珠崖、儋耳二郡，珠崖、儋耳均为徐闻合浦所遥领，直至三国时期。因此，现今琼州海峡两岸的汉代文化遗存很丰富。雷州半岛与海南岛两地文化互相交融，在生产、建筑、饮食、服饰、生活礼仪、岁时

节日、民间艺术、民间语言、民间文体娱乐习俗等方面相近，共同形成了丰富多彩的雷琼文化。琼粤两省历史同源、文化同根，山水相连、人缘相亲，相互之间的交流与合作有良好的基础。

（二）政府主导推进两省合作不断深化

第一阶段：在泛珠三角区域合作框架下强化两省合作。2004年，在广东倡导下，广东、福建、江西、湖南、广西、海南、四川、贵州、云南等九省（区）政府与香港、澳门特别行政区政府共同签署了《泛珠三角区域合作框架协议》，掀开了泛珠三角区域合作（即“9+2”）的崭新一页，泛珠三角区域合作也成为海南参与国内地区合作的重要成果之一。2007年，在第四届泛珠三角区域合作与发展论坛暨经贸洽谈会上，琼粤两省省长就琼粤联手破解结合部交通瓶颈进行了会晤，并在会后签署了两省《高层会晤备忘录》。

第二阶段：签署合作协议，明确合作领域。2010年，广东省委、省政府和海南省委、省政府达成共识，为深入贯彻科学发展观，促进两省更紧密合作，加强机制保障，两省签署了《广东·海南战略合作框架协议》，随后形成了贯彻落实该协议的“重点工作”，包括跨界基础设施、蓝色经济和现代农业等8个方面共62项重点工作任务。2015年9月，两省签署《广东·海南深化合作协议》，围绕建设21世纪海上丝绸之路的国家发展战略，深化和加强在基础设施、产业发展、社会事业、生态环保等重点领域的合作，区域经济融合发展实现了新的突破。

第三阶段：服务海南自由贸易港建设，与海南相向而行。2018年4月，中央部署建设海南自贸区（港）。仅2018年，琼粤两地签订对接合作的协议就达20多份，同时建立了各层级、各领域常态化的对接合作机制，在经济、交通、旅游、民生等领域开展合作。2020年，为全力推动粤港澳大湾区和海南自由贸易港联动发展，琼粤两省签署了《海南省人民政府 广东省人民政府战略合作框架协议》《海南省人民政府 广东省人民政府加快推进琼州海峡港航一体化框架协议》。此外，

2020年，琼港两地签署了《关于共同推进琼港经贸合作备忘录》，在旅游、经贸、医疗卫生、科技创新、治安管理、气象合作等方面逐步深化合作。2021年，《中共广东省委、广东省人民政府关于支持湛江加快建设省域副中心城市打造现代化沿海经济带重要发展极的意见》发布，提出“探索与海南在徐闻共建产业合作园区”。

（三）地方层面合作框架逐步建立

2016年，湛江市、海口市携手北部湾8市签署《北部湾城市旅游合作框架协议》，共同开拓珠三角、华东、东北、西南、西北等地旅游客源市场。2017年7月，湛江市与海口市签署了《政法工作协作框架协议》《共同推动琼州海峡一体化发展合作备忘录》《农产品产销合作框架协议》《区域旅游合作协议》四项工作协议，涉及政法、交通、农业、旅游等领域。2019年2月，湛江、海口两市签订《海口市人民政府 湛江市人民政府参与共建西部国际陆海贸易新通道战略合作框架协议》《海口市人民政府 湛江市人民政府关于琼州海峡春运应急服务联动协议》。2020年7月，《中共湛江市委 湛江市人民政府关于加强与海南相向而行的意见》指出，湛江将从交通、产业、平台、市场、民生等五大领域加强与海南的对接。2021年，广州市、海口市签署《广州市人民政府 海口市人民政府战略合作框架协议》。2022年，海口与湛江签署《湛江海口两地反走私合作机制协议》。

（四）基础设施互联互通水平逐步提升

2022年1月，琼州海峡（海南）轮渡运输有限公司正式运营，这是琼粤港航一体化的重要成果，拉开了两地加速基础设施建设的序幕。在琼州海峡的南北两岸，湛江徐闻港综合交通枢纽中心已经成为全球最大的客货滚装码头，海口新海港综合交通枢纽站建成后将成为全国最大港口客滚综合枢纽。数据显示，徐闻港开通后，海南至广东轮渡最短航行距离缩短至12海里，缩短海上航程1/3以上，每年往返海峡的客流量上千万人次。此外，广东还加强与海南港口的合作，开通集装箱航线7条，拓展水运中转和内外贸同船运输业务，形成两地集装箱运输“天天班”格局。同时，琼粤在航空、电力、天然气等基础设施建设上也协同发力：南方电网主网与海南电网500千伏联网的琼州海峡海底电缆二回工程于2019年5月投产送电；广东大唐国际雷州发电厂已建成投产，可再生能源发电装机规模超240万千瓦并将逐渐增加，极大地提升了海南用电的安全性和可靠性[1]。

（五）以企业为主导的产业合作项目陆续启动

例如，华为技术有限公司与海南橡胶、中国移动海南公司共同发起成立橡胶产业5G联合创新实验室，为橡胶产业注入智能力量，赋能传统农业产业；明阳新能源投资控股集团在东方市投资建设高端海洋装备制造项目、“海上风电+海洋牧场”创新融合开发示范项目，助力海南海洋经济高质量发展；三亚旅文集团与珠海免税集团签订战略合作协议，共同开发口岸经济、离岛免税、跨境电商、旅游消费、旅游综合体等业务；广州南沙国际邮轮母港运营管理有限公司与三亚国际邮轮发展有限公司签署战略合作协议，共同发展邮轮旅游；深国际物流发展有限公司在海口美安科技新城布局“深国际·海口智慧供应链基地项目”。

二、解决琼粤合作面临的突出矛盾

（一）分工合理的产业发展格局尚未形成

1. 旅游业资源尚未实现优化整合。目前，海南自由贸易港正致力于打造国际旅游消费中心；广东面临由传统旅游大省向旅游强省转变的迫切需要；香港面临维

[1] 《湾港联动，粤琼相向而行向未来》，https://news.southcn.com/node_35b24e100d/837e46d893.shtml。

持其世界旅游中心、购物天堂地位的巨大挑战；澳门博彩旅游"一业独大"的产业格局正制约其经济可持续发展。如何实现琼粤港澳四地特色旅游资源有效整合、促进旅游产业合作协调错位发展，成为构建具有竞争力、关联度高的旅游产业链和产业集群的重要内容。

2. 现代服务业合作仍面临体制机制障碍。粤港澳大湾区已经形成了涵盖金融、贸易、管理支持、物流等多个领域的现代服务产业体系，而海南自由贸易港则面临由传统服务业向现代服务业转型的任务。对于海南而言，其现代服务业辐射东盟有着庞大的市场需求，但缺乏发展现代服务业在科技创新、人力资本等领域所需的条件。因此，如何利用粤港澳大湾区先进的现代服务业与海南庞大的现代服务辐射市场具有的天然融合优势，在构建合作机制的总体框架下推动医疗健康、金融、会展等现代服务业合作，进而打造跨区域现代服务产业体系，是产业合作亟待解决的问题。

3. 高新技术产业将面临同质化竞争的问题。在高新技术产业领域，海南自由贸易港已将高新技术产业提升到与现代服务业同等重要的战略地位，正致力于发展以物联网、人工智能为代表的信息技术，以航天、深海科技为代表的深海深空产业，以及包括新能源、生态环保、生物医药在内的先进制造业，等等。而广东在高端制造业、战略性新兴产业、海洋产业领域具有核心优势，港澳在高新技术产业领域也具备一些优势，可以与海南自由贸易港形成互补。立足辐射东盟，面向"一带一路"，粤港澳大湾区与海南自由贸易港在高新技术产业协同发展和深度融合方面具有巨大的空间。

（二）基础设施互联互通水平有待进一步提升

1. 海峡运输仍面临潜在风险。在海峡运输上，琼州海峡的通航能力时常会受到台风和大风等恶劣天气的影响，导致大规模车辆、游客滞留，海南进出岛难的问题亟待解决；海运船型不能满足市场需求，淡季不能满足高质量服务需求，旺季不能满足应急疏运要求；航班密集，海上交通安全压力大且海上救援力量单薄，无法在短时间内进行救援；琼州海峡客货运输效率低，亟须进行客货分离规划建设，推进雷州乌石货运通道建设。

2. 航空运输能力仍需进一步提升。在航空运输上，海南进出岛航空运输市场需求旺盛，叠加琼州海峡冬春季节连续大雾天气，港口通航能力受限，导致大量过海旅客转而通过航空方式离岛需求增加。目前，海口美兰国际机场、三亚凤凰国际机场均已接近跑道容量，正在扩建的海口美兰国际机场预计2024年左右达容量满负荷，2030年前仍需扩建；三亚凤凰国际机场仍以一条跑道满负荷运行，亟须加快推进三亚海上新机场的建设，亟待通过加强海南民航机场基础设施建设提升海南进出岛通道能力。

（三）重大合作平台建设滞后

1. 政策存在一定的同质性。本地区内既有各类合作园区，也有广东自由贸易试验区等。从实际看，由于尚未形成统筹区域合作的领导协调机制，各个平台各自为政、同质化竞争等。如何充分发挥广东自由贸易试验区等平台优势，以及海南自由贸易港优越的“零关税”、封关运作的政策红利优势，打造全面深化改革、扩大高水平对外开放的创新试验平台，实现粤港澳大湾区、海南自由贸易港这两大经济平台与RCEP经济大平台的对接，仍面临着诸多问题和挑战。

2. 政府部门间协调机制不畅。缺乏政府领导组织决策平台对跨区域合作、规划统筹、政策协调、协同创新、共建共享等方面进行统一的监管治理、权益协调，尚未建立实质性深度战略协作的落地执行平台保障具体的合同项目落地发展，实际工作中机制保障体系层面过高、联系不密切，合作项目建在哪里、具体哪个层面执行跟进等均存在一定的困难，亟待国务院会同有关部门从中引导和协调，加强制度集成创新和政策引导，构建高度组织化的政府合作机制，并吸引企业、行业协会、智库、媒体、高校等多元化主体共建跨区域产业、技术、创新、人才等合作平台，最终形成中央政府引导、地方政府主导以及全社会广泛参与的治理模式。

3. 平台对接机制尚未建立。在自由贸易、产业发展、营商环境、创新创业、科研转化等领域缺乏多合作平台协同示范效应，亟须推进重大开放平台规划对接、规则衔接、服务衔接，推动琼粤两省平台资源整合、功能互补、协同发力。缺乏区域联动发展金融支撑平台，海南自由贸易港与粤港澳大湾区联动发展需要大量资金支持，中美贸易摩擦等都给我国金融安全带来很多不确定因素，海南自由贸易港与粤港澳大湾区应加强金融联合监管，优化金融基础设施和制度环境，保障地区金融安全。

三、以产业合作为主线实现琼粤相向发展的重要突破

（一）以产业合作为主线的现实需求

1. 释放海南自由贸易港政策效应的现实需求。海南建省办经济特区30多年来，制造业发展始终较为滞后。例如：加工增值货物内销免征关税政策是海南自由贸易港制造业发展的重大政策利好，得到了企业的高度关注。但从政策实施效果看，截至2022年8月，海南全省仅有7家企业开展加工增值货物内销业务；截至2023年9月，海南自由贸易港加工增值货物内销免征关税政策实施两年多来，洋浦仅有9家企业开展加工增值货物内销业务[1]；2021年，海南全省工业增加值683.6亿元，仅占全国的0.18%，同期海南省地区生产总值占全国的比重为0.57%[2]。

2. 推动广东制造业高质量发展的现实需求。目前，广东制造业总体处于全球制造业第三阵列向第二阵列跃升阶段，与世界先进水平相比有不小差距。制造业创新能力与产业规模体量不匹配，创新链、产业链、供应链存在明显薄弱环节，重点行业“缺芯少核”等技术短板突出。

[1] 《儋州洋浦用好加工增值免关税政策，打造海南自贸港“样板间”》，https://hain.chinadaily.com.cn/a/202309/20/WS650ae189a310936092f22c06.html。

[2] 数据来源：国家统计局、海南省统计局。

3. 服务国内大循环的现实需求。当前，越南等东南亚国家制造业发展加速，逐渐成为“中国制造”的替代选择。值得注意的是，在劳动密集型产业向东南亚转移的同时，部分高端制造业也开始转移。例如，苹果、三星、英特尔、戴尔、LG等精密制造业企业转移到越南。

（二）共建琼粤数字经济产业链

从两省数字经济发展基础看，2021年广东数字经济增加值达5.9万亿元，连续5年居全国首位[1]，数字经济发展指数达到201.9，同样位居全国第一；海南全省数字经济增加值达450亿元，占全省地区生产总值的比重为7%，已超过交通运输、住宿餐饮等传统服务行业[2]。从现有合作项目看，琼粤港澳在数字经济领域开展相关合作。例如，海南自贸区椰云网络科技有限公司、海南游戏行业协会与粤港澳有关单位共同推进自由贸易港游戏出海产业合作，共同开拓游戏出海市场。

1. 合作开展对东盟国家的数字贸易。探索在海南自由贸易港内合作建立数字贸易试验区。吸引广东数字贸易与电商企业在海南自由贸易港建立海外仓性质的保税仓储基地；支持两省数字领域龙头企业、行业协会、产业联盟等牵头成立数字贸易、电子商务等相关领域发展基金，特别是加强对数字贸易规则制定、数字产品研发设计、数字产业海外并购、知识产权等关键环节的资金投入。合作建立面向东盟的数据交易场所。用好海南自由贸易港跨境数据安全有序流动政策，强化琼粤两省在数字贸易领域的技术合作，利用区块链等技术开展数据确权、数据认证、数据定价、数据监管、数据交易、数据安全等标准规则制定，共同向东盟国家推广，打造面向东南亚的数据定价交易服务中心[3]。

---

[1] 《2022年中国广东省数字经济规模、发展指数、融资数量、相关政策及措施分析》，https://www.huaon.com/channel/trend/868034.html。

[2] 《海南“3+1”主导产业发展态势良好 全省数字经济增加值达450亿元》，https://www.hinews.cn/news/system/2022/04/13/032737426.shtml。

[3] 迟福林、郭达、郭文芹：《构建新发展格局下的海南自由贸易港》，《行政管理改革》2022年第1期。

2. 支持海口、三亚与深圳成立智慧城市联盟。探索建设互通的公共应用平台，加强全面覆盖、泛在互联的智能感知网络、智慧城市时空信息云平台、空间信息服务平台等信息基础设施建设，大力发展智慧交通、智慧能源、智慧市政、智慧社区。推进电子签名证书互认，推广电子签名互认证书在公共服务、金融、商贸等领域应用。

（三）合力打造跨区域先进制造产业链

1. 合力打造跨区域现代生物医药制造产业链。充分发挥海南生物医药特殊政策优势及广州、深圳、珠海、佛山、东莞、中山等医药制造产业优势，吸引广东相关企业在海南重点围绕特色中药开发，高端仿制药生产，高端化学药、海洋生物药等新药创制、采购、试验、安全评价，高端医疗器械、康复医疗器械、生物医用材料、手术辅助机器人等研发、试验、生产，干细胞技术研发、试验等环节布局。

2. 合力打造清洁能源与节能环保等产业链。以广州、珠海、佛山、惠州等为重点，支持珠三角氢能、太阳能、核能装备制造、储能设施研发、智能电网建设等领域企业将实验中心布局在海南；支持珠三角制造企业将电动汽车、氢燃料电池汽车以及智能汽车零部件采购、整车组装环节布局在海南；支持企业将高效节能电气设备、绿色建材、环境保护监测处理设备、固体废物综合利用设备、污水治理设备等的原材料、关键零部件采购中心、推广中心放在海南。

3. 合力打造跨区域信息制造产业链。以深圳、东莞为重点，积极吸引珠江东岸信息技术领域制造企业在海南开展高端半导体元器件、物联网传感器、第三代芯片、光纤光缆等的原材料进口加工、组装包装、研发设计、模拟实验等环节布局。

4. 合力打造跨区域绿色石化新材料研发制造产业链。以广州、珠海、惠州、江门为重点，积极吸引珠三角地区精细化工产品加工、绿色化工产品制造等行业的企业在海南围绕原材料供给、仓储分销、简单加工、中间试验等环节进行布局；吸引珠三角石化企业参与海南石油制品生产、芳烃乙烯产业链的下游精细化加工等环节布局；合力打造面向南海的天然气水合物勘探、试采等产业集群。

（四）合作延伸热带农业产业链

1. 合作发展农产品转口贸易与精深加工。发挥海南自由贸易港企业进口自用生产设备“零关税”等政策优势，吸引粤西三市农业加工贸易企业到海南发展农产品和热带水果国际转口贸易、进口原料加工和本地农产品深加工产业，进一步延伸热带农产品产业链，提升农产品附加值。

2. 合作建立一批农业产业化项目。合作建立一批加工、包装、保鲜、物流、研发、示范、服务等相互融合和全产业链的农业产业化集群，使农产品加工增值超过30%后以“零关税”进入内地，共同服务全国大市场；引导粤西热带农业龙头企业与罗牛山共建农业产业化合作示范园，集中开展进口、加工、包装、保鲜、物流、研发、示范、服务等业务。

3. 在徐闻共建热带农业产业园。以琼粤的菠萝、芒果、香蕉等优势知名热带水果和橡胶、剑麻、咖啡等优势知名热带经济作物为依托推动产业园建设，形成一、二、三产互动，各产业功能区分工协作、特色鲜明、链条完整的产业协作圈。在产业前端，嵌入高端科研资源，联合琼粤热带作物科研院所建设琼粤热带农业高新技术创新中心；在产业中端，强化农业主导产业，补齐建强产业链条，品质与规模并举；在产业后端，发展深加工塑造公共品牌，布局建设热带农产品初加工点，建设农产品精深加工物流园区。

四、谋划实施一批产业合作先导项目

（一）谋划实施一批中高端加工制造项目

1. 琼粤商品加工制造。以海口综合保税区为载体，重点开展高端珠宝、保健产品、热带果蔬等商品加工；以三亚崖州湾科技城为载体，开展邮轮游艇及渔船工程修理和改造，海洋工程装备、海洋电子传感器、海底作业机器人等设计、试验，光纤及光缆制造。

2. 琼粤新能源汽车整车制造。重点包括：动力电池封装、电池系统设计和试验；电机定子、转子齿轮和离合器等关键上下游零部件保税加工；车载互联系统、人机交互系统、安全防护系统等高级别自动驾驶关键核心技术研发；等等。

（二）谋划实施一批数字产业化项目

1. 数字产业化项目包括：金融领域区块链技术应用，“空天地海”一体化智能物联体系建设，数据采集、数据清洗、数据分析挖掘、数据可视化等功能集成的跨区域大数据应用平台，智慧政务云平台及两地间政务数据共享平台建设，多维感知立体化安防体系建设，以旅游业为重点的虚拟现实和增强现实系统开发，跨区域算力公共服务系统建设，海南国家区块链技术和产业创新发展基地建设，等等。

2. 产业数字化转型项目包括：智能网联汽车、智慧旅游、智慧医疗、智慧教育、智慧冷链等系统开发与应用推广，数字贸易大数据平台建设，南海综合立体观测体系与海洋服务和管理智慧平台建设，深海产业智能无人系统培育、计算机视觉应用拓展以及人工智能融合应用场景拓展，等等。

（三）谋划实施一批农业产业化项目

1. 谋划实施农业产业化合作项目。引导粤西热带农业龙头企业与罗牛山共建农业产业化合作示范园，集中开展进口、加工、包装、保鲜、物流、研发、示范、服务等业务。率先合作打造面向东南亚的热带农产品储藏保鲜中心，谋划建设1～2个十万吨级冷链物流基地项目，实质性提升海南农产品储藏保鲜能力。

2. 谋划实施南繁育种合作项目。吸引中国热带农业科学院南亚热带作物研究所参与三亚全球动植物种质资源引进中转基地建设，依托三亚政策与广东南亚热带作物种质资源共同打造热带作物新品种种苗繁育基地；依托从三亚进口的全球海产品种苗资源和徐闻海产品种苗孵化场优势，与三亚共建琼粤（徐闻）海产品（青虾、贝类等）种苗养殖和孵化基地；依托雷州半岛与海南气候相似、热带农业资源丰富等优势，探索建立跨省南繁科研成果转化应用示范园；支持雷州半岛热带农业企业在三亚南繁育种科技创新中心建立代理处，强化产学研对接融合，提升南繁育种科研成效；吸引深圳优质企业参与南繁育种基地信息基础设施和配套大数据公共服务系统建设，共同打造育种全流程智能化、无人化示范基地。

3. 合作建立面向东南亚的热带农产品来料加工示范园。积极运用加工增值货物内销免征关税政策，重点面向东南亚市场和对接内地市场，鼓励发展外向型农产品加工业，着力构建“两头在外”的农产品加工体系。积极吸引内外知名农产品加工企业，打造包括蔬菜、热带果品、水产品等在内的，涵盖采购、深加工、营销和分销等环节的来料加工基地。

五、强化琼粤两省政府对接交流

（一）建立两省重点园区对接交流机制

1. 建立重点园区与广东自贸试验区间的定期交流机制。建立港澳相关机构指导咨询、海南自由贸易港13个重点园区及广东自贸试验区3个片区共同参与的制度创新相关信息共享、交流机制，定期就与制度创新相关的成功做法、难点堵点、任务计划等进行交流；着眼于海南产业基础薄弱对自由贸易港政策与制度落地生效的制约，建立高层协调机制，围绕海南自由贸易港特定政策开展定向招商等相关活动进行高层协调，并确定短中期制度创新计划；建立海南重点园区与广东自贸试验区3个片区间的跨区域干部轮换机制与激励制度，拓展成功做法复制推广的深度。

2. 争取支持推进与横琴、前海片区的合作政策衔接。例如，争取支持与前海深港现代服务业合作区共同探索不同法系、跨境法律规则衔接的现实路径，并率先在重点园区探索适用香港法律的实现机制；允许具有港澳等境外执业资格的金融、建筑、设计、教育等领域专业人才，在符合行业监管要求条件下，经备案后在园区内提供专业服务，其境外从业经历可视同境内从业经历。

（二）促进两省政府间的高层对接

1. 成立琼粤相向发展领导小组。省领导担任领导小组组长，各相关职能部门负责人担任小组成员，负责统筹协调推进琼粤联动发展工作，承担重大政策制定、综合指导、统筹协调和督促检查等工作，并尽快形成琼粤合作框架协议，明确合作发展方向，协调落实琼粤合作具体工作。

2. 建立琼粤两省联席会议制度。联席会议主要职责包括贯彻落实领导小组关于琼粤联动发展工作的重大部署，加强统筹协调和相互配合，形成区域联动、职责明确、分工合理、部门协同、有机衔接的工作机制，协调解决两省联动发展工作中跨部门、跨区域的重大问题，研究出台相关政策措施，谋划布局实施区域重大合作项目，制定重点合作事项清单。联席会议就琼粤联动发展工作中的突出问题，定期或不定期召开会议，研究解决办法，制定相关配套政策措施或提出政策建议，制定琼粤港澳合作规范，明确双方责任主体，落实督导和推进措施。

3. 完善两省政府主要领导定期会晤交流机制。研究重大合作事项，制定专项合作计划，指导和推动具体合作项目的开展与合作事项的落实。继续实行两省高层定期会商机制，进一步完善琼粤两省各层级、各领域常态化对接机制，为两大战略的联动发展提供强有力的组织保障、资源要素保障，实现信息互通、资源共享、措施联动，定期督促检查合作事项落实情况，共同营造琼州海峡两岸协同发展良好环境。

（三）促进形成两省人才定期交流机制

1. 建立健全琼粤人才深度对接机制和共引共育共用机制。搭建一站式人才服务平台，积极推进线上线下公共就业和人才服务合作交流，推动人力资源高效配置。

2. 探索跨区域人才协同发展新模式。联合培养和引进一批社会经济领域急需的高端人才、紧缺人才，深化两地科技、金融、文旅、教育、医疗等领域人才交流，并推进就业、社保、人事人才、社会保障卡等领域公共服务事项实现琼粤两地“跨省通办”，为两地经济高质量发展提供智力支持和人才保障。

3. 合作培养海洋领域人才。广东与海南均是海洋大省，要向海图强打通海洋创新人才培养全链条。在重大科技研发中培养创新型人才，同时在与企业合作中培养高水平工程技术人才，实现人才培养的跨行业、跨学科、跨专业合作，形成创新人才的系统协同共育培养模式。此外，创办海洋合作论坛，开展国际学术交流与研讨，加强海洋领域人才交流，用好中国（海南）国际海洋产业博览会、中国海洋经济博览会等平台，探索设立琼粤海洋合作、南海海洋合作等主题的论坛，提升区域海洋产业合作影响力。为此，要促进海洋领域高层次人才和青年人才发展，提升我国在海洋资源开发等领域的区域影响力。

第三节

推进以金融为重点的"双港"经贸合作

充分利用香港作为国际金融中心的优势，通过制度创新推动海南自由贸易港和香港在金融领域的合作，实现"双港"地缘优势、政策优势的叠加与放大，不仅可以使"双港"两地在服务国家对外开放全局中扮演更加重要的角色，而且可以为"双港"两地自身发展拓展更大的空间。

一、加强与东盟合作的共同需求

（一）合力推进与东盟的经贸合作

1. 从香港方面看，需要强化与东盟间经贸联系的质量和广度。过去10多年，香港与东盟经贸合作逐步深化。2011—2021年，香港与东盟贸易额年均增长3.7%，香港对东盟直接投资年均增长10.4%（见图5-1）。但这主要得益于香港在中国与东盟经贸合作的快速增长大趋势下，依托自身金融及专业服务优势，发挥了"中间人"的特殊角色作用。但随着中国与东盟贸易投资自由化便利化水平的不断提升，特别是RCEP生效实施，香港需要更加关注东盟市场，在强化与东盟之间经贸联系质量和广度的过程中，保持并增强自身地位。

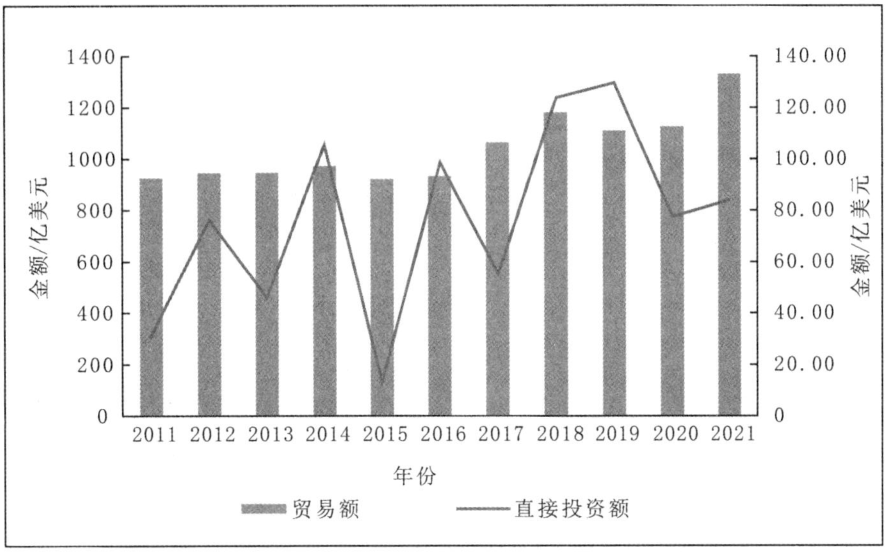

图5-1 2011—2021年香港-东盟贸易额及直接投资额

资料来源：香港特区政府统计处、东盟数据库。

2. 从海南方面看，努力成为中国与东盟全面战略合作的重要枢纽。海南地处RCEP区域中心位置，也是我国面向东盟的前沿。2017—2021年，海南与东盟贸易额由219.9亿元提升到249.8亿元，增幅为13.6%（见图5-2）。依托区位优势，做好

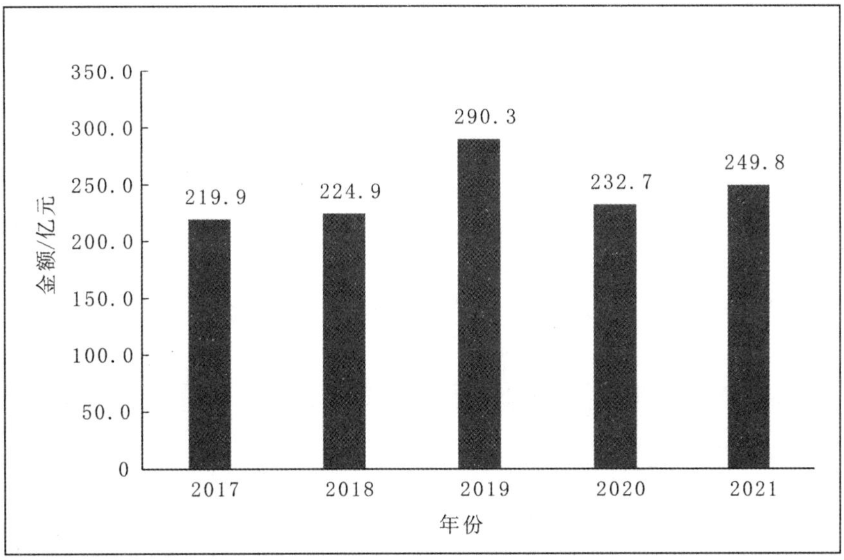

图5-2 2017—2021年海南-东盟贸易额

资料来源：海口海关。

自由贸易港政策制度与RCEP的叠加集成，使海南自由贸易港在中国与东盟的市场联通、产业融合、规则衔接、要素配置中发挥枢纽作用，成为两个市场的重要交汇点。

3. 在服务我国开放合作中实现“双港”的发展与转型。一方面，海南面临如何尽快使自身在区域合作中发挥枢纽作用的问题。例如，2021年海南与东盟贸易额占中国-东盟贸易总额的比重仅为0.43%，海南对外投资额仅占全国的1.92%[1]。另一方面，香港需要实现以欧美合作为主向以亚太地区合作为主的转移。2021年香港资金净流入为2049.68亿港元，但扣除内地流入外；资金净流出为1695.60亿港元，其中美国净流出为185.94亿港元、英国净流出为757.02亿港元（见图5-3）。

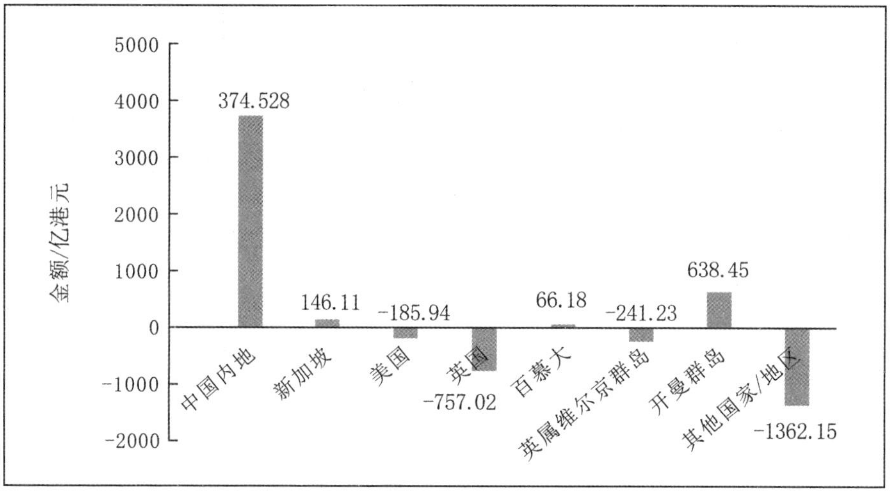

图5-3　2021年中国香港跨境资金流动情况

资料来源：香港特区政府统计处。

（二）促进金融服务体系与“总部基地”的融合

促进香港金融服务与海南自由贸易港“总部基地”的融合。作为全球第三大金融中心，2021年香港金融服务业占本地生产总值的21.3%，从业人员约27.7万人[2]，不仅具备全球最开放的金融政策，而且有能力为各类市场主体提供全类别的

[1] 数据来源：商务部、海关总署、海口海关。

[2] 数据来源：香港金融管理局。

金融服务。与此同时，在面对东盟经济与地理中心——新加坡——的竞争的情况下，香港“总部基地”也面临重要挑战。2019—2022年，香港总部企业数量下降8.5%（见图5-4）。通过引入香港金融机构与相关服务体系，合力满足国内企业以海南自由贸易港为“总部基地”投资东盟的各类需求，不仅将加速海南自由贸易港“总部基地”的建设进程，也将明显拓展香港金融服务范围。

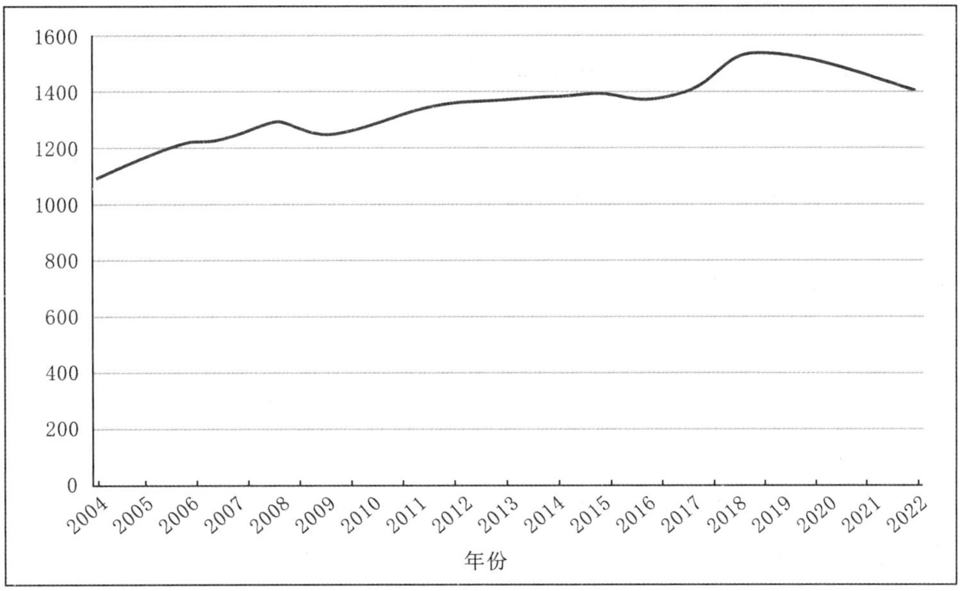

图5-4 2004—2022年香港总部企业数量

资料来源：香港特区政府统计处。

（三）促进香港更好地融入国家发展大局

1. 为香港更好地融入国家发展大局提供新平台、新通道。更深程度融入国家发展大局，既是中央对香港的基本要求，也是增强香港发展动能、实现新飞跃的最大条件。海南自由贸易港致力于对标世界最高水平开放形态，具备承载香港更好地融入国家发展大局的平台功能。特别是全岛封关运作后，贸易、投资、金融、人员、财税、海关等政策制度将进入全面落实阶段，这将为“双港”提供基础条件。

2. 明显提升海南自由贸易港产业国际化水平。2022年，海南三次产业结构为

20.8：19.2：60.0，其中四大主导产业占比70%[1]。但从产业发展质量与国际化水平看，仍面临突出矛盾。从最新公布的服务商关联度指标（体现会计、咨询、金融、保险、法律等高端现代服务业竞争力）看，新加坡为361分，海口仅为31分。

3. 实现“双港”发展需求的有效对接。依托海南自由贸易港高水平开放的基础性条件，着眼于香港拓展发展空间、增强服务业发展动力和海南自由贸易港做大现代服务业的实际需求，在市场对接中实现“双港”现代服务业的差异化布局与产业链供应链协同，有利于在促进香港更好地融入国家发展大局中为香港优化产业布局、延伸产业链供应链提供空间，也有利于释放“双港”产业发展新动力，合力做大产业规模，提升现代服务业国际竞争力。

（四）服务于人民币国际化进程

1. 人民币国际化正处于以跨境交易为主导的阶段。从美元等国际货币发展趋势看，从以跨境交易为主导向以离岸交易为主导的过渡，是其基本历程。从人民币跨境使用情况看，2021年人民币跨境收付金额合计为36.61万亿元，是离岸市场人民币存款余额的24倍，也就是说，人民币跨境交易目前占绝对主导地位，离岸交易还处在很低的水平。SWIFT（环球银行间金融通信协会）数据显示，2023年2月，各国货币在国际贸易中的支付份额，美元为41.1%，欧元为36.43%，人民币为2.19%，排位第五[2]。IMF数据显示，在全球外汇储备中，2022年第四季度人民币占比为2.69%，位居全球第五[3]。中国人民银行的数据显示，2022年第一季度人民币国际化综合指数为2.86，美元、欧元、英镑和日元等货币的国际化指数分别为58.13、21.56、8.87和4.96[4]。

[1] 数据来源：根据海南省统计局公布数据计算整理。

[2] 数据来源：SWIFT。

[3] 数据来源：IMF。

[4] 《2022 年人民币国际化报告》，https://www.gov.cn/xinwen/2022-09/24/5711660/files/003e0bd04d4742a5a06869fdc37ea8c8.pdf。

2. 离岸金融业务是促进人民币国际化的重要动力。从美元国际化的发展经验看，离岸市场发挥了重要作用。例如，欧洲美元市场出现，大量吸纳境外美元，便利各国在伦敦等地发行美元债券，也便利伦敦金融机构进行美元贷款。截至2021年末，境外主体持有境内人民币股票、债券、贷款及存款等金融资产金额合计为10.83万亿元，仅为M2（广义货币）的4.5%[1]。究其原因，在于人民币汇兑自由化水平低和离岸人民币市场发展滞后。在人民币资本项目难以在短期内开放的情况下，尽快发展离岸人民币市场，鼓励支持人民币在境外非居民个人间使用，成为人民币国际化的重要手段。

3. 离岸金融市场是畅通人民币内外循环的关键要素。美元作为国际货币，其交易主平台从在岸转到离岸，并形成较大规模。2019年，美元外汇交易的83.47%发生在离岸市场，其中43.51%在英国[2]。从我国情况看，由于离岸人民币市场发展相对滞后，流动性的获得依赖在岸市场的货币输出。在海南发展离岸人民币市场，有利于为境内外人民币搭建一条连接通道，促进内外循环，特别是促进人民币更好地回流。

二、在优势互补中推进“双港”服务一体化进程

（一）实现“双港”发展优势与资源优势的叠加

1. 产业优势互补。总体看，与粤港澳大湾区相比，“双港”互补性更加明显。2021年，香港服务业占比90%[3]；截至2021年底，在全球100家规模较大的银

[1] 《2022 年人民币国际化报告》，https://www.gov.cn/xinwen/2022-09/24/5711660/files/003e0bd04d4742a5a06869fdc37ea8c8.pdf。

[2] 数据来源：BIS数据库。

[3] 数据来源：香港特区政府统计处。

行中，有78家在香港设立机构，且具有全类别金融服务[1]；由约120家航空公司连接全球超过150个航点；香港的法庭裁决水平位列全球第三，且香港是全球五大首选仲裁地之一。也就是说，海南所需正是香港所长。以免税购物为例，若“双港”能够联手共建免税供应链，将促进海南年免税消费额由目前的600亿元上升至1600亿元，成为全球最大的免税消费市场。

2. 资源要素互补。2020年，香港与东盟的贸易额为1607亿美元，东盟是香港第二大贸易伙伴，香港是东盟第三大直接投资来源地；2021年，境外企业在香港设立总部达1457家[2]。与此同时，受香港综合成本高、发展空间受限等因素制约，目前香港企业、人才等要素有外流倾向。海南拥有3.54万平方公里的土地面积，但单位土地生产总值仅为香港的0.72%。若海南土地资源利用效率达到香港的5%，将释放数千亿元的资本需求。

3. 放大海南自由贸易港地缘优势。海南位于RCEP成员国中心，向北通过海陆空与内地紧密相连，向东、向南通过航空和海运与东亚2国、东盟10国、澳大利亚和新西兰便捷连接，东亚、东南亚各国都在海南4小时飞行圈内，澳大利亚也在海南8小时飞行圈内。香港是国际金融、航运、贸易中心，是内地与东盟贸易的重要转口港，内地与东盟每年约有4500亿港元的货物经香港转口；已有逾80家总部设于东盟地区的企业在香港交易所上市，在非东盟股票市场中居于首位。“双港”经贸合作，就是要促进海南地缘优势与香港以金融为重点的发展优势相结合，突破海南尚不具备条件的发展与体制掣肘，形成叠加放大效应。

（二）率先实现合作共建“总部基地”的重要突破

1. 建设中国企业投资东盟的“总部基地”有相当强的迫切性。面对国际政治

[1] 《香港中国金融协会理事朱晓军：香港打造国际场外衍生品结算中心》，https://ishare.ifeng.com/c/s/v002mbcRLjhF7dbJsXG--zsEGMctx7B32ybLqdlQ8ZBeKlGY__。

[2] 数据来源：香港特区政府统计处。

经济格局复杂严峻的变化，出台相关举措支持国内有条件的企业到东盟投资合作具有紧迫性。特别是在亚太地区产业链供应链加速重构、区域经贸安全格局加速重塑的情况下，海南自由贸易港要适应全球与我国投资合作大势，首要在于打造国内企业到东盟投资的“总部基地”。未来2～3年，要有重要突破。

2. 形成“双港”“总部基地”的差异化布局。“双港”联手共建海南自由贸易港“总部基地”，不仅不会降低香港总部经济吸引力，还将形成服务衔接、功能互补的整体优势。例如：利用香港开放优势，重点吸引企业设立资金管理、研发设计、对外营销等“总部基地”；依托海南充裕的地理空间和距离东南亚最近的优势，重点吸引企业设立中高端加工、销售、交易、运输等“总部基地”。

3. 打造“海南承接+香港服务”的合作模式。着眼于香港发展空间有限、综合成本较高等短板和海南自由贸易港资源丰富、与内地联系更为紧密等特点，积极吸引国内企业在海南自由贸易港建立投资东盟的“总部基地”，并通过规则对接、市场联通、要素畅通等多种方式，促进香港国际化服务体系向海南及内地延伸。

（三）破除“双港”经贸合作的制度性壁垒

1. 破除市场联通的壁垒。市场联通是“双港”经贸合作的基础性条件。从现实情况看，相较于香港，海南自由贸易港以服务业为重点的市场开放相对滞后。例如，在中国香港-澳大利亚自由贸易协定中，香港跨境服务贸易负面清单共有16项限制措施（不含金融），金融领域跨境服务贸易限制措施有5项；海南自由贸易港跨境服务贸易负面清单共有70项限制措施。促进“双港”经贸合作，需要在市场开放中使得各类市场主体在更加充分的合作竞争中实现联动发展。

2. 破除规则差异的壁垒。“双港”合作涉及两套法律、两种规则。特别是在推进以现代服务业为重点的经贸合作中，迫切需要加快推进“双港”服务业规则、规制、管理、标准的对接。香港具备高度自由开放、同国际规则顺畅衔接的优势。推进海南自由贸易港制度型开放，打造世界最高水平开放形态，最有条件的就是率先推进面向香港的制度型开放，在规则、规制、管理、标准对接中实现“双港”服务业深度合作、服务体系全面对接和市场体系直接融合。

3. 破除体制机制的壁垒。由于受到两种制度、两个关税区等因素的影响，经济领域的各种要素难以实现自由流动。香港自由开放雄冠全球，营商环境世界一流。推进以经济管理体制为核心、社会与行政管理为保障的体制机制对接，既是海南自由贸易港建设的重大任务，也将成为经贸融合的重要保障。

三、务实开展以金融为重点的现代服务业合作

（一）以建立人民币与港币的双币资金池为重点促进“双港”金融服务合作

1. 在海南自由贸易港设立服务“总部基地”的人民币与港币的双币资金池。适应国内企业“走出去”的趋势与海南自由贸易港“总部基地”建设的需求，在海南自由贸易港设立人民币与港币的双币资金池，共同向中央申请设置较高额度，在额度范围内实现人民币与港币的自由兑换。例如，内地企业可以在海南自由贸易港设立地区总部，在香港设立“走出去”总部，允许这些双总部企业通过双币资金池实现资金自由进出，在双币资金池内自由调配并开展融资，降低企业财务成本。

2. 合作搭建面向国内企业的金融服务平台。例如，支持在港央企、在港金融服务机构与海南合作建立服务国内和东盟企业的能源、航运、大宗商品、产权、股权、碳排放权等国际交易场所，并通过委托符合条件的香港金融机构管理运营等方式，全面引入香港交易标准。共推自贸港国际财资中心建设，聚焦跨境财富管理和跨境资金运营，以自贸港账户体系资金池试点为切入口，推动跨国公司和“走出去”央企在海南设立跨境资金运营机构。

3. 合作开拓面向东盟的特色金融市场。未来，东南亚基础设施投资的加大以

及商业生态系统的改善会让私人投资涌进当地市场。特别是在数字经济、绿色发展等新增长点领域，蕴藏着巨大的金融服务需求，区域内的主要金融中心新加坡也无法全部满足。这为“双港”金融服务范围的拓展提供了重要机遇。例如，合作开拓面向东盟的绿色金融与ESG（环境、社会和公司治理）金融市场，聚焦“碳达峰、碳中和”的目标和绿色金融的细分领域，对标国际先行探索，共建覆盖内地与东盟的碳汇交易中心。

（二）合作共建服务总部企业的法律服务体系

1. 促进“双港”法律服务市场的对接。争取将海南自由贸易港作为不同法律制度对接试点，以务实举措实现法律服务市场对接的突破。例如，支持两地律师事务所订立合作协议，在海南组建合伙型联营律师事务所，并以该所的名义对外提供法律服务，允许合伙型联营律师事务所及其香港律师在内地全面提供涉港、涉外法律服务，允许合伙型联营律师事务所及其内地律师在香港全面提供涉及内地的法律服务。

2. 香港立法团队以多种形式参与海南自由贸易港法规体系建设。例如，组建由香港特别行政区立法会议员组成的海南自由贸易港立法顾问团，为海南自由贸易港提供立法智力支持服务；招录香港知名法律专家与司法界人士参与海南自由贸易港消费、金融、会计等领域的立法，提升海南自由贸易港立法质量。

3. 合作打造以仲裁为重点的多元化纠纷解决机制。吸引香港国际仲裁中心在海南设立分支机构，支持其按照香港惯例和做法对国际商事纠纷案件开展仲裁服务；探索聘请港籍法官、律师在海南自由贸易港担任公证员、司法鉴定员、法官助理等，开展涉外民商事纠纷解决辅助工作；合作建立“双港”司法服务联盟，为“走出去”企业提供涉外法律服务。

（三）合作共建服务总部企业的专业服务体系

1. 引进香港国际中介服务机构。充分利用海南自由贸易港政策优势，加快引进更多国际知名会计、审计、信用评级、资产评估、投资咨询等专业中介服务机构，形成完整的服务体系，为离岸贸易相关企业、金融机构营造稳定、高效的发展环境和公平的竞争环境。

2. 合作共建国内企业投资东盟的专业服务联盟。联合专业的担保机构、会计师与律师事务所、投资咨询公司、资产评估公司等，合作为走向东盟的企业提供法律援助、投资保险、直接融资、信用评级等一揽子专业服务。发挥香港信息中心的优势，为“走出去”企业提供东盟当地政策与法律查询解读、国别投资环境评价、境外合作项目推荐、各类风险预警等相关服务。

3. 合作共建国内企业投资东盟的指引中心。参照RCEP及东盟规则制定“海南自由贸易港对外投资与海外经营合规管理指引”，并形成定期更新机制，重点就当地的安全审查、行业监管、外汇管理、反垄断、劳工管理、环境保护等问题形成基础性规范。

（四）联手共建免税购物产业链供应链

1. 推进“双港”免税产业链的梯度分工。发挥香港国际网络广泛、免税供应商合作紧密等优势，积极开展免税商品采购、免税购物市场推介策划、供应链金融与品牌建设等相关业务；发挥海南土地资源丰富的优势，积极开展免税商品的分拨分拣、加工配送、保税仓储等增值服务。

2. 合作共建“双港”免税购物合作园区。探索“海南以土地形式入股，香港出资建设和招商运营”的建设模式和合理的利益分享机制，在海南设立“双港”免税购物合作园区，重点合作开展免税消费品保税物流、保税展示、包装制造与加工维修等业务，全面引进优质资本以及先进的经营、管理理念和优秀人才，提升海南免税购物产业的国际化水平。

3. 联手建立国际消费品交易中心。依托香港交易、金融、商务等服务与人才优势和海南政策资源优势，以中高端免税商品与日用消费品为重点，与香港合作在海南建立国际消费品交易中心，引入国际商品交易规则，积极开展消费品信息发布、交易、展示、集散、金融、保险、会计、法律等业务，在促进政策、金融、渠道、仓储物流、信息技术等各类资源高效整合的同时，提高海南对消费品的国际定价权和免税购物领域的规则制定话语权。

（五）共同开拓中国与东盟医疗健康消费大市场

1. 支持香港参与博鳌乐城国际医疗旅游先行区建设。依托香港生物医药研发优势，在博鳌建设医药技术成果转化园，实现香港医疗健康创新技术在博鳌率先落地。

2. 合作共建药品国内转化产业链供应链。香港在药品转化的基础研发方面具有明显优势，但中下游方面竞争力不足，且缺乏与国家药品监督管理局的沟通机制。依托海南真实世界数据应用试点通道，合作开展欧美已经上市且国内尚未注册的药品在海南率先转化合作，支持在海南建设香港医药研发机构，使得香港医药研发企业可以利用国内居民生物数据开展药品转化基础研究与试验，合作共建药品产业链。

3. 共同开发内地与东盟健康旅游消费大市场。发挥海南自由贸易港资源优势，与香港合作建设一批面向内地、辐射东盟的健康诊疗中心、体检中心、康复中心、医美中心。

四、实现制度型开放的重要突破

（一）逐步建立“双港”金融“单一通行证”制度

1. 建立“双港”总部企业金融服务直通机制。发挥香港金融人才与信息服务业发达优势，允许在港金融机构通过跨境服务、自然人移动等方式为在海南自由贸易港设立“总部基地”的企业提供金融及信息服务，并在一定范围内允许其在海南自由贸易港内使用港币。

2. 借鉴欧盟经验，实施“双港”金融机构牌照和资格“单一通行证”制度。共同商定“单一通行证”认证标准，对经认证的金融机构，经备案后无须单独申请准入即可为两地企业提供相关金融服务。在起步阶段，可率先在银行、保险等领域开展探索，并逐步向外汇交易、期权期货、证券发行、货币经纪、资产管理等领域拓展。

专栏5-1　欧盟“单一通行证”制度简介

1.基本情况

“单一通行证”制度是指欧盟成员国内金融机构可在他国境内设立分公司或不设立分公司直接提供金融服务，而无须经过东道国许可的制度安排。该制度安排主要涉及九类金融机构，包括银行、贷款公司、保险与再保险公司、保险经纪、投资公司、支付机构、电子钱包、另类投资基金和可转让证券投资基金。

欧盟“单一通行证”制度发展至今，具体表现形式是，只要金融机构所在成员国批准，该金融机构便可在欧盟其他成员国自由开展业务，其他成员国原则上不能施加额外监管要求。作为欧盟单一金融市场的核心制度，其主要通过减少成员国之间提供跨境金融服务的壁垒，大幅推动欧盟国家间金融服务的一体化。

2.实施效果

从实践看，欧盟“单一通行证”制度消除了金融机构在欧盟境内的跨境展业障碍，促进了资金自由流动，推动了欧盟金融市场一体化进程。比如，卢森堡作为欧洲的金融中心之一，是很多国际机构包括中资机构设立地区总部的优先选项。卢森堡最大的吸引力，是在卢森堡申请金融业务牌照后，即可在整个欧元区内通行。

从市场发展看，根据英国金融行为监管局（FCA）统计，实施“单一通行证”制度后，英国约有5500家机构在欧盟其他国家开展金融活动，同时约有8000家注册在欧盟其他国家的机构在英国开展金融业务。与此同时，欧盟内部并购活动迅猛增长，金融市场集中度显著提升，金融业竞争加剧。

资料来源：中改院课题组整理。

3. 建立粤港澳金融风险共同防范机制。成立“双港”金融协调监管委员会，协调处理两地之间有关互设金融机构、货币互换和汇兑机制、互相信用支持、金融信息交换、金融风险防范和合作监管机制等金融事务；建立“双港”金融调解与仲裁、诉讼的对接机制，依法维护金融消费者的合法权益；建立“双港”反洗钱和反恐怖融资监管合作机制，防范非法资金跨境、跨区流动。

（二）赋予港资、外资企业适用法律自主选择权

1. 尽快推进“双港”仲裁规则的衔接。参照《香港国际仲裁中心机构仲裁规则》，出台“海南自由贸易港国际商事仲裁条例”。尝试推进海南自由贸易港的临时仲裁制度。进一步强调商事仲裁裁决的法律效力，杜绝司法机关对仲裁程序的不当干预，谨慎撤销仲裁裁决，确保仲裁结果的权威性。

2. 允许港资、外资企业在商事领域自主选择法律适用。出台“海南自由贸易港总部企业商事法律适用指引”，赋予在海南自由贸易港注册或设立总部的港资、澳资、台资及外商投资企业对法律适用的选择权。例如，支持诉讼方要求海南法院采纳内地或香港法律作为审理争议的适用法律，或支持合作方协议约定海南法院以香港法律审理日后争议等。

3. 为在港法律服务机构在琼营业提供更大便利。进一步扩大香港律师事务所驻海南代表机构业务经营范围，逐步实现由非诉讼领域向民商事诉讼领域拓展；条

件成熟时，允许在港律师事务所在海南自由贸易港设立分支机构，专司涉港、涉外法律服务；支持在琼律师事务所聘请香港律师，开展面向内地企业的法律业务。

（三）推进“双港”会计等专业服务标准对接

1. 合作制定专业服务业管理标准。学习借鉴香港高水平专业服务业管理标准，加快建立海南自由贸易港会计、审计等专业服务业管理标准体系，积极推进海南相关行业企业开展国际标准认证，提升专业服务业国际化及专业化水平。

2. 制定实施认可会计服务商计划。允许符合香港标准的会计、审计等服务机构，在海南自由贸易港经备案审核后直接开展相关经营与业务活动。允许具备国际执业资格的在港会计师、审计师等，经海南主管部门备案后，直接为海南非居民企业提供记账报税、审计验资、资产评估等会计服务。

（四）推进医疗健康服务业管理标准对接

1. 将香港纳入博鳌乐城特许药械使用范围。对已在香港上市但尚未在国内上市的药品，在博鳌乐城使用；逐步提升政策便利度，借鉴香港经验，制定药械认可国家或地区清单，在清单内两个或两个以上的国家或地区注册后即可在博鳌上市使用。

2. 在海南自由贸易港建立医疗健康飞地。在海南自由贸易港特定区域内率先适用香港医疗健康管理标准，由香港方面负责运营管理。

3. 建立“双港”医药转化研发对接机制。支持在港医药研发机构以开展面向国内的药品转化研发为目的使用国内生物医药数据，并实现与海南研发试验数据的共享，支持博鳌利用在港医药研发机构实验数据开展国内医药注册。

4. 促进医疗健康配套服务体系的对接。发挥香港医疗保险服务优势，合作开发面向内地与东盟的特许经营药械长期保险产品。

（五）促进“双港”免税购物服务标准对接

1. 尽快实现“双港”免税购物监管标准互认。推进“双港”免税商品海关监管标准互认、执法互助、快速通关、信息互换、数据共享、实时监控，建立快速反应联络机制，并通过应用同一把电子锁及全球定位系统设备减少同一批免税商品在两地出入境时被海关重复检查的情况，简化清关手续，加快货物转关流程。

2. 推进“双港”免税商品质量安全管理体系对接。例如，率先在海南免税店适用香港《消费品安全条例》《服务提供（隐含条款）条例》《商品说明条例》等法律裁决民事纠纷案件；加强“双港”在免税购物领域的职业资格、服务标准、认证认可、检验检测、行业管理等领域规则对接，促进免税商品贸易自由化；鼓励香港商品质量安全认证机构在海南开展免税商品质量国际认证服务，鼓励香港服务标准中介机构为海南免税购物经营企业提供国际化标准信息咨询、推介等服务。

（六）全面扩大对香港人才的单向认可范围

1. 推进对香港人才的单向认可制度创新。取消认定人员“已被海南自由贸易港用人单位聘用”的限制，允许取得香港职业资格的相关技术人员免试在海南自由贸易港范围内提供跨境服务。

2. 明显拓宽对香港人才的单向认可范围。适应“双港”金融、法律、会计、免税、医疗健康等服务需求，实行海南自由贸易港对香港人才单向认可动态调整机制，逐步实现认可范围全覆盖。对经认可的香港人才，在海南自由贸易港备案后，即可开展已具备资质的相关业务。

3. 支持“双港”合作共建专业协会。支持“双港”合作共建律师协会、医师协会、会计师协会等，作为社会团体法人，制定相互认可的管理标准，共同对两地律师事务所及律师进行管理。

（七）推进以税收为重点的“双港”政策协同

1. 促进“双港”税收优惠政策的对接协同。对在海南自由贸易港的香港人才，允许其与海南共享“居住满183天”的时限，只要在海南与香港的居住时间之和超过183天，即可享受海南自由贸易港特殊税收政策。

2. 对在琼香港人才实施“港人港税”。鉴于海南自由贸易港15%所得税政策仅限于工资薪金、劳务报酬、稿酬、特许权使用费四项所得，香港则包含全部所得，建议允许在琼香港人才对其综合所得自主选择海南自由贸易港或香港的税收政策。

第四节

推动琼州海峡一体化进程

2023年4月10日，习近平总书记在考察徐闻港时指出，“琼州海峡是国家经略南海的战略通道”[1]。推动琼州海峡一体化、加快海南自由贸易港建设，是广东海南“相向发展”的战略任务。务实推动琼州海峡一体化，要以产业协同为主线，以琼州海峡一体化发展示范区为平台，以交通设施互联互通为基础，以体制对接为保障，加快构建梯度衔接、优势互补的分工协作体系，实现互利共赢、共享发展。

一、以产业协同为主线

（一）推进广东产业发展优势与海南政策优势的叠加

1. 促进广东农业发展优势与海南农业资源优势和加工增值政策的叠加。以农业为例，推进广东与海南农业合作，将带动雷州半岛与海南岛农业产业化水平的整体提升。初步计算，2022年海南农产品加工业产值与农业总产值之比为0.21∶1，2020年全国农产品加工业产值与农业总产值之比为2.4∶1，2021年广东农产品加工

[1] 《“在推进中国式现代化建设中走在前列”——习近平总书记考察广东纪实》，《人民日报》2023年04月14日，第01版。

业产值与农业总产值之比为4.43∶1[1]。若海南农产品加工业产值与农业总产值之比达到全国平均水平，农产品加工业产值将新增近2700亿元；若达到广东2021年水平，将新增5000亿元的产值。

2. 实现“广东产业+海南政策”的叠加融合。依托海南自由贸易港加工增值货物内销免征关税政策，支持广东在海南自由贸易港设立农产品加工园区，使农产品加工增值超过30%后以“零关税”进入广东并向全国分销；依托海南自由贸易港“零关税”政策，合作建立面向东盟的农产品采购中心、保鲜基地；合作设立南繁种业育种技术转化平台、试验基地，共同打造区域性、全球性热带农产品产业链、供应链。

3. 吸引粤西地区热带农业企业在海南开展农业工业化业务。围绕保鲜、加工、储藏等短板领域，开展农业产业化重大项目建设；吸引粤西地区农业龙头企业在海南开展相关产业化项目，合作开展面向东盟的农产品采购，合作建立一批研发、加工、包装、保鲜、物流、示范、服务等相互融合和全产业链的农业产业化集群，使农产品加工增值超过30%后以“零关税”进入内地，共同服务全国大市场。发挥海南自由贸易港企业进口自用生产设备“零关税”等政策优势，吸引粤西三市农业加工贸易企业到海南发展农产品和热带水果国际转口贸易、进口原料加工和本地农产品深加工产业，进一步延伸海南热带农产品产业链，提升农产品附加值。

（二）推进广东创新优势与海南资源优势的融合

1. 吸引深圳科研机构与企业参与南繁种业科技创新中心建设。支持岭南现代农业科学与技术广东省实验室深圳分中心等在三亚崖州湾科技城设立分室，重点围绕组学技术、合成生物学、植物基因组、动物基因组、生态基因组、食品科学等生物育种关键技术开展联合攻关。吸引深圳优质企业参与南繁育种基地信息基础设施和配套大数据公共服务系统建设，共同打造育种全流程智能化、无人化示范基地。

[1] 数据来源：根据统计局公布数据计算整理。

2. 支持广东科研机构与企业将深海科技中试与部分成果转化环节放在海南。吸引科研机构、高校及涉海企业入驻三亚崖州湾科技城，共同打造深海科技创新公共服务平台，强化政府间合作，建立琼粤深海技术实验室，重点围绕海洋科考、深海装备、深海矿产资源开发、深海材料和深海通信等领域开展关键技术攻关；依托海南区位与资源优势，支持清华大学深圳国际研究生院在三亚参与建设国家深海测试平台项目，建设深海科技中试基地和成果孵化与转化基地，并吸引相关企业将与深海测试相关的产业化环节放在海南。同时，引入港澳资本及金融服务机构，开发面向深海科技创新的金融保险产品和商务服务。

3. 吸引广东航天科研机构与企业研发装备环节向海南延伸。以文昌国际航天城与海口江东新区临空产业园为载体，积极吸引国微电子、深南电路、大疆创新、亚太星通、华讯方舟以及中科遥感（深圳）卫星应用创新研究院等企业、科研机构在海南设立分支机构，重点开展火箭研发和商业卫星研制、卫星导航优化升级、民用无人机组装等。

4. 建立两地“海陆空”科技成果转化直通机制。重点围绕生物育种、深海科技、航空科技及金融、旅游、文化娱乐等重点产业，建立科技成果信息共享机制与绿色通道，充分利用海南自由贸易港相关政策，支持深圳高校、实验室、企业的科技成果在海南备案后直接开展探索性或示范性应用；依托深圳的资本、企业及科技要素优势，在海南自由贸易港建立面向东盟的科技成果孵化平台与青年创业就业基地，共同吸引东盟高价值创新成果与优质创新要素在海南或深圳实现产业化。

（三）推进广东对外开放布局与海南“总部基地”建设的对接

1. 吸引广东企业在海南自由贸易港设立“走出去”总部。2021年，广东省对东盟直接投资占全省对外投资总额的30%[1]。目前，海南自由贸易港已出台相关

[1] 《迟福林：优势互补 务实行动 合力推动琼州海峡一体化发展》，http://www.cird.org.cn/2023/0823/38214.shtml。

政策，打造中国企业进入东盟等境外国家的“总部基地”。建议探索形成“海南总部+珠三角基地”的联动发展模式，促进广东优势产业链更好地向东盟延伸。例如，依托海南自由贸易港新增境外直接投资所得免征企业所得税政策，吸引广东相关企业在海南设立“走出去”总部；依托海南自由贸易港跨境数据安全有序流动政策，吸引粤港澳大湾区企业以海南为总部开展同东南亚国家在数字经济领域的自由贸易；吸引珠三角相关企业将新药创制部分产业链环节布局在海南，并争取将其纳入特许药械使用范围；等等。

2. 合作开展对东盟国家的数字贸易。例如，吸引深圳数字贸易与电商企业在海南自由贸易港建立海外仓性质的保税仓储基地；依托海南自由贸易港数据与金融开放政策，吸引深圳数字龙头企业在海南建立面向东盟的“总部基地”；支持海南与深圳两地数字龙头企业、产业联盟等牵头成立相关领域发展基金，加强对规则制定、研发设计、海外并购、知识产权等关键环节的资金投入；等等。

3. 合作共建国际海洋资源集散贸易基地。利用海南、粤西地区拥有共同海域的地缘优势，以及两省作为我国渔业主产区的发展基础，合作发展海鲜产品进口、热带水产种苗出口和现代渔业科技服务贸易，积极拓展渔业生产原料贸易、海产品精深加工与冻品国际贸易和冷链物流、供应链金融服务等相关产业，探索琼粤共建面向东南亚的，涵盖信息发布、贸易、定价、价格指数发布、金融保险等功能的，以人民币计价的国际化、数字化国际海产品现货电子商务贸易服务平台，推动打造立足海南、辐射东南亚的国际水产品集散基地。

二、以琼州海峡一体化发展示范区为平台

（一）高标准谋划建设琼州海峡一体化发展示范区

1. 琼州海峡市场连接的重要门户。放大地缘优势，围绕打造琼州海峡半小时

经济圈建设临港经济区，并在拓展内地与东盟市场腹地中提升经济辐射带动作用。

2. 琼州海峡产业协同发展的示范引领区。把握琼粤发展所需，形成梯度衔接、分工合理、优势互补、上下游协同的跨区域产业链和特色产业集群。

3. 琼州海峡物资运输的集散枢纽。适应封关运作后海南与广东物资双向流动的实际需求，做大做强枢纽经济，在强化对海南自由贸易港重要物资供给保障功能的同时，促进琼粤两地生产资料跨区域双向便捷流动。

4. 海南自由贸易港主导产业发展的后援基地。利用特别合作区的土地资源优势，围绕为海南自由贸易港主导产业作配套，积极引进海南自由贸易港优势产业链或产业链重要环节，努力打造海南自由贸易港主导产业发展的后援基地。

（二）以琼州海峡一体化发展示范区为平台促进广东与海南经济融合

1. 支持在示范区内两省共建创新飞地。

（1）推动深圳在海南设立科技成果转化应用飞地。聚焦“南繁、深海、航空”等资源优势及金融、数据等开放政策优势，支持深圳在文昌国际航天城、博鳌乐城国际医疗旅游先行区、三亚崖州湾科技城、海南生态软件园、海口江东新区等设立以数字产业化、科技成果转化应用为主题的飞地，引进和承接深圳创新机构和高新技术企业，实现与深圳创新主体在科学研究、实验开发、中试检验、推广应用等方面的有机联动，实施更具弹性的审慎包容监管制度，为价值评估、检验检测、认证审批、金融扶持等领域提供最大便利条件。

（2）推动海南在深圳设立核心技术创新飞地。对尚不具备引入条件的创新环节，支持海南在深圳设立创新飞地，充分利用深圳人才、企业、资本、技术等创新要素，重点开展生命健康、生物育种、空调科技、深海科技及集成电路、关键元器件、工业母机、基础软件等核心技术研发，打造“深圳研发+海南应用”的产业链整合模式。

2. 合作建立面向东南亚的热带农产品来料加工示范园。积极运用加工增值货物内销免征关税政策，重点面向东南亚市场和对接内地市场，鼓励发展外向型农产品加工业，着力构建“两头在外”的农产品加工体系。积极吸引内外知名农产品加工企业，打造包括蔬菜、热带果品、水产品等在内的，涵盖采购、深加工、营销和分销等环节的来料加工基地。

3. 提升海南片区产业合作功能。加快推进海口国家高新技术产业开发区新型基础设施建设，努力打造现代医药和医疗器械、高端装备制造、节能环保等产业承载区；提升海口综合保税区服务水平，努力打造免税品生产、国际贸易物流、仓储分拨、保税加工、先进制造、融资租赁、展示交易等产业承载区；增加洋浦经济开发区新增建设用地规模，努力打造绿色石化新材料产业转移承载区。

（三）推动实现两地双园的规划衔接、产业协同

1. 统一规划。组建由两省相关职能部门参与的规划设计专班，按着有利于发挥各自优势的要求，规划设计两地双园各自承载的产业链环节、重点项目、土地布局、短中长期发展目标等。

2. 统一建设。由两省组建特别投资开发公司，设立园区建设投资基金，鼓励央企参与，撬动社会资本参与，共同推动园区开发建设，确保两地双园进度一致。

3. 统一运营。组建统一运营主体，打破行政区划界限；同时，支持港澳发挥资金、智力等优势，参与园区招商引资、规划设计。

4. 统一管理。由海南与广东两省联合组建管理委员会，在职权范围内统筹决定特别合作区的重大规划、重大政策、重大项目和重要人事任免。管理委员会实行双主任制，由海南省政府主要领导和广东省政府主要领导共同担任，海南省政府委派一名常务副主任，琼粤双方协商确定其他副主任。成员单位包括两省有关部门、湛江市政府和徐闻县政府等。

三、以交通设施互联互通为基础

（一）进一步推进琼州海峡港航一体化

1. 加快推进琼州海峡南北两岸港航资源整合。在当前基本完成琼州海峡南岸航运资源整合、北岸港口资源整合的基础上，按着《加快推进琼州海峡港航一体化实施方案》的要求，加快推进琼州海峡南岸港口资源整合、北岸航运资源整合进程以及南北两岸港航资源整合，加快实现琼州海峡两岸港航资源“统一规划、统一建设、统一运营、统一管理”；加快完善琼州海峡港航一体化协调运作机制，省级层面以协调为主，地方层面以协作为主，企业层面以合作为主。

2. 尽快打造琼州海峡两岸统一的调度及应急管理平台。

（1）建立统一的调度管理平台。以新海港、秀英港与湛江港为重点，由海南省交通运输厅、广东省交通运输厅牵头，建立由海口市交通运输和港航管理局、湛江市交通运输局及港口运营企业共同参与的船舶调度管理局，对琼州海峡过海的所有船舶进行统一调度，最大限度缩短船舶进出港和等待泊位的时间。吸引港澳航运相关企业参与，重点开展琼州海峡货物、人员运输的保险及船舶融资、资金结算、航运衍生品等金融服务。在人货分离的前提下，建立统一的售票App，推进船舶证书电子化，实现港口作业单证数字化和信息共享。

（2）建立统一的应急管理平台。建立琼粤应急事件议事协调机制，推动实现两省应急指挥平台信息互通共享，合作制定琼州海峡应急预案，切实防范因自然因素导致的旅客、货轮滞留堵塞问题。合作打造琼州海峡救助队伍与信息发布中心，实现应急救援统一指挥、联合行动、信息共享。

3. 促进疏港交通与城市交通衔接。按着“人车分离”“客货分离”“进港和出港的车辆旅客分流”的原则，提前谋划各类公共交通规划，打造“三位一体”的现代化水陆交通运输综合枢纽；在实现港口、船舶资源统一调度、统一作业的前提下，不断优化窗口服务和监管体系，提高港口及船舶作业效率和智能化水平，完善进出海南客滚运输航线布局，提高船舶准点率。

4. 推进陆岛快速互联互通。加快推进湛江至海口高速铁路前期工作，争取尽快开工建设，融入国家高速铁路网，做好配套码头工程的规划建设，尽可能缩短跨越海峡的时间。推进沈海高速公路粤西部分扩容升级和海口段工程项目建设，提升跨界高速公路通道能力。

（二）加强协调共建功能互补的区域性港口群

1. 优化沿海港口功能布局。巩固提升香港国际航运中心地位，加快发展高端航运服务业，并为海南企业提供服务；增强广州、深圳国际航运综合服务功能；加快推进洋浦区域国际集装箱枢纽港建设，着力提升洋浦港集装箱码头和航道等级能力，增强洋浦港国际中转业务功能，推动公共码头资源整合，完善洋浦国际物流和冷链物流设施，与香港、广州、深圳形成优势互补、互惠共赢的港口、航运、物流和配套服务体系。

2. 推动与粤港澳港口打造“一单制”联运平台。探索将海南部分港口交付粤港澳大湾区实力雄厚的港口集团进行统一开发管理；以海南洋浦港为平台，开展以洋浦港为中转站的内外贸同船、沿海捎带业务；推进海南洋浦港与香港、广州、深圳、澳门的大港合作，力争打造港口联盟，推动“单一窗口”标准与功能统一、数据共享、单证互认，加密并优化海南与粤港澳大湾区之间的班轮航线，探索建立大宗散货经海口港、洋浦港和湛江港中转的港口运输合作机制，实现“一单制”联运合作。探索开展海南重点港口交由香港方面运营。

3. 打造衔接有序、协同联动的航运集疏网络。加快推进海口新海港区、徐闻南山港区等港口设施、综合客运枢纽和集疏运体系建设。优化港口公路运输网络，强化徐闻港、海口港等重要港口与高速公路网络的对接，提升港口的快速集疏能力。推动湛海高铁引入徐闻港区南山作业区，支持湛江在雷州港区布局对接海南的专业货运通道。发展以港口为枢纽的物流体系，开展集装箱物流、热带农产品冷链物流、国际粮油物流、石化物流等专业物流服务。加快琼州海峡两岸客滚运输基础设施统一规划和建设，密切与重要节点城市和物流枢纽的联系。强化琼粤港澳港口物流信息化体系建设，实现琼粤港澳四地航运信息互通共享，提升航运集疏效率。

（三）合作共建以航空为重点的城际快速交通网络

1. 加密优化区域内航线网络。加强海口美兰国际机场、三亚凤凰国际机场与广州白云国际机场、深圳宝安国际机场、香港国际机场、澳门国际机场的航线互联互通。加密直飞或与粤港澳大湾区相互中转的国际航线；继续打造“双港”空中快线，持续增加“双港”航线往来密度，方便更多国际游客通过香港中转来琼；优化完善海口美兰国际机场、三亚凤凰国际机场与广州白云国际机场、深圳宝安国际机场等的航线网络，实现机场航班公交化。探索建立枢纽运营一体化、行业数据一体化、票务清分一体化、航运政策国际化合作机制。

2. 吸引粤港澳大湾区机场管理集团参与海南机场的建设与管理。与粤港澳大湾区机场管理集团合作建设儋州机场、东方/五指山机场、琼海机场等小型机场或市支线机场，加快三亚新机场等机场建设，加快研究论证推动香港机场管理局参与海南机场管理合作的路径、方式。例如，探索借鉴香港机场和珠海机场的代理经营模式对海南新建机场进行运营管理。

（四）推动共建以东盟为重点的对外综合运输通道

1. 推动共建泛南海区域港口联盟。协同推进海南、广东、香港、澳门与东南亚国家和地区在国际中转、运输航线、物流配送等方面的密切合作，推动共建泛南海区域航运标准体系、管理制度体系等；强化海上航线联合开发、共享，联合组织开通至新加坡、越南等国家主要港口的国际航线，形成放射状、网络化、便捷化的航运交通网络布局；建立并完善区域港口物流合作协调机制，组建21世纪海上丝绸之路货运物流合作网络，打造泛南海区域海上运输大通道。

2. 推动共建泛南海区域空中运输大通道。在强化广州白云国际机场、深圳宝安国际机场国际枢纽机场功能的同时，加强海口美兰国际机场、三亚凤凰国际机场与粤港澳区域国际枢纽机场、区域枢纽机场的合作，联合加密或新开通面向东南亚国家和地区的直飞、中转国际航线，助力海南构建与泛南海区域各国家间通达通畅的航线网络，推动海口美兰国际机场由区域枢纽向国际枢纽转型。

（五）谋划封关运作后便利通关模式创新

1. 借鉴粤港澳大湾区便利通关举措，创新海南自由贸易港便利通关模式。对从广东、香港、澳门口岸入境的人员，实施“一地两检”“合作查验、一次放行”通关模式；加强海南国际贸易“单一窗口”与粤港澳国际贸易“单一窗口”交流合作，探索实施琼粤、“双港”、琼澳海关跨境快速通关对接项目，提升货物通关效率；借鉴“粤港澳大湾区组合港”业务模式，试点实行“琼粤港澳组合港”，琼粤港澳沿海和沿江不同关区的港口共享沿海港口代码，各相关海关按照协同监管理念，实行“一次报关、一次查验、一次放行”；联合制定通关标准，推动通关检验检疫互认。

2. 实行以信用为核心的便捷通关制度。着眼封关运作后“零关税”产品通关问题，参照香港模式，制定琼粤港澳认可经济营运商计划，在符合相关条件的情况下，实现“企业自主申明+规定期限备案+抽检”等通关模式。同时，依托“单一窗口”系统，开发特殊商品（含“零关税”及管制货物）电子锁，开展实时监控和标记处理，通过电子锁及全球定位技术，实现“跨境一锁、分段监管、无缝清关”。

3. 建立反走私联防联控机制。

（1）建立自由贸易协定（FTA）项下货物识别机制。实现FTA项下货物“零关税”与海南自由贸易港“零关税”政策的衔接，对海南自由贸易港“零关税”进口并进入内地的产品（非FTA“零关税”产品），建立跟踪识别机制，加强重大风险识别防范。

（2）实现琼州海峡两岸货物查验“统一规划、统一标准、统一建设”。合作制定海南自由贸易港防走私办法，形成琼州海峡两岸查验基础设施布局；在同一标准下，共同成立防走私基金，推进现场与非现场基础设施改造升级，加大对两岸重点港口业务技术用房、口岸限定区、检验场所（场地）、通道、车辆或集装箱装卸场（站）等现场查验设施建设投入，积极争取中央预算内投资专项补助；合作开发防走私信息监测及风险预警系统，实现走私信息共享、行动联动等。

四、以体制对接为保障

（一）推动琼州海峡两岸政策决策一体化

当前，琼州海峡一体化需要形成两省层面决策协同平台与常态化沟通协调机制。为此，建议尽快成立由两省政府领导参与的琼州海峡一体化领导小组，负责重大政策制定、统筹协调。

（二）推动琼州海峡两岸管理一体化

从现实看，尽管两省政府不定期进行会商，但在实际工作中合作项目执行跟进主体缺失等问题仍然比较突出。为此，建议合作建立琼州海峡一体化执行委员会，负责琼州海峡一体化的方案规划制定、项目执行等。此外，要统筹高层协调机制与利益协调机制建设，充分运用政府转移支付、税收分成及生态补偿等财政工具，以调动琼州海峡两岸市县参与的积极性。

（三）推进琼州海峡两岸反走私协同

当前，徐闻海关已初步建立了以打击“套代购”为重点的监管体系。从琼州海峡的地理特点看，实现对80公里海岸线、2300平方公里水域面积的高效监管，需要广东的全面参与、配合。例如，在省级层面建立海南与广东协同反走私领导小组，负责协同反走私的重大政策制定、综合指导、统筹协调和督促检查等工作；在广东相关口岸设立联合执法区，由海南与广东共同组成联合执法队伍，并实行统一授权、统一标准、统一处理的执法模式，实现琼州海峡“一地一检”。

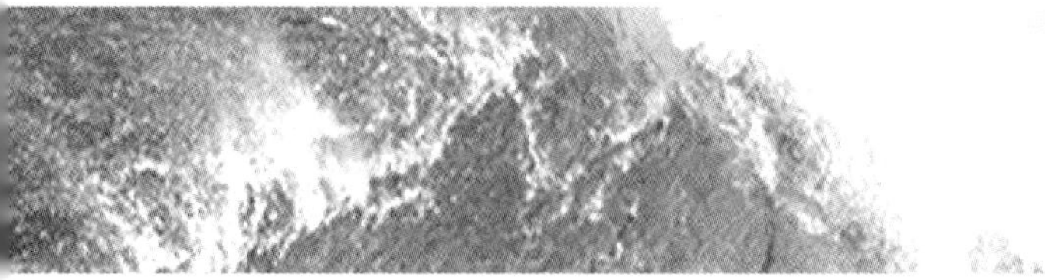

第六章

当务之急：做好海南自由贸易港政策与RCEP规则叠加

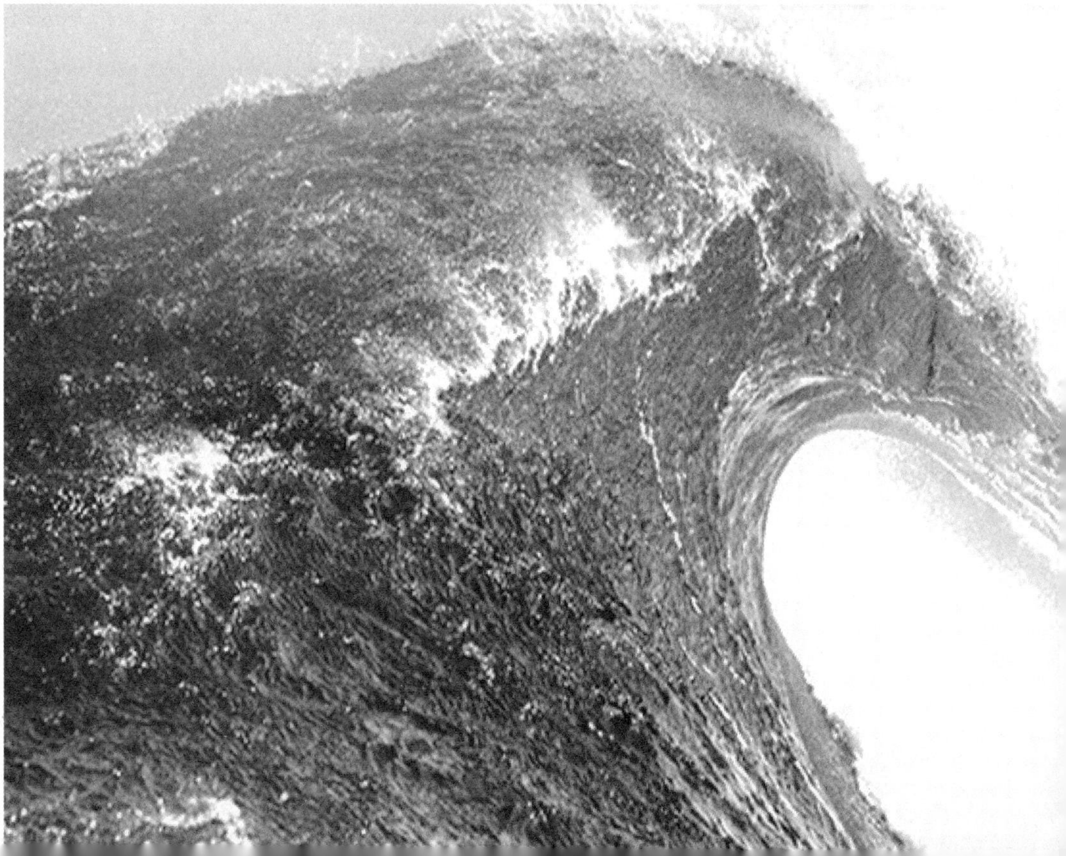

自由贸易港是当今世界最高水平的开放形态。海南自由贸易港政策安排总体优于RCEP相关规则。着眼打造最高水平开放形态的目标要求，立足“两个总部基地”建设的现实需求，海南自由贸易港不仅要推进海南自由贸易港政策与RCEP规则的落实，更要充分发挥单向开放的灵活性、主动性，推进海南自由贸易港政策与RCEP规则叠加，形成高于RCEP的开放优势，逐步成为RCEP区域高水平合作交流先行区。

第一节

实现海南自由贸易港“零关税”政策与RCEP规则的叠加

“零关税”政策是海南自由贸易港的基础性政策，也是RCEP的重大进展之一。按照对标世界最高水平开放形态，打造具有国际竞争力和影响力的海关监管特殊区域要求，近期尽快参照RCEP扩大海南自由贸易港“零关税”政策范围，以此为封关运作后海南自由贸易港极简版“零关税”清单的实施奠定基础。

一、逐步实现90%商品“零关税”的基本目标

（一）RCEP：货物贸易自由化便利化的重要突破

1. 各成员国普遍实现了较高的货物贸易自由化水平。RCEP生效后，区域内90%的货物贸易最终实现“零关税”，海关程序与贸易便利化整体水平超过WTO《贸易便利化协定》，这将大幅降低区域内贸易成本和产品价格，并释放巨大的贸易创造效应。联合国贸易和发展会议（UNCTAD）估计，到2025年，RCEP将使成员国出口增长10%以上[1]。

2. 大幅提升部分经济体间的自由贸易水平。RCEP整合了5个“10+1”自贸协

[1] 数据来源：UNCTAD数据库。

定，缓解了区域内经贸规则碎片化情况，填补了区域内部分经济体间自贸安排的空白。例如，通过RCEP，中国和日本首次达成了双边关税减让安排，日本从中国进口商品的关税撤销率为56%，日本出口中国的可获“零关税”商品比例将从目前的8%扩大至86%。总体来看，RCEP生效后，区域内90%以上的货物贸易最终会实现“零关税”，且主要是立刻“零关税”和10年内“零关税”，这意味着RCEP成员国有望在较短时间内兑现大部分货物贸易自由化承诺，大幅降低区域内贸易成本和商品价格。

3. 采取双边两两出价方式实现关税水平的整体下降。RCEP成员国采取灵活自主的降税模式。具体降税模式包括“协定生效立即降为零”“过渡期（包括10年内等）降为零”“部分降税 ”“例外产品”四类，但主体是立刻“零关税”和10年内“零关税”，既使缔约方在较短时间内享受“零关税”的红利，又具有灵活性和包容性。

（二）RCEP关税减让政策红利逐步释放

1. RCEP成员国区域内贸易总额明显增长。2022年，中国对RCEP其他成员国贸易总额达到2万亿美元[1]；日本、韩国、新加坡、澳大利亚、马来西亚、泰国对RCEP其他成员国贸易总额均在千亿美元级别以上。从同比增长来看，马来西亚同比增长最高，近20%；澳大利亚、新加坡、缅甸、韩国、越南等同比增长也都为两位数（见表6-1）。RCEP成员国2022年对区域内其他成员国的贸易增长速度普遍高于对其他国家的贸易增长速度。

表6-1　2018—2022年RCEP成员国区域内贸易总额同比增长比较

国别	2018年同比增长	2019年同比增长	2020年同比增长	2021年同比增长	2022年/亿美元	2022年同比增长
中国	11.92%	2.17%	3.33%	26.29%	19411.2419	4.09%

[1] 数据来源：商务部对外贸易司。

续表

国别	2018年同比增长	2019年同比增长	2020年同比增长	2021年同比增长	2022年/亿美元	2022年同比增长
日本	7.67%	-5.46%	-5.64%	17.79%	7842.8812	7.09%
澳大利亚	11.62%	1.27%	-6.20%	36.33%	4771.8062	17.63%
韩国	6.81%	-8.27%	-3.54%	25.78%	6717.0999	10.40%
马来西亚	11.99%	-4.93%	-4.51%	27.03%	3758.9301	19.92%
缅甸	6.81%	-0.23%	-4.85%	-14.75%	255.8458	13.68%
泰国	9.62%	-3.12%	-8.88%	22.62%	3263.2998	5.75%
新加坡	7.64%	-4.05%	-5.45%	23.76%	5099.4065	15.41%
新西兰	7.74%	-1.23%	-5.60%	28.52%	624.9808	7.77%
越南	—	—	3.95%	22.66%	4078.2515	10.10%

资料来源：根据全球贸易观察数据测算。

注：2022年，RCEP在印度尼西亚、菲律宾等成员国尚未生效，文莱、老挝、柬埔寨等成员国同一来源的数据尚缺。

2. 区域内农产品贸易快速增长。2022年，中国与RCEP其他成员国农业领域贸易表现比较突出，农产品的四大主要行业均实现了10%以上的同比增长。从具体成员看，澳大利亚、马来西亚、韩国、泰国、中国等实现了两位数增长。从进口看，中国、日本、韩国是区域内主要农产品进口国，三国进口额合计占区域内农产品进口总额的近70%。2022年1～11月，中国、日本、韩国三国自全球农产品进口额同比分别增长7.0%、10.3%、19.0%。此外，2022年1～10月，马来西亚、印度尼西亚自全球农产品进口额分别增长17.2%、17.5%[1]。

3. 区域进口市场效应初步显现。2022年，RCEP成员国区域内进口贸易额显著增长，在可得数据范围内，除了中国为-6.72%以外，其他成员国区域内进口贸易额同比增速均为正值，且缅甸、马来西亚、澳大利亚等均在20%以上，新加坡、新西兰、日本、韩国等在15%以上或接近15%（见表6-2）。相比之下，2022年RCEP成员国区域内出口贸易相对较弱，但越南、新加坡、马来西亚、澳大利亚等成员国的区域内出口贸易仍表现出强劲增长趋势（见表6-3）。

[1] 《RCEP生效实施近一年 农业贸易领域表现亮眼》，http://agri.china.com.cn/2023-01/17/content_42236399.htm。

表6-2　2018—2022年RCEP成员国区域内进口贸易额同比增长比较

国别	2018年 同比增长	2019年 同比增长	2020年 同比增长	2021年 同比增长	2022年/ 亿美元	2022年 同比增长
中国	12.37%	-2.82%	1.40%	27.31%	10731.6919	-6.72%
越南	—	—	4.22%	27.37%	2609.6079	9.62%
新西兰	9.18%	-5.16%	-7.82%	36.62%	345.3377	15.19%
新加坡	8.12%	-1.81%	-0.59%	19.64%	2364.0421	18.57%
泰国	10.94%	-2.08%	-10.32%	26.99%	1813.2383	8.09%
日本	8.75%	-3.12%	-7.23%	16.87%	4475.2123	16.29%
缅甸	4.42%	-3.25%	-4.75%	-18.04%	154.2021	26.04%
马来西亚	11.78%	-5.95%	-7.53%	29.62%	1778.6845	20.56%
韩国	6.80%	-4.01%	-1.39%	28.58%	3385.2064	14.77%
澳大利亚	5.29%	-6.88%	-3.76%	26.40%	1828.0066	22.35%

资料来源：根据全球贸易观察数据测算。

注：2022年，RCEP在印度尼西亚、菲律宾等成员国尚未生效，文莱、老挝、柬埔寨等成员国同一来源的数据尚缺。

表6-3　2018—2022年RCEP成员国区域内出口贸易额同比增长比较

国别	2018年 同比增长	2019年 同比增长	2020年 同比增长	2021年 同比增长	2022年/ 亿美元	2022年 同比增长
中国	10.94%	6.34%	4.58%	24.78%	19816.7684	13.72%
越南	—	—	3.52%	15.00%	1468.6436	10.98%
新西兰	6.19%	2.93%	-3.30%	20.66%	280.8387	-0.18%
新加坡	7.27%	-5.76%	-9.33%	27.36%	2735.3645	12.81%
泰国	8.00%	-3.91%	-7.79%	17.36%	1485.5880	3.52%
日本	6.50%	-8.05%	-3.78%	18.83%	3367.6687	-3.11%
缅甸	10.37%	3.96%	-4.99%	-10.47%	101.6439	-1.05%
马来西亚	12.21%	-3.96%	-1.80%	24.85%	1980.7431	19.33%
韩国	6.81%	-11.67%	-5.40%	23.25%	3331.8933	6.30%
澳大利亚	16.68%	7.20%	-7.78%	42.69%	2949.0270	14.80%

资料来源：根据全球贸易观察数据测算。

注：2022年，RCEP在印度尼西亚、菲律宾等成员国尚未生效，文莱、老挝、柬埔寨等成员国同一来源的数据尚缺。

4. 关税减让红利惠及企业。以中国为例，2022年中国的出口企业申领RCEP项下的原产地证书和开具原产地声明一共67.3万份，享惠出口货值达到2353亿元，预计可享受到进口国的关税减让15.8亿元。中国企业享惠进口货值653亿元，享受税款减免15.5亿元[1]。

（三）RCEP海南自由贸易港“零关税”政策的影响

1. 短期内弱化了海南自由贸易港“零关税”政策优势。以“零关税”政策为例。海南自由贸易港“零关税”原辅料清单共有169个税目，是RCEP税目总数的2%，且60%以上的商品在RCEP生效后第一年立即降为0（见表6-4）；海南自由贸易港“零关税”交通工具及游艇清单共有100个税目，是RCEP税目总数的1.2%，虽然RCEP对大部分交通工具未作“零关税”承诺，但由于受税目数量少且企业营运自用等的制约，其政策优势相对较小。

表6-4　“零关税”原辅料清单与RCEP承诺对比

税则号列	基准税率	RCEP生效后税率	税则号列	基准税率	RCEP生效后税率
0801	10%	第一年降为0	2920	6.5%	第十年降为0
1002	3%	第一年降为0	3815	6.5%	第一年降为0
1003	3%	第一年降为0	4401	0	—
1004	2%	第九年降为0	4403	0	—
1007	2%	第一年降为0	4404	8%	第一年降为0
1008	2%～3%	第一年降为0	4407	0	—
1202	15%	第一年降为0	7002	6%	第一年降为0
1204	15%	第一年降为0	7610	6%	第一年降为0
1206	0	—	8302	12%	第一年降为0
1207	10%～20%	第一年降为0	8407	8%	第二十年降为0
2505	3%	第一年降为0	8408	5%	第二十年降为0
2614	0	—	8409	5%～6%	第二十年降为0
2615	0	—	8421	10%	第二十年降为0
2701	3%～5%	第一年降为0	8425	5%	第十年降为0
2702	2%	第一年降为0	8479	0	—
2703	5%	第一年降为0	8487	6%	第十年降为0
2704	5%	第一年降为0	8501	5%	第一年降为0
2707	6%	第一年降为0	8502	10%	第一年降为0

[1]　《国新办举行2022年商务工作及运行情况新闻发布会》，http://www.scio.gov.cn/xwfb/gwyxwbgsxwfbh/wqfbh_2284/49421/49554/。

续表

税则号列	基准税率	RCEP生效后税率	税则号列	基准税率	RCEP生效后税率
2709	0	—	8503	8%	第一年降为0
2710	6%	第一年降为0	8511	—	—
2711	3%～5%	第一年降为0	8517	0	—
2902	2%	—	8526	5%	第一年降为0
2905	5.5%	—	8527	27%	第一年降为0
2907	5.5%	第二十年降为0	8529	1.5%	第一年降为0
2909	5.5%	第十年降为0	8803	0～1%	第一年降为0
2914	5.5%	—	9013	5%	第二十年降为3.8%
2917	6.5%	—			

资料来源：根据海南自由贸易港“零关税”原辅料清单、RCEP内容整理。

2. 中长期海南自由贸易港“零关税”政策优势明显。《海南自由贸易港建设总体方案》提出“制定海南自由贸易港进口征税商品目录，目录外货物进入自由贸易港免征进口关税”。从国际经验看，除酒类、烟草等四类物品外，中国香港和新加坡对进口货物不征收关税；从两个经济体最新签署的自贸协定看，其关税承诺均达到了100%。未来，按照打造最高水平开放形态的基本要求，海南自由贸易港将制定实施极简版进口征税商品目录，其关税减让覆盖面将远高于RCEP中90%的水平。

3. 对标新加坡等自由贸易港。全面“零关税”管理不仅是自由贸易港的基本要求，也是CPTPP的最终目标。例如，新加坡在CPTPP中实现了100%的“零关税”。为全面对接CPTPP中98%以上商品“零关税”的最终目标，在海南自由贸易港内可考虑利用5年左右的时间将“零关税”商品比例提升至99%。

二、分步骤形成海南自由贸易港“零关税”政策安排

（一）尽快全面实施我国在RCEP中的“零关税”承诺清单

在RCEP中，我国对其他成员国“零关税”商品的平均基准比例为8.45%，生效后第一年我国对其他成员国“零关税”商品的平均承诺比例为52.70%，最后一年为88.49%，过渡期平均为24年（见表6-5）。建议利用RCEP“零关税”清单全面实施前的窗口期，在封关运作前在海南全面实施我国在RCEP的“零关税”承诺清单，实施对象为包含东盟在内的全球经济体或单独关税区，明显提升海南自由贸易港“零关税”覆盖度，并为“零关税”清单由正转负探索经验。

表6-5　我国在RCEP中“零关税”商品承诺比例

国家或地区	基准	第一年	最后一年	过渡期/年
东盟	8.45%	67.91%	90.50%	21
澳大利亚	8.45%	65.82%	89.98%	21
日本	8.45%	25.01%	86.00%	21
韩国	8.45%	38.64%	86.00%	36
新西兰	8.45%	66.14%	89.98%	21
平均	8.45%	52.70%	88.49%	24

资料来源：根据RCEP内容整理。

（二）逐步提升海南自由贸易港“零关税”比例

对剩余非农产品实施“零关税”。若海南自由贸易港将RCEP中非“零关税”工业品全部实现“零关税”，则“零关税”商品比例将达到98.8%；若将农产品中非热带农产品剔除，将提升至99%以上。建议在我国RCEP关税承诺表的基础上，逐步对非“零关税”工业品（见表6-6）全部实行“零关税”管理，并对这类产品实行现有的“二线”管理制度，即进入内地照章纳税。

表6-6 我国在RCEP中的非“零关税”工业品分布

单位：项

工业品名称	非“零关税”数量	工业品名称	非“零关税”数量
动物产品	1	纺织品/服装	39
植物产品	66	石头/玻璃	21
食品	31	金属	40
矿产品	1	机械	109
燃料	3	电子产品	68
化学品	69	运输设备	124
塑料/橡胶	18	玩具	1
兽皮	1	杂项	21
木制品	173		
农业品	98		
工业品	688		

资料来源：根据RCEP内容整理。

（三）借鉴RCEP实行通关便利化政策

1. 对禁止类、限制类货物实行进出口管理制度。制定出台海南自由贸易港禁止、限制进出口的货物、物品清单。一方面，在不违反禁止类货物进口目录的基础上，实现禁止类货物进口目录的一定突破，最大限度减少或取消非安全准入类贸易管制；另一方面，聚焦许可类、配额类等限制类货物，结合海南自由贸易港产业发展和实际需要，在部分货物的许可审批程序上简化，在服务于岛内生产、消费需要的货物配额上适当放宽。

2. 实行全链条式的国际贸易“单一窗口”管理制度。一是推动“单一窗口”功能由口岸通关执法环节向前置和后续环节拓展，以贸易供应链的各个参与方为对象，提供贸易便利化与增值服务。二是率先采用国际普遍适用的数据协调和技术标准，以确保平台各项数据的录入和使用畅通无阻，同时引入移动互联技术，实现移动“单一窗口”等。三是实行舱单申报。承运人通过国际贸易“单一窗口”的运输工具申报功能，申报“一线”进出境舱单信息，并由货物收发人作出货物状态声明，一般不再履行其他申报手续、不递交纸质单证。

3. 实行以信用管理为核心的便捷通关制度。借鉴新加坡（见表6-7）、中国香港经验，实行以信用管理为核心的便捷通关制度，如认可经济营运商计划、“企业自主申明+规定期限备案+抽检”等管理模式。同时，依托“单一窗口”系统，对载运工具、上下货物、物品进行实时监控和标记处理。

表6-7　新加坡TradeNet、TradeXchange、Networked Trade Platform比较

项目	平台定位	平台工作重点	平台功能	实施效果
TradeNet（1989年）	国际贸易“单一窗口”（政务服务系统）	处理与贸易相关的申请	实现企业注册、进口许可证业务、原产地证办理、通关申报、海关与港务部门数据交换等功能	连接35个政府部门，与进出口（包括转口）贸易有关的申请、申报、审核、许可、管制等全部手续均通过该系统进行，实现从接收、处理到审单、批准全程电子化24小时运行，90%以上的申报数据无须人工干预，用户可在10分钟内查收并打印相关单证 TradeNet每年处理超过7000亿新元的贸易量，平均可减少10亿美元的贸易成本
TradeXchange（2007年）	企业服务系统	连接贸易和物流领域	对贸易、物流企业和政府部门的IT系统进行流程与数据信息的处理	集装箱通过大门仅需2秒
Networked Trade Platform（2018年）	科技资讯平台	推动整个贸易与供应链的数字化转型	进出口许可证申请、海关申报、货运安排和追踪、融资申请等所有手续均可在该平台完成，是集企业对政府（B2G）、企业对企业（B2B）于一体的综合贸易平台	—

资料来源：中改院课题组整理。

三、实现与RCEP“零关税”配套政策叠加

（一）率先全面实行RCEP快速通关机制

加大企业AEO认证力度，优化、细化预裁定和抵达前处理等便捷通关流程，精简预提交材料，压缩处理时限，提高通关效率，全面实现RCEP中货物48小时内通关要求及快运货物、易腐货物6小时通关时限要求。同时，定期开展企业调研，以企业需求为导向进一步提升企业特别是中小企业使用“单一窗口”的便利性；参照新加坡经验，进一步完善“单一窗口”功能，不断推进海口海关与主要贸易伙伴及CPTPP成员国的合作与标准对接。

（二）建立FTA项下货物识别机制

借鉴RCEP做法，实现FTA项下货物“零关税”与海南自由贸易港“零关税”政策的衔接；对海南自由贸易港“零关税”进口并进入内地的产品（非FTA“零关税”产品），建立跟踪识别机制。对于免税货物，从“一线”经海南自由贸易港进入内地，实施提前申报、便捷通关；对于保税货物，从“一线”经海南自由贸易港进入内地，实施常规的申报清关程序，按规定进行监管，照章征税；对于混合状态货物，依托海关等多部门数据共享形成的跨境贸易大数据平台，根据加工增值水平（大于等于30%）确定是否转为免税状态货物，低于30%的情况根据料件成分确定关税。

（三）形成封关运作“二线”设置的方案选择

充分估计海南自由贸易港“一线”高水平开放的现实需求与“二线”高效管好的实际能力，提出“二线”设置的上、中、下方案，在对不同方案的优势、劣势进行分析的基础上，提出具体方案。以此为基础，在更好地明晰两省在协同反走私中

的职责权限的同时，形成琼州海峡协同反走私合力。

（四）以农业为重点建立实施贸易救济制度

多边框架下贸易协定、区域性自贸协定中“贸易救济”是维护农业产业安全和涉农企业利益必不可少的措施。海南自由贸易港“零关税”商品比例的大幅提升，以及RCEP“零关税”政策的实施，将不可避免地对部分产业造成冲击。根据RCEP，对生产同类产品或直接竞争产品的国内产业造成威胁或造成严重损害的，进口缔约方可采取为期3年的过渡性保障措施。目前，我国贸易救济制度仍处于探索阶段。同时，海南与东盟国家地缘相近、气候相近、环境相近，农产品存在一定同质化竞争现象。为此，建议以农业为重点尽快制定应对“零关税”的贸易保障措施体系，并在此基础上逐步降低剩余非“零关税”热带农产品关税税率；加快推进在海南开展农业贸易调整援助试点，对受冲击的生产主体进行有效补偿，对具有潜在竞争优势的生产主体加大支持力度。

第二节

实现服务贸易开放政策与RCEP规则的叠加

制定出台简约、透明、非歧视、可预见的跨境服务贸易负面清单管理制度，是海南自由贸易港高水平开放的重大任务，是建立以“既准入又准营”为基本特征的服务贸易自由化便利化制度的关键之举。

一、开放包容的RCEP服务贸易规则

（一）RCEP跨境服务贸易自由便利的相关规则

1. RCEP服务贸易开放水平整体提升。RCEP服务业开放覆盖面超过70%，成员国在建筑、医疗、房地产、金融、运输等服务部门都作出了高水平的开放承诺，RCEP“10+5”服务贸易开放水平显著高于各自的“10+1”协定。

2. 正负面清单方式推进服务贸易开放。RCEP继承了服务贸易总协定（GATS）对服务贸易模式的四分法，即跨境交付、境外消费、商业存在和自然人移动。RCEP项下，日本、韩国、澳大利亚、新加坡、文莱、马来西亚、印度尼西亚等7个成员国采用负面清单承诺，中国等其余8个成员国采用正面清单承诺（见表6-8），并将于协定生效后15年内转化为负面清单。

表6-8　RCEP成员国正面清单开放的服务部门

单位：个

服务部门	柬埔寨	老挝	缅甸	越南	菲律宾	泰国	中国	新西兰
商业服务	36	23	23	35	30	43	40	34
通信服务	18	19	20	21	18	21	23	16
建筑及相关服务	8	8	8	8	6	9	8	8
分销服务	5	3	0	4	4	6	5	3
教育服务	3	5	5	4	2	7	5	1
环境服务	7	6	6	7	6	10	7	8
金融服务	12	10	3	21	16	22	14	16
健康相关与社会服务	1	1	3	3	2	4	1	0
旅游和相关服务	5	5	8	4	5	6	4	5
娱乐、文化和运动服务	1	3	3	2	2	6	1	0
运输服务	11	14	15	18	21	17	18	17
其他未列明服务	0	0	0	0	1	0	2	1
小计	107	97	94	127	113	151	128	109

资料来源：俞子荣、袁波、王蕊、宋志勇等：《RCEP：协定解读与政策对接》，中国商务出版社，2021。

3. 中国在RCEP项下作出高水平开放承诺。根据商务部国际经贸关系司于2020年11月16日发布的解读，中国服务贸易开放承诺达到了已有自贸协定的最高水平，承诺服务部门数量在中国入世承诺约100个部门的基础上，新增了研发、管理咨询、制造业相关服务、空运等22个部门，并提高了金融、法律、建筑、海运等37个部门的承诺水平[1]。其他成员国在中国重点关注的建筑、医疗、房地产、金融、运输等服务部门都作出了高水平的开放承诺。

（二）RCEP服务贸易开放红利逐步显现

我国承接RCEP成员国离岸服务外包执行额2089亿元，同比增长4.2%，合计占我国离岸服务外包执行额的23.3%。其中，承接新西兰和新加坡等国家离岸服务外

[1]　《商务部：RCEP代表了中国金融开放最高承诺水平》，https://www.chinanews.com.cn/cj/2020/11-16/9339661.shtml。

包执行额增长较快，同比分别增长78.8%和39.0%[1]。但总体看，受制于服务贸易开放相关的国内规制调整缓慢，RCEP服务贸易开放红利仍有待进一步释放。

（三）提升RCEP服务贸易开放水平的重大任务

1. 6～15年内实现负面清单管理。RCEP成员国对服务贸易领域的开放采取了正面清单和负面清单两种承诺模式。其中，新西兰、中国、菲律宾、泰国、越南、老挝、柬埔寨、缅甸等8个成员国暂时采用正面清单承诺。中国、新西兰、菲律宾、泰国和越南5国承诺将于协定生效后6年内由正面清单转化成为负面清单，柬埔寨、老挝、缅甸3国则将在15年内由正面清单转化为负面清单。

2. 服务贸易规则覆盖面有待进一步扩大。与CPTPP相比，RCEP金融开放规则涉及面相对较少。例如，在与金融相关的25项内容中，CPTPP包含22项，RCEP仅包含13项，主要集中在边境后规制（见表6-9）。

表6-9　RCEP、CPTPP金融开放规则对比

序号	内容和范围	RCEP	CPTPP
1	定义	√	√
2	范围	√	√
3	审慎措施（审慎例外、国内法规）	√	×
4	认可	√	√
5	争端解决	√	√
6	特定信息处理	√	√
7	透明度	√	√
8	金融服务例外	√	√
9	支付和清算系统	√	√
10	磋商	×	√
11	国民待遇	×	√
12	市场准入	×	√
13	具体承诺	×	√
14	金融服务委员会	×	√
15	金融服务的投资争端	×	√
16	信息转移与信息处理	√	×
17	自律组织	√	√

[1]　《商务部服贸司负责人谈2022年我国服务外包产业发展情况》，https://www.gov.cn/xinwen/2023-02/02/content_5739672.htm。

续表

序号	内容和范围	RCEP	CPTPP
18	联络点	√	×
19	新金融服务	√	√
20	最惠国待遇	×	√
21	跨境贸易	×	√
22	高级管理人员和董事会	×	√
23	不符措施	×	√
24	快速提供保险服务	×	√
25	后台办公功能的行使	×	√

资料来源：俞子荣、袁波、王蕊、宋志勇等：《RCEP：协定解读与政策对接》，中国商务出版社，2021。

二、以政策叠加引领RCEP服务贸易规则升级

（一）2025年前制定更加精简的跨境服务贸易负面清单

1. 按照于法有据的原则清理部分限制措施。对照国内相关法律，建议删除“境外服务提供者不得提供建筑及相关工程服务”“境外企业或个人不得成为证券交易所的普通会员……”“境外个人不得参加国家统一法律职业资格考试取得法律职业资格证书”等相关法律并无此规定的限制措施。

2. 按照《海南自由贸易港建设总体方案》与《中华人民共和国海南自由贸易港法》的要求，清理部分限制措施。例如，删除“境外服务提供者不得经营国内水路运输业务”（上海自贸试验区已放开）、“中国籍船舶的船长应当由中国籍船员担任”、“境外单位或个人不得从事境内期货及其他衍生品业务”、“境外企业或个人不得申请开立证券账户或期货账户”等限制措施。

3. 适应“总部基地”建设对以会计、审计、法律为重点的国际化商务服务体系的需要，取消“只有通过中国司法考试或统一法律职业资格考试的中国公民才可担任公证员”“只有中国公民可以申请从事司法鉴定业务”“境外服务提供者只能通过商业存在方式提供法定审计服务……”等；在明确外国律师只能从事国际商事法律服务的前提下，取消“境外律师事务所驻华代表机构不得聘用中国执业律

师”“境外律师事务所驻华代表机构及其所属的境外律师事务所不得派员入驻中国律师事务所从事法律服务活动”。

（二）实现海南自由贸易港跨境服务贸易负面清单与国际接轨

1. 实现限制措施描述由“行”到“表”的拓展。建议借鉴CPTPP、USMCA等的通行做法，针对每条限制措施补充违背义务（国民待遇、市场准入、最惠国待遇、本地存在、高官与董事会）、政府层级（中央、地区、地方）、措施来源等要件，并进一步细化描述措施。特别是尽可能将“等”“符合我国相关法律法规”等话语以举例方式详细列明，以减少投资者对负面清单的理解偏差。

2. 合并外商投资准入负面清单与跨境服务贸易负面清单。从海南自由贸易港跨境服务贸易负面清单内容看，金融业、租赁和商务服务业、文化体育娱乐业等领域的限制措施大多与投资相关或重叠。建议将它们合并，并在法律、会计、专利、咨询、调查、测绘、统计、建筑设计、教育、医疗、公证、出版、广播、电视、互联网信息服务等领域率先实现商业存在模式下的开放，并逐步向跨境服务开放过渡。

3. 区分时态增加未来可能施加限制措施的兜底条款。例如，海南省政府保留对影响国家安全、生态环境的相关投资与跨境服务贸易业务增加限制措施的权利，但应遵循必要性原则；在金融、电信等领域保留对未来可能出现的新业态增加限制措施的权限。

4. 实现产业分类与国际通行分类的对接。海南自由贸易港跨境服务贸易负面清单采用《国民经济行业分类》标准，可能会因国内国际分类标准不同而引起纠纷。建议在现有分类基础上，进一步具体化至具体业务；同时，制定国内国际分类转换表，明确与国际通行分类间的转换关系，尽可能做到与国际接轨。

（三）扩大对RCEP部分成员国职业资格单向认可范围

成立由境外人员、企业参与的技术委员会，共同制定服务业领域标准，开展专业人才职业资格认可评估与评定；在现有基础上，以医疗健康、研发设计、文化娱乐、商务等为重点领域，增加新加坡、日本、新西兰等发达国家职业资格单向认可目录内容；取消认定人员“已被海南自由贸易港用人单位聘用”的限制；将旅游、交通运输、租赁和商务服务、科学研究和技术服务、文化体育娱乐等领域纳入允许参加职业资格考试范围。

（四）积极开展服务原产地规则的探索实践

1. 建立海南自由贸易港服务原产地认定标准。构建海南自由贸易港服务原产地认定标准。例如，适应海南自由贸易港与东盟合作需要，对原产于东盟的相关服务，通过跨境交付、自然人移动等方式提供服务时给予其更加优惠的政策。

2. 制定实施原产于海南的服务认定标准及向内地提供服务的便利政策。制定原产于海南的服务认定标准。例如，在海南自由贸易港实质性运营的企业提供的服务为原产于海南的服务。同时，对在海南自由贸易港注册的外资服务企业，若其符合海南自由贸易港服务原产地认定标准，在其对内地提供服务时，则被视为海南企业，与境内服务提供者享有同等待遇。

三、参照RCEP形成海南自由贸易港跨境服务贸易负面清单的境内规制

（一）赋予境外服务提供者国民待遇

1. 明确细化国民待遇标准。明确在海南自由贸易港范围内，给予境外服务提供者的待遇不低于在相似情况下给予本国服务和服务提供者的待遇；以清单形式列

明国民待遇的具体权利，包括准入阶段的管理权力、要素供给、融资方式、进出口权、税收政策、法律保护、司法救济等一系列细化的待遇标准。

2. 明确跨境服务贸易市场准入及当地存在标准。例如，明确提出“除负面清单内规定的措施外，在海南自由贸易港内不得以数量配额、垄断、专营服务提供者的形式，对服务提供者的数量、交易额、人员数量等进行限制”“除负面清单内规定的措施外，不得要求另一缔约方的服务提供者在海南自由贸易港内设立或维持代表处或任何形式的企业或成为居民，作为跨境提供服务的条件”等。

（二）制定实施更加便利的资金支付和转移制度

1. 依托FT账户，对实体企业对外投资，除开展事中事后真实性审查和额度管理外，按照最大限度便利服务贸易企业开展跨境服务业务的原则，探索在服务贸易企业跨境支付领域实行法人承诺制。

2. 对区域性总部企业的资金汇出需求，按照余额管理模式，如允许其一定比例的投资增量资金自由汇出。对基金类企业对外投资，在合格境内有限合伙人（QDLP）制度框架下管理，并在强化对其高管、金融资产实时监管的条件下逐步放宽认证条件与额度上限。

3. 对个人资金支付和转移需求，大幅提高额度上限，对超出额度的情况实行真实性审查。

（三）建立海南自由贸易港贸易救济制度

1. 成立海南自由贸易港贸易救济评估委员会。统筹对自由贸易港开放政策实施与压力测试相关的投资、货物贸易、服务贸易等对产业的影响进行评估。

2. 设立海南自由贸易港贸易投资救济基金。在明确退出机制的前提下，对经评估会对岛内造成严重冲击的产业实行资金补偿；明确补偿标准与程序，确保内外资企业获得一致待遇。

（四）建立与跨境服务贸易负面清单相适应的风险防控体系

1. 针对服务贸易四类模式实施分类监管。例如，对跨境交付模式下强化境外服务贸易内容的监管、对境外消费模式下强化跨境资金流动的监管、对商业存在模式下强化市场主体经营行为的监管、对自然人移动模式下强化人员资格的监管。

2. 尽快完善服务贸易及服务业监管体制机制。强化专业监管与综合监管的协调，建立跨部门联合审查、监管、执法机制；发挥行业协会作用，建立服务业企业“吹哨人”制度，强化对“吹哨人”的司法保护与救济。

3. 实现靶向性、智能化信用监管。建立企业健康状况评级系统与风险智能预警系统，并通过实施“白名单”“黑名单”计划等，提升监管的有效性、针对性。

（五）开展海南自由贸易港服务贸易立法

1. 充分利用海南自由贸易港立法权，制定出台“海南自由贸易港服务贸易条例”，就跨境交付、境外消费、商业存在、自然人移动等不同服务贸易模式作出详细法律安排。

2. 确立海南自由贸易港跨境服务贸易负面清单的法律效力，明确凡是与负面清单相冲突的各类规章，一律按照负面清单执行，提升投资负面清单的稳定性与可预期性。

第三节

实现海南自由贸易港加工增值政策与RCEP规则的叠加

加工增值货物内销免征关税政策，是内外资企业在海南布局所关注的重点。未来，适应海南自由贸易港“总部基地”建设需求与高新技术产业发展任务，充分借鉴RCEP原产地规则的相关安排，在政策叠加中扩大加工增值货物内销免征关税政策优势，在服务国内企业内外布局的同时，促进海南自由贸易港高新技术产业的发展。

一、以原产地累积为重点的RCEP原产地规则

（一）区域累积原则的RCEP原产地规则

1. 区域原产地累积。RCEP第三章第四条对累积原则作出具体的规定，是原产地规则的最大亮点。该条第一款规定，“符合第三章第二条（原产货物）规定的原产地要求且在另一缔约方用作生产另一货物或材料的材料，应当视为原产于对制成品或材料进行加工或处理的缔约方”。

2. 5年内实现区域完全累积的基本目标。RCEP第三章第四条第二款明确，“本项审议将考虑将第一款中累积的适用范围扩大到各缔约方内的所有生产和货

物增值。除缔约方另有共识外，缔约方应当自开始之日起5年内结束审议”。换言之，5年内在缔约方内生产增值的部分自动计入原产地累积。

3. 以便利企业为导向的原产地证明方式创新。

（1）原产地证书。原产地证书应当由出口缔约方的签证机构应出口商、生产商或其授权代表的申请签发；出口商、生产商或其授权代表应当依照出口缔约方的国内法律、法规和规定向出口缔约方的签证机构提交书面或电子申请。

（2）原产地声明。协定中约定，协定生效之日起10年内，在澳大利亚、文莱、中国、印度尼西亚、日本、韩国、马来西亚、新西兰、菲律宾、新加坡、泰国和越南实施。

（二）40%区域内价值成分的基本要求

只要产品在RCEP成员国采购，产品货值成分达40%（累积计算方法见表6-10），便符合RCEP原产地规则，可以向RCEP成员国出口并享关税减免优惠，例如企业在RCEP成员国生产的半制成品可在区域内自由运输，这令RCEP的供应链布局弹性大增。

表6-10　RCEP原产地规则累积计算方法

RCEP	累加法	（原产材料价格+直接人工成本+直接经营费用成本+利润+其他成本）÷出口产品的出境口岸价格×100%
	扣减法	（出口产品的出境口岸价格-非原产材料价值）÷出口产品的出境口岸价格×100%

资料来源：中改院课题组整理。

（三）RCEP原产地规则红利逐步释放

以中国为例，2022年中国的出口企业申领RCEP项下的原产地证书和开具原产地声明一共67.3万份，享惠出口货值达到2353亿元，预计可享受到进口国的关税减让15.8亿元。中国企业享惠进口货值653亿元，享受税款减免15.5亿元[1]。

（四）降低企业利用原产地规则成本

企业是RCEP建设的主体。支持企业以更低成本、更加便利地享受RCEP政策，是释放RCEP红利的重要条件。从实践看，由于受生效时间较短、规则适用便利度有待进一步提升等因素影响，RCEP政策红利尚未充分释放。以原产地规则为例，初步测算，2022年中国企业出口时的RCEP原产地规则利用率为3.56%，中国企业进口时的RCEP原产地规则利用率为1.03%[2]。

二、借鉴RCEP规则完善海南自由贸易港加工增值政策

（一）实现与RCEP其他成员国间的完全累积

1. 允许经海南自由贸易港加工增值进入内地的相关商品适用RCEP区域累积原则。即将企业在海南自由贸易港加工增值部分纳入RCEP区域价值成分，只要企业在RCEP区域和海南自由贸易港加工增值累计达到40%，即可享受“零关税”进入内地的政策。

2. 对标CPTPP率先适用完全累积规则。将RCEP其他成员国内所有生产和货物增值纳入累积的适用范围。也就是说，即使非原产材料在RCEP其他成员国经过加工仍未获得原产资格，也仍对其实现的加工和增值部分予以累积，再经过海南自由贸易港加工增值累积达到40%，即可享受“零关税”进入内地的政策。

[1] 《国新办举行2022年商务工作及运行情况新闻发布会》，http://www.scio.gov.cn/xwfb/gwyxwbgsxwfbh/wqfbh_2284/49421/49554/。

[2] 数据来源：中改院课题组测算。

（二）将与加工相关的生产性服务环节纳入加工增值计算范围

1. 海南工业基础薄弱，难以充分发挥加工增值政策效应。一方面，2018—2022年，海南全省工业增加值从582.04亿元增加到770.11亿元，其年均增速比全省地区生产总值低1.3个百分点；工业增加值占地区生产总值的比重从20.8%下降至11.3%[1]。另一方面，尽管加工增值政策实施范围已从洋浦保税港区扩大至海口综合保税区、海口空港综合保税区，但截至2022年3月底，全省仅有16家企业开展加工增值内销业务[2]。与“零关税”三张清单相比，享惠企业数量差距较大。

2. 生产性服务业成为推动制造业价值链向高端延伸的主力军。海南发展不能以转口贸易和加工制造为重点，而要以发展现代服务业、高新技术产业为主导。为此，建议将研发设计、信息技术、节能环保、检验检测认证等与加工制造紧密相关的生产性服务投入及增值纳入加工增值计算范围，促进海南生产性服务业发展，助力海南自由贸易港价值链升级。

（三）实行差异化的加工增值比例政策

1. 对区域合作具有重大影响的行业实行标准相对宽松、灵活的加工增值免关税政策。例如，推进热带农业合作既是建设全球热带农业中心的重大任务，也是海南自由贸易港与东盟国家合作的重点领域。目前，RCEP明确将原材料的“为确保货物在运输或储存期间保持良好状态而进行的保存操作”“过滤、筛选、挑选、分类”“屠宰动物”“简单的去皮、去核或去壳”等排除在原产地资格外。考虑到推进海南热带农业工业化进程等需要，建议将农产品的保鲜、简单加工、挑选、运输等纳入加工增值的计算范围内。此外，对奢侈品制造、免税品制造及部分高新制造采用相对宽松的规则，待逐步形成产业体系后实时升级。

---

[1] 数据来源：根据海南省统计局公布数据计算整理。

[2] 《洋浦保税港区完成加工增值内销货物货值超13亿元》，https://www.hainan.gov.cn/hainan/zcmyzxzx/202204/c435e59d65294299abb79fd84d758730.shtml。

2. 对医药等开放度相对较高的特定产业实行标准较高的加工增值免关税政策，吸引集聚优质企业。例如，借助博鳌乐城国际医疗旅游先行区内临床真实世界数据应用试点“鼓励先行区内企业申报创新药创制专项”等优惠政策，制定含关键工序、税目变更、区域增值标准等在内的加工增值免关税政策，吸引集聚一批国内外优质药品、医疗器械制造企业。

3. 对高进口关税、高增值潜力的产品品类的消费品制造实行标准相对较高的加工增值免关税政策。例如，我国在RCEP关税承诺标准中，对机动车辆制造及飞机部分零部件保留了相对较高的关税，海南自由贸易港可借助“零关税”政策，对这些行业实行与RCEP同等标准的加工增值免关税政策；再例如，我国对蜂蜜、可可等食品及香水、化妆品、珠宝首饰、钟表类产品承诺10年左右的关税下降过渡期，建议充分利用这一时间窗口期，制定合理的加工增值免关税政策，既服务于本岛消费及离岛免税消费市场，又通过“零关税”出口至内地服务14亿人口消费大市场。

4. 海南自由贸易港加工增值免关税政策应保持更大的灵活性。RCEP明确了实质性改变规则的三种主要类型，企业根据自身实际既可以单独使用，也可以两种及以上组合使用。建议充分借鉴这一做法，提升加工增值免关税政策的企业利用率，降低企业政策使用成本。借鉴中国-新西兰自由贸易协定中关于区域价值成分的要求（见表6-11），确定不同货物加工增值比例，以符合海南自由贸易港产业发展现实及发展趋势。例如，着眼我国关键核心技术攻关的战略要求，对于基础零部件、基础电子元器件、基础软件、基础材料、基础工艺、高端仪器设备、集成电路、网络安全等领域关键核心产品、装备适用高于一般产品的加工增值比例，对于小麦、玉米、稻谷、蔗糖、烟草等高关税商品适用较高的加工增值比例。

表6-11　中国-新西兰自由贸易协定中部分货物区域价值成分要求

区域价值成分比例要求	品名
不少于30%	其他薄荷油，制版照相机，已组装的完整表芯

续表

区域价值成分比例要求	品名
不少于40%	未浸除咖啡碱，已浸除咖啡碱，船用桅杆式起重机，起重机，移动式吊运架、跨运车及装有起重机的工作车，用激光、其他光、光子束、超声波、放电、电化学法、电子束、离子束或等离子弧处理各种材料的加工机床，加工金属的加工中心、单工位组合机床及多工位组合机床，其他真空吸尘器
不少于45%	牵引车、拖拉机，10座及以上的客运机动车辆，主要用于载人的机动车辆，货运机动车辆，特殊用途的机动车辆，装有发动机的机动车辆底盘，机动车辆的车身（包括驾驶室），摩托车，船舶及浮动结构体，医疗、外科、牙科或兽医用仪器及器具
不少于50%	橙油

资料来源：根据协定内容整理。

（四）将实质性改变等作为海南自由贸易港加工增值政策的补充标准

将税则归类改变、关键制造或加工工序标准纳入海南自由贸易港加工增值判定标准。一是对于在海南自由贸易港加工后发生税则归类改变的商品，可享受“零关税”进入内地的政策。二是对于在海南自由贸易港生产加工过程中使用了规定的关键制造或加工工序（如最后生产工序必须在海南自由贸易港内进行）的商品，可享受“零关税”进入内地的政策。

专栏6-1　“从纱开始”原则

“从纱开始”（yarn forward）是规定成衣制造从纺纱开始以后的各制程标准。北美自由贸易协定（NAFTA）针对墨西哥成衣制造业，为促进使用美国制纺织原料，规定成衣制造采取“三重转换”原则，即成衣符合原产的条件是使用“北美纤维”制成“纱”（第一重转换）、“纱”制成“布”（第二重转换）、“布”制成“衣服”（第三重转换），此“三重转换”皆须在区域内进行。NAFTA规定成衣生产从纤维到最终产品皆须在地制造。

“从纱开始”原则则规定从纱、布到衣服须在地制造，相对NAFTA要求稍微宽松些，一致性高。以人造长纤成衣为例，“从纱开始”原则规定须在区域内完成的制程包括：①将聚合物纺丝；②假撚；③梭织或针织成布料；④剪裁、缝合及针织成型。

资料来源：中改院课题组根据公开资料整理。

三、明显提升海南自由贸易港加工增值政策利用率

（一）丰富价值增值计算公式

在现行实施的加工增值计算公式的基础上，海南自由贸易港引入RCEP中的累加法和CPTPP中的净成本法（见表6-12），以便于各类企业根据自身的业务特点、材料成本及商品生产成本管理方式自主选择不同计算方法提交加工增值证明。

表6-12 海南加工增值与RCEP、CPTPP区域价值成分计算方法

RCEP	累加法	（原产材料价格+直接人工成本+直接经营费用成本+利润+其他成本）÷出口产品的出境口岸价格×100%
	扣减法	（出口产品的出境口岸价格-非原产材料价格）÷出口产品的出境口岸价格×100%
CPTPP	价格法	（货物价格-特定非原产材料价格）÷货物价格×100%
	扣减法	（货物价格-非原产材料价格）÷货物价格×100%
	增值法	原产材料价格÷货物价格×100%
	净成本法	（净成本-非原产材料价格）÷净成本×100%
海南	扣减法	（货物出区内销价格-Σ境外进口料件价格-Σ境内区外采购料件价格）÷（Σ境外进口料件价格+Σ境内区外采购料件价格）×100%

资料来源：中改院课题组整理。

（二）建立加工增值政策企业自主申明机制

1. 大幅缩减对企业加工增值商品的审核要求。系统梳理目前涉及加工增值货物达到30%的各类审核事项，除对威胁国家安全和技术安全的原材料、零部件及商品进行审核外，减少审核和干预，原则上以申请人自主申报信息为准，大幅降低企业政策利用成本。

2. 借鉴RCEP实行自主申明机制。详细列明加工增值比例达到30%以上的前置审核事项与具体条件，在企业提供关键性资格证明并签订标准化承诺书后，当场向企业颁发允许出特殊海关监管区进入内地的相关证书，有关部门在此过程中对承诺事项实时监管。

（三）充分利用RCEP规则开展对外贸易

1. 拓展“单一窗口”的广度与深度。借鉴RCEP海关程序与贸易便利化条款，制定海南自由贸易港海关查验程序与快速通关制度；加快落实国际贸易“单一窗口”、国际投资“单一窗口”建设，将涉及贸易监管的海关、检验、检疫、海事、口岸、边检、外汇、税收、支付等监管部门纳入“单一窗口”作业平台，实现承运人、码头、金融机构、货运代理、检验机构的信息共享；允许海南申请加入“亚太示范电子口岸网络”，推进与国外平台的贸易数据互联互通互用。

2. 制定实施面向RCEP的认可经济营运商计划。截至2024年5月，我国与28个经济体签署了AEO互认安排。发挥海南自由贸易港单边高水平开放的优势，制定海南自由贸易“认可经济营运商”认证标准，对符合条件的境内外贸易企业所需的货物给予减少或优先接受海关查验等优惠；积极与其他海关当局达成检验、检疫互认协议，降低贸易企业通关成本。

3. 制定豁免查验商品目录。对旅游、健康、文化娱乐、研发设计等服务贸易项下的自用商品与相关设备采取豁免查验政策，将审核环节后推至市场监管领域。

▶▶▶

第四节

对标CPTPP做好高水平开放压力测试

按照中央要求，在谋划开展封关运作各项准备工作的同时，主动对接国际高标准经贸规则，推动高水平、制度型开放，在高水平开放压力测试中形成具有国际竞争力的开放政策和制度，并提升风险防控与制度建设的有效性、针对性，充分展示我国改革开放的信心和意志。

统筹我国积极加入CPTPP与建设具有世界影响力的中国特色自由贸易港等需求，海南自由贸易港既需要全面对标关税减让、市场准入等传统议题，也需要在竞争政策、知识产权、环境保护、监管一致性等新兴议题方面实现重大进展，更需要在服务贸易、数字贸易、国有企业和指定垄断等焦点领域及相关管理规制变革中实现实质性突破，并将此作为封关运作准备工作的重大任务。

一、对标货物贸易规则

（一）把握货物贸易“零关税”趋势

1. CPTPP最终实现98%以上的货物“零关税”。CPTPP中缔约方最终实施“零关税”的税目超过98%，明显高于RCEP中90%以上的水平。其中，生效第一年立即降为“零关税”商品的比例高达86%，明显高于我国在RCEP中53%左右的承诺水平（见表6-13）。

表6-13　CPTPP各国商品“零关税”情况

国家	基准期	第一年	最后一年	过渡期/年
澳大利亚	47.54%	93.21%	99.87%	3
文莱	75.83%	91.93%	100.00%	10
加拿大	57.58%	93.99%	98.66%	11
智利	0.42%	89.85%	94.81%	7
日本	38.28%	81.12%	93.02%	20
马来西亚	64.70%	85.58%	99.87%	15
墨西哥	55.02%	76.39%	98.85%	15
新西兰	58.60%	95.09%	100.00%	6
新加坡	100.00%	100.00%	100.00%	0
秘鲁	53.81%	81.06%	99.38%	15
越南	32.46%	65.10%	98.11%	20

资料来源：根据CPTPP内容整理。

2. CPTPP较RCEP相比过渡期较短。CPTPP中不同国家关税减让的过渡期有较大差异，但总体过渡期远短于RCEP。例如，澳大利亚承诺在3年内实现99.87%的商品“零关税”，日本和越南承诺在20年内分别实现93.02%、98.11%的商品“零关税”。RCEP关税过渡期为21～36年，也就是说，RCEP最短过渡期已超过CPTPP最长过渡期。

3. CPTPP复杂严格的原产地规则促进形成成员国间供应链。CPTPP中更为精细和严格的原产地认定标准将形成排他性效应，并带动企业在本区域内进行生产与采购。例如，与RCEP提出扣减法、累加法及40%以上的价值增值不同，CPTPP提出价格法、扣减法、增值法、净成本法（仅适用于汽车产品）四种方法，并按照不同方法分别要求区域价值增值在35%～55%之间。

（二）明确货物贸易开放压力测试的重点领域

1. 海南自由贸易港通关便利化水平已接近CPTPP标准。海南自由贸易港建设以来，以“单一窗口”为重点的便利化平台作用显现，海南通关便利化水平明显提升，2022年，海南口岸进出口整体通关时间分别为31.04小时和0.89小时，同比分别压缩30%和39%，优于全国平均水平，创海南历史最好水平[1]，符合CPTPP中48小时通关时限的要求。此外，通过上线自由贸易协定优惠关税查询系统等方式实现了通关程序透明度的明显增强，但在自动化、电子化通关方面仍有提升空间。

2．“零关税”商品比例仍有较大差距。CPTPP第一年实现86%的商品“零关税”水平仍有30个百分点的提升空间。海南自由贸易港“一负两正”“零关税”清单，其叠加RCEP“零关税”商品的比例仍不足60%。按进口商品涉及的8位HS商品编码数量来看，2021年1～10月，海南口岸进口8位HS编码商品1627个。其中，以“零关税”原辅料政策进口编码7个，占0.43%；以“零关税”交通工具政策进口编码10个，占0.61%；以“零关税”生产设备政策进口编码43个，占2.64%。

（三）对标CPTPP落实海南自由贸易港“零关税”政策

1．率先在海南自由贸易港全面实施RCEP“零关税”清单。在RCEP框架下，我国将最终实现88.49%的商品“零关税”，达到CPTPP生效后第一年86%的“零关税”商品比例。《海南自由贸易港建设总体方案》和《中华人民共和国海南自由贸易港法》中提出了关于货物贸易自由便利的原则与具体要求，包括“零关税”“自由进出、安全便利”等。为此，建议在海南自由贸易港立即实施我国在RCEP中对东盟国家的“零关税”商品承诺表，实施对象为包含东盟在内的全球经济体或单独关税区。

2．对标新加坡等自由贸易港。全面“零关税”不仅是自由贸易港的基本要求，也是CPTPP的最终目标。例如，新加坡在CPTPP中实现了100%的“零关税”。为全面对接CPTPP中98%以上商品“零关税”的最终目标，在海南自由贸易港内可考虑利用5年左右的时间将“零关税”商品比例提升至99%。

3．以农业为重点形成符合CPTPP规则的贸易救济制度。海南自由贸易港“零关税”商品比例的大幅提升，将不可避免地对部分产业造成冲击。我国贸易调整救

[1]　《打好提前量 通关快顺省》，https://new.qq.com/rain/a/20230210A02DMF00。

济制度仍处于探索阶段。CPTPP对国内遭受严重损害（国内产业状况的重大全面减损）的情况允许缔约国采取为期3年的过渡性保障措施。建议以农业为重点尽快制定应对“零关税”的贸易保障措施体系，并在此基础上逐步降低剩余非“零关税”热带农产品的关税税率。

二、对标跨境服务贸易规则

（一）把握以负面清单为核心的服务贸易规则

1. 精简的跨境服务贸易负面清单。CPTPP通过附件1详细列明各国将会对跨境服务贸易采取的相关限制措施。同RCEP对比，CPTPP缔约国均采取了更加精简的跨境服务贸易负面清单。例如，日本在CPTPP中的承诺比在RCEP中少16项，澳大利亚少11项，新加坡少7项，马来西亚少3项。CPTPP负面清单限制措施数量最多的为日本41项，最少的为新西兰，仅4项（见表6-14）。

表6-14　CPTPP与RCEP跨境服务贸易负面清单限制措施数量

单位：项

文件	日本	加拿大	新西兰	澳大利亚	新加坡	马来西亚	文莱	智利	秘鲁	越南	墨西哥
CPTPP	41	16	4	8	25	17	20	20	25	5	31
RCEP	57	—	—	19	32	20	—	—	—	—	—

资料来源：根据CPTPP、RCEP内容整理。

2. 具体可操作的边境内规制大幅降低跨境服务贸易壁垒。CPTPP通过国民待遇、最惠国待遇、国内规制、承认、透明度等相关条款，确保跨境服务贸易自由便利（见表6-15）。例如，CPTPP明确给予境外服务提供者的待遇不得低于本国，不得以数量配额、垄断、专营服务等形式限制服务提供者的数量，不得以当地存在作为跨境服务提供的条件；要求一缔约方对服务提供者在另一缔约方领土内或一非缔约方领土内获得的学历、经历和职业资格等以自主、协调或其他方式予以承认；等等。

表6-15　CPTPP跨境服务贸易相关条款分类

第10章跨境服务贸易	准入条款	准入后条款	其他条款
第10.1条定义			√
第10.2条范围			√
第10.3条国民待遇	√	√	
第10.4条最惠国待遇	√	√	
第10.5条市场准入	√		
第10.6条当地存在	√		
第10.7条不符措施			√
第10.8条国内规制		√	
第10.9条承认		√	
第10.10条拒绝给予利益			√
第10.11条透明度		√	
第10.12条支付和转移		√	
第10.13条其他事项			√

资料来源：根据CPTPP内容整理。

3. 以棘轮机制等措施确保服务贸易开放度只能越开越大。一方面，CPTPP对负面清单的约束规则形成了严格约束，避免各方对负面清单的滥用。如不符措施的修正，应当保证与该措施紧接修正前的情况相比未降低该措施开放度，并给予越南3年的过渡期。另一方面，以附件2方式详细列明未来可能采取的不符措施，给予服务提供主体以明确的预期。

（二）明确海南自由贸易港服务贸易开放压力测试的重点

1. 跨境服务贸易负面清单数量较多。《海南自由贸易港跨境服务贸易特别管理措施（负面清单）（2021年版）》共有70项限制措施，其中金融业17项，与CPTPP中缔约国承诺水平仍有较大差距。

2. 国内规制限制措施较严。从跨境服务贸易限制措施的内容看，主要以“不得”“经批准”等表述，与CPTPP中的国民待遇、市场准入、当地存在等有所冲突。例如，“未经中国政府批准，任何外籍船舶不得以任何方式经营中国港口之间的拖航”，与CPTPP“如为许可程序，则此类程序本身不成为对服务提供的限制”的要求不符。

3. 认可制度有待进一步优化。海南自由贸易港实行境外人员参加职业资格考试、境外人员执业管理等是一项重大制度创新，有利于大幅降低服务贸易壁垒。从实际看，这项制度仍有待进一步完善。例如，参加职业资格考试的境外人员需“已被海南自由贸易港用人单位聘用且已取得境外职业资格”，且放开的职业资格考试行业仍然较少；认可境外职业资格数量较少，特别是对日本、澳大利亚、新加坡等CPTPP成员国的职业资格认可数量严重偏低。

4. 与跨境服务贸易相配套的资金支付与转移制度差距较大。目前，我国居民每人每年对外汇款额度为5万美元，与CPTPP提出的“应允许所有与跨境服务提供相关的转移和支付自由进出其领土且无迟延”的要求相比，有巨大差距；由于资本项目尚未完全开放，实现CPTPP中“每一缔约方应允许与跨境服务提供相关的转移和支付使用自由流动货币按转移时的现行市场汇率进行”等要求仍有较大困难。

（三）加快建立“准入准营”的服务贸易开放制度

《海南自由贸易港建设总体方案》和《中华人民共和国海南自由贸易港法》明确规定了关于服务贸易自由便利的原则与具体要求，例如，“既准入又准营”“优化服务贸易管理措施，实现贸易自由化便利化”（见表6-16）。

表6-16 服务贸易自由便利的原则与具体要求

文件	原则	具体要求
《海南自由贸易港建设总体方案》	对服务贸易，实行以“既准入又准营”为基本特征的自由化便利化政策举措	实施跨境服务贸易负面清单制度；给予境外服务提供者国民待遇；实施与跨境服务贸易配套的资金支付与转移制度；在告知、资格要求、技术标准、透明度、监管一致性等方面，进一步规范影响服务贸易自由便利的国内规制
《中华人民共和国海南自由贸易港法》	优化服务贸易管理措施，实现贸易自由化便利化	对跨境服务贸易实行负面清单管理制度，并实施相配套的资金支付和转移制度；对清单之外的跨境服务贸易，按照内外一致的原则管理

资料来源：根据《海南自由贸易港建设总体方案》《中华人民共和国海南自由贸易港法》内容整理。

1. 大幅精简跨境服务贸易负面清单限制措施。对标CPTPP中新加坡等国家，制定更加精简的海南自由贸易港跨境服务贸易负面清单，争取在3年内将非金融领域的跨境服务贸易限制措施数量缩减至30项左右（见表6-17）。

表6-17 建议取消的限制措施

序号	特别管理措施
1	境外服务提供者不得提供建筑及相关工程服务
2	境外服务提供者不得经营国内水路运输业务，不得以租用中国籍船舶或者舱位等方式变相经营国内水路运输业务
3	境外个人不得注册成为引航员
4	未经中国政府批准，任何外籍船舶不得以任何方式经营中国港口之间的拖航
5	中国籍船舶的船长应当由中国籍船员担任
6	境外国际道路运输经营者不得从事起讫地在中国境内的道路旅客运输经营
7	境外服务提供者不得经营信件的国内快递业务
8	不允许境外卫星公司未经中国政府批准直接向境内用户经营卫星转发器出租业务
9	境外律师事务所、境外其他组织或个人不得以境外律师事务所驻华代表机构以外的其他名义在中国境内从事法律服务
10	只有在中国境内设立的公证机构才可从事公证服务。对设立公证机构实行总量控制。只有通过中国司法考试或统一法律职业资格考试的中国公民才可担任公证员
11	境外个人不得参加国家统一法律职业资格考试取得法律职业资格证书
12	只有在中国境内设立的法人或其他组织可以申请从事司法鉴定业务。只有中国公民可以申请从事司法鉴定业务

续表

序号	特别管理措施
13	境外服务提供者不得提供人力资源服务（包括但不限于人才中介服务、职业中介服务）
14	境外个人不得报考全国导游资格考试
15	境外服务提供者可提供除总体规划以外的城市规划服务，但须与中方专业机构合作
16	境外服务提供者以跨境交付方式提供除方案设计以外的建设工程初步设计（基础设计）、施工图设计（详细设计）、工程和集中工程服务，须与中方专业机构合作
17	外国人申请参加中国注册建筑师全国统一考试和注册以及外国建筑师申请执行注册建筑师业务，按照对等原则办理
18	境外个人教育服务提供者受海南自由贸易港内学校和其他教育机构邀请或雇佣，可入境提供教育服务，但须具有学士以上学位，且具有相应的专业职称或证书
19	在外国取得合法行医权的外籍医师，应邀、应聘或申请来华从事临床诊断、治疗业务等活动，注册有效期不超过一年，注册期满需要延期的，可以按规定重新注册
20	境外服务提供者不得跨境从事网络文化产品进口业务
21	境外的文艺表演团体、个人不得自行举办营业性演出，但可以参加由中国境内的演出经纪机构举办的营业性演出，或受中国境内的文艺表演团体邀请参加该文艺表演团体自行举办的营业性演出，并须经文化和旅游行政部门批准。境外个人不得从事营业性演出的居间、代理活动

资料来源：中改院课题组整理。

2. 在文化、电信领域以审慎监管代替准入限制。建议在文化、出版、视听、电影等领域明确内容审查标准、程序等的基础上，逐步放宽文化、电信领域的跨境服务贸易负面清单限制。也可考虑从中方主导开始逐步放开。

3. 对标CPTPP形成跨境服务贸易的境内规制。

（1）明确细化国民待遇标准。明确在海南自由贸易港范围内，给予境外服务提供者的待遇不低于在相似情况下给予本国服务和服务提供者的待遇；以清单形式列明国民待遇的具体权利，包括准入阶段的管理权力、要素供给、融资方式、进出口权、税收政策、法律保护、司法救济等一系列细化的待遇标准。

（2）明确跨境服务贸易市场准入及当地存在标准。例如，明确提出“除负面清单内规定的措施外，在海南自由贸易港内不得以数量配额、垄断、专营服务提供者的形式，对服务提供者的数量、交易额、人员数量等进行限制”“除负面清单内规定的措施外，不得要求另一缔约方的服务提供者在海南自由贸易港内设立或维持代表处或任何形式的企业或成为居民，作为跨境提供服务的条件”等。

（3）形成与跨境服务贸易相适应的人员流动政策。扩大对CPTPP成员国职业资格单向认可范围。在现有基础上，以医疗健康、研发设计、文化娱乐、商务等为重点领域，增加新加坡、日本、加拿大、新西兰等发达国家职业资格单向认可目录内容；取消认定人员“已被海南自由贸易港用人单位聘用”的限制，允许取得境外职业资格的相关技术人员经认定后提供跨境服务。

4. 与CPTPP成员国探索服务领域规则对接。探索实行服务贸易认可经济营运商计划。制定海南服务贸易“认可经济营运商”认证标准，符合条件的境外服务贸易企业经备案后在海南自由贸易港自由开展自身业务范围以内的相关服务贸易业务。组建专业服务工作组，为境外专业服务提供者提供指导服务。成立由境外人员、企业参与的技术委员会。共同制定服务业领域标准，尽可能减少服务贸易领域的技术性壁垒。

5. 引入跨境服务贸易负面清单棘轮机制。建立棘轮机制，明确负面清单限制措施“只减不增”。同时，制定与CPTPP接轨的负面清单体系：划分目前采取措施、未来不符措施等类别，详细列明跨境服务贸易负面清单管理措施所对应的正面义务、不符措施、现行不符措施的法律依据、政府层级，并为关键领域及未来新业态预留空间。

三、对标投资规则

（一）以广覆盖、高水平、强保护为特征的投资规则

1. 广覆盖。CPTPP投资章节中，不仅包括传统自贸协定投资规则的全部领域，还在投资者-国家间争端解决等新议题上有大幅进展；投资覆盖范围不仅包括

传统的企业、股权、建设项目，还包括金融资产、特许权、租赁、抵押、知识产权等，较我国外商投资法中列明的投资行为有很大的拓展（见表6-18）。

表6-18　CPTPP与我国的投资内涵对比

序号	CPTPP	《中华人民共和国外商投资法》
1	一企业	外国投资者单独或者与其他投资者共同在中国境内设立外商投资企业
2	一企业中的股份、股票和其他形式的参股	外国投资者取得中国境内企业的股份、股权、财产份额或者其他类似权益
3	债券、无担保债券、其他债务工具和贷款	不含
4	期货、期权和其他衍生品	不含
5	交钥匙、建设、管理、生产、特许权、收入分成及其他类似合同	外国投资者单独或者与其他投资者共同在中国境内投资新建项目
6	知识产权	不含
7	根据该缔约方法律授予的批准、授权、许可和其他类似权利	不含
8	其他有形或无形财产、动产或不动产及相关财产权利，例如租赁、抵押、留置和质押	法律、行政法规或者国务院规定的其他方式的投资

资料来源：根据CPTPP、《中华人民共和国外商投资法》内容整理。

2. 高水平。CPTPP不仅通过投资与跨境服务贸易的一体化负面清单管理，实现了投资准入的高度自由，而且大量涵盖投资准入后的相关规定。例如，投资章节“业绩要求”条款，除了包括传统的出口比例、当地含量、外汇收入、特定市场销售等领域外，还增加了不得要求出口一定水平服务、限制服务在领土内销售、要求服务仅通过本地出口、要求本地购买技术、阻止本地购买技术等内容。

3. 强保护。CPTPP成功将投资者-国家争端解决程序引入多国协议，推行争端解决程序标准化，确保投资者利益。支持投资者先在本国发起诉讼，不满意后再申请国际仲裁，仲裁机构和规则也有更多选择。此外，与WTO相比，CPTPP不仅大幅缩减了争端解决机制的时限，也通过严格裁决者资质等方式确保了争端解决的权威性。

（二）明确海南自由贸易港投资规则压力测试的重点

1. 投资准入限制措施依然较多。CPTPP附件1中，新加坡涉及投资的限制措施14项，澳大利亚10项，日本22项，越南35项。《海南自由贸易港外商投资准入特别管理措施（负面清单）（2020年版）》中，限制措施总数为27项。从内容看，主要采取股比限制、禁止投资等高强度限制方式。

2. 业绩要求仍然广泛存在。CPTPP要求对投资行为“不得施加或强制执行任何要求，或强制要求作出任何承诺或保证”。从海南实践看，在部分政策中依然出现“对赌协议”、投资规模要求、“一事一议”等相关措施。

3. 征收、补偿、转移等仍然受到较大限制。例如，CPTPP明确以公平市场价值作为征收补偿标准。从海南情况看，《海南自由贸易港征收征用条例》仍要求“土地补偿费、安置补助费的分配标准和分配方式由省人民政府制定”。再例如，CPTPP要求“每一缔约方应允许与涵盖投资相关的所有转移可自由进出其领土且无迟延”，我国由于安全管控而导致资金向外转移程序复杂。

4. 争端解决机制不完善。CPTPP利用13个条款详细规定了投资者与东道国争端解决机制。对比看，海南自由贸易港在争端解决人才、规则等方面仍有较多需完善之处。

（三）细化升级海南自由贸易港投资自由便利制度

《海南自由贸易港建设总体方案》和《中华人民共和国海南自由贸易港法》明确了关于投资自由便利的原则，包括“强化产权保护，保障公平竞争”“全面放开投资准入”等，并以此为基础提出了相关具体要求，例如，“实施市场准入承诺即入制”“对外商投资实行准入前国民待遇加负面清单管理制度”等（见表6-19）。

表6-19　投资自由便利的原则与具体要求

文件	原则	具体要求
《海南自由贸易港建设总体方案》	大幅放宽海南自由贸易港市场准入，强化产权保护，保障公平竞争，打造公开、透明、可预期的投资环境	实施市场准入承诺即入制 对外商投资实施准入前国民待遇加负面清单管理制度，大幅减少禁止和限制条款 实行以过程监管为重点的投资便利制度 建立健全公平竞争制度 依法保护私人和法人财产的取得、使用、处置和继承的权利，以及依法征收私人和法人财产时被征收财产所有人得到补偿的权利
《中华人民共和国海南自由贸易港法》	海南自由贸易港全面放开投资准入，涉及国家安全、社会稳定、生态保护红线、重大公共利益等国家实行准入管理的领域除外	海南自由贸易港对外商投资实行准入前国民待遇加负面清单管理制度 国家放宽海南自由贸易港市场准入 海南自由贸易港实行以过程监管为重点的投资便利措施，逐步实施市场准入承诺即入制 建立市场主体设立便利、经营便利、注销便利等制度，优化破产程序 国家依法保护自然人、法人和非法人组织在海南自由贸易港内的投资、收益和其他合法权益，加强对中小投资者的保护 强化竞争政策的基础性地位，落实公平竞争审查制度，加强和改进反垄断和反不正当竞争执法，保护市场公平竞争

资料来源：根据《海南自由贸易港建设总体方案》《中华人民共和国海南自由贸易港法》内容整理。

1. 推进外商投资准入负面清单与跨境服务贸易负面清单合并。进一步精简外商投资准入负面清单。在全面落实准入前国民待遇的基础上，进一步扩大投资准入，特别是逐步放开互联网信息服务、法律、医疗、文化等CPTPP成员国限制较少而海南限制较多的领域。弱化部分行业负面清单限制强度。改变目前外资准入负面清单过多采用禁止准入和外资股份比例限制等硬约束的现状，尝试采取更加灵活的管理措施，探索外资特定条件下准入模式，通过渐进方式推动行业进一步开放。逐步实现两张清单的合并。

2. 大幅降低投资准入后的市场准入门槛。对负面清单外投资实行“准入即准营”。清单外其他领域对内外资全面开放，市场主体在持有营业执照的前提下可自由经营清单外的任何业务，并且可根据自身状况和市场行情自行变更经营范围。对清单内非禁止事项涉及的准入后审批实行法人承诺制。系统梳理准入后行政审批事项，形成行政审批事项清单，并推进其与负面清单的有效衔接。

3. 强化对投资者各类产权的保护。例如，参照CPTPP标准进一步拓展投资保护范围；按照外商投资法要求，明确“含土地在内的各类要素按照被征收投资的市场价值及时给予补偿”；系统研究境外投资者与投资相关的资产、收益等可自由转移的办法。

4. 全面清理业绩要求的相关规定。在明确不得以业绩要求作为投资准入前置条件这一基本原则的情况下，聚焦负面清单外的领域，对目前省市（县）出台的招商引资政策及产业发展政策中关于投资规模、当地含量、购买要素等领域的业绩要求进行全面清理。

5. 构建对标CPTPP的涉外商事多元化纠纷解决机制。借鉴CPTPP中关于仲裁员的选择条件，即“仲裁庭应由3名仲裁员组成，每一争端方指定一名仲裁员，第三名仲裁员应经争端双方同意指定并担任首席仲裁员”；允许涉外商事纠纷双方自由选择仲裁地并采用当地仲裁规则，且对仲裁结果予以承认；进一步放宽法律服务业市场准入，允许境外律师在海南自由贸易港内设立分支机构，专司涉外法律服务；明确多元化争端解决机制的程序及时限，大幅提升争端解决效率。

6. 组建海南自由贸易港外商投资安全审查委员会。借鉴其他国家的成熟做法，在省政府组建常设性的外资安全审查机构——外商投资安全审查委员会，在国家安全委员会的指导下开展工作，对涉及国家安全的外国投资（包括绿地投资和并购投资）进行审查，强化国家安全审查的部门协调，进一步提升安全审查主体的层次与权威性。

四、对标竞争政策规则

（一）突出国有企业商业行为的竞争政策规则

1. 在确保竞争立法的同时强调竞争执法的程序公正。CPTPP明确要求“每一缔约方应采用或维持禁止限制竞争商业行为的国家竞争法”，并要求设立一个或多个负责执行其国家竞争法的主管机关，负责处理出现限制公平竞争的行为。同时，明确“每一缔约方应采取或设立书面程序，据以开展国家竞争法调查”，并赋予私人诉权，允许私人对涉嫌的不公平竞争裁决可以提起诉讼和抗辩（见表6-20）。

表6-20　CPTPP中关于竞争立法与程序公正要求

条款规则	核心内容
竞争立法和设置主管机构	国家竞争法适用于领土内的所有商业活动，例外需说明充分理由 设立一个或多个负责执行国家竞争法的主管机关，依法行事不得有国籍歧视
确保竞争执法中的程序公正	依法实施处罚或救济时，允许当事人提交证据抗辩 采取或设立书面程序开展调查 采取或设立程序和证据规则，包括证据引入程序，并平等适用于程序中的所有当事方 允许当事人依靠法院或其他独立法庭对处罚或救济进行审查 经国家竞争主管机关同意或者法院或独立法庭批准，可自愿解决涉嫌违法行为 在执法程序中所指控违法行为要明确法律和事实基础，保护调查过程中获得的商业机密等信息，并允许被调查人可及时获得抗辩的必要信息并为其提供咨询

资料来源：根据CPTPP内容整理。

2. 以专章明确对国有企业和指定垄断的约束。CPTPP的竞争政策章节只是强调了消费者保护政策和执法的重要性，关于禁止限制竞争商业行为的执行机制没有具体说明，而是在国有企业和指定垄断章节对国有企业限制竞争行为进行了具体且明确的规定，禁止或使用国有企业特权（如获得政府融资或优惠待遇），也禁止国有企业向其他地方企业提供优惠待遇（如国有企业采购）。与其他自贸协定不同，CPTPP国有企业条款中对“竞争中性”进行了量化规定，即“政府直接拥有超过50%股份资本或通过所有者权益实际超过50%投票权和表决权而拥有对企业的实际控制权，或拥有对董事会（或其他同等管理机构）多数主要成员的任命权”（见表6-21）。

表6-21　CPTPP国有企业条款及“竞争中性”概念比较

项目	概念界定	基本内涵
CPTPP	政府直接拥有超过50%股份资本或通过所有者权益实际超过50%投票权和表决权而拥有对企业的实际控制权，或拥有对董事会（或其他同等管理机构）多数主要成员的任命权	1.遵循对国有企业和指定垄断划分分类监管原则和严格透明要求 2.保证国有企业不妨碍民营企业公平经营 3.确保国有企业在实施商业采购和销售等行为时均出于商业考虑 4.建立健全有效的争端解决机制和法律途径专门处理国有企业问题
OECD	保证国有企业和民营企业之间的竞争条件平等。当经济市场中没有经营实体享有过度的竞争优势或竞争劣势时，就达到竞争中立的状态	1.在政府层面制定竞争中立政策 2.在竞争中立政策下，国有企业经营活动要遵循商业活动原则 3.从实际和潜在竞争对手两个角度运用竞争中立原则 4.进行竞争中立的成本效益分析
澳大利亚	竞争中立是指政府的商业活动不得因其公共部门所有权地位而享有民营部门竞争者不能享有的竞争优势	1.税收中立 2.信贷中立 3.政策中立 4.合理的商业回报率 5.价格要真实地反映成本

资料来源：根据CPTPP、OECD（经济合作与发展组织）内容及澳大利亚相关条例整理。

3. 强调以信息沟通为主要举措的透明度。CPTPP中对于竞争政策、国有企业和指定垄断透明度等方面作出了明确要求，包括“应请求提供竞争法的执法政策和实践、法律豁免例外情况”“向其他缔约方提供或官网公开提供国有企业名单且每年更新”等（见表6-22）。在保证商业机密信息受到保护的前提下，CPTPP要求各方对竞争政策制定和竞争执法开展合作，包括利用通知、通告、磋商和信息交流方式，对外公布认定违反竞争法的最终决定，也支持彼此分享各自竞争法规政策在建立、发展、实施、执行阶段的实践经验。

表6-22　CPTPP中竞争政策、国有企业与指定垄断透明度要求

竞争政策透明度	共同维护和更新APEC竞争法律与政策数据库信息 应请求提供竞争法的执法政策和实践、法律豁免例外情况 依法判决结果以书面形式呈现，列出事实认定和论证过程；保证向公众提供的判决或命令不包括受法律保护的机密信息
国有企业和指定垄断透明度	向其他缔约方提供或官网公开提供国有企业名单且每年更新，提供对垄断的指定或对现有垄断范围的扩大及其指定所含条件 应实体活动影响贸易或投资的请求，迅速提供国有企业或指定垄断的股比、投票权比例、特殊股份或投票权或特别其他权利，董事会中任职政府官员头衔，3年年收入和总资产，法律豁免获益的权利以及可公开获得和书面请求的财报和第三方审计情况等额外信息 应书面请求，书面提供非商业考虑援助的任何政策或计划信息，答复信息足够具体，包括赠款或贷款等非商业援助形式，提供者名称和接收者名称，法律依据和政策目标，非商业援助货物或服务的单位金额或总金额或年度预算金额，贷款担保金额、利率和收取的规费，提供货物或服务方式的非商业援助所收取的价格，以权益资本形式提供的投资金额、所获股份等，存续时间和统计数据。机密信息保证不披露

资料来源：根据CPTPP内容整理。

（二）明确海南自由贸易港竞争政策压力测试的重点任务

1. 竞争政策法律体系仍有待进一步完善。2021年9月29日通过的《海南自由贸易港公平竞争条例》，明确了县级以上人民政府市场监督管理部门的公平竞争监督管理职责。但从内容看，仍有较大完善空间。例如，条例未对国有企业提出豁免，缺乏国有企业反垄断、公平竞争的审查机制；透明度方面仍是空白；对产业政策仅有原则性表述，对专项性补贴缺乏可操作机制；等等。

2. 指定垄断（行政垄断）依然广泛存在。特别是在服务业领域，存在体制内外待遇、要素获取等方面的不平等待遇；在负面清单的部分规定中，存在着明确要求优先考虑国内企业或本国居民等相关规定。此外，条例提出“强化对技术创新和结构升级的支持”，意味着各级政府仍然有产业补贴的相关权限。

3. 信息披露水平和透明度仍有待进一步提升。例如，对国有企业的相关信息披露不完整，选择性披露问题依然存在；出台的大量产业政策等缺乏必要的解读及适用指导服务，造成部分企业“找不到、看不懂、不会用”等；缺乏相关违反竞争政策行为的判例及适用，未能形成良好的市场引导。

（三）以完善竞争政策法规体系为重点强化竞争政策基础性地位

《海南自由贸易港建设总体方案》和《中华人民共和国海南自由贸易港法》中明确了关于公平竞争的原则，包括“建立健全公平竞争制度”“保障公平竞争”等，并以此为基础提出了相关具体要求，例如，“政府采购对内外资企业一视同仁”“强化竞争政策的基础性地位”“加强和改进反垄断和反不正当竞争执法”等（见表6-23）。

表6-23　公平竞争的原则与具体要求

文件	原则	具体要求
《海南自由贸易港建设总体方案》	建立健全公平竞争制度	强化竞争政策的基础性地位，确保各类所有制市场主体在要素获取、标准制定、准入许可、经营运营、优惠政策等方面享受平等待遇 政府采购对内外资企业一视同仁 加强和优化反垄断执法，打破行政性垄断，防止市场垄断，维护公平竞争市场秩序
《中华人民共和国海南自由贸易港法》	保障公平竞争	海南自由贸易港建立统一开放、竞争有序的市场体系 强化竞争政策的基础性地位 落实公平竞争审查制度 加强和改进反垄断和反不正当竞争执法 保护市场公平竞争 国家依法保护自然人、法人和非法人组织在海南自由贸易港内的投资、收益和其他合法权益，加强对中小投资者的保护

资料来源：根据《海南自由贸易港建设总体方案》《中华人民共和国海南自由贸易港法》内容整理。

1. 对标CPTPP完善竞争政策法规体系。增加国有企业的相关条款。对承担国家安全或重大战略任务的国有企业以清单形式进行豁免；对其他国有企业，明确其信息披露标准与格式，形成定期披露机制，市场监管部门根据披露信息对其是否符合市场行为进行评估。

2. 增加反行政垄断的相关条款。明确除涉及国家安全的领域外，各级政府不得制定差异化的准入程序，确保内外资企业在准入许可、经营运营、要素获取、标准制定、优惠政策、政府采购等方面获得平等对待，并确保给予民企与外企不低于国企的相关待遇。

3. 增加透明度的相关条款。定期就竞争执法的相关政策与实践案例进行公开，并明确相关案例的适用条件。增加补贴政策的适用条款。制定适用产业扶持政策的正面清单，减少选择性补贴、投资补助等举措，将产业政策严格限定在具有重大外溢效应或关键核心技术的领域。更多采用普惠性减税、消费者补贴等手段，维护市场公平竞争。

4. 提升公平竞争审查的专业性。组建专门的公平竞争委员会，确定为法定机构，在市场监管部门指导下相对独立地开展竞争审查工作。依托公平竞争委员会更加灵活的优势，吸引国内外竞争政策领域的专家、执法人员、企业、裁决人员及国际组织等参与，确保竞争审查的专业性。以信息公开为重点确保竞争审查与执法程序公正。形成竞争审查与执法的定期披露机制，就审查主体、内容、详细程序、环节及最终结果向社会公布。建议在省高院设立公平竞争法庭，专司公平竞争案件；给因违反竞争法而被处罚或救济的个人、企业提供对处罚或救济进行审查的机会，特别是对公平竞争执法部门的审查程序予以审查。待条件成熟时，建立海南自由贸易港公平竞争法院。

五、对标知识产权保护规则

（一）后TRIPS知识产权规则演变的基本趋势

1. 与国际公约全面接轨。CPTPP要求成员国必须加入《专利合作条约》《商标国际注册马德里协定有关议定书》《国际承认用于专利程序的微生物保存布达佩斯条约》《商标法新加坡条约》《国际植物新品种保护公约》《世界知识产权组织版权条约》《世界知识产权组织表演和录音制品条约》，上述公约在《巴黎公约》《伯尔尼公约》的基础上进一步提升知识产权保护标准。

2. 保护范围明显扩大。例如，CPTPP中将域名纳入保护范围，并借鉴了《统一域名争议解决政策》的争议解决规则；将气味商标和声音商标强制性纳入保护范围，并取消了驰名商标认定中不合理的限制条件；增加了农用化学物质产品、生物药品等未披露的实验数据或其他数据作为保护客体。

3. 更加严格的执法程序与法律责任。对知识产权民事侵权救济标准和救济措施等提出了如救济方式、赔偿数额的计算、诉讼费用的承担、侵权工具与货物的处理、法定赔偿等具体措施；更加重视数字环境下的商标、版权侵权执法，规定了具有惩罚性质的附加赔偿，放宽了销毁侵权材料和工具的适用标准，将商标混淆或近似的商品列为执法对象，规定海关可依职权启动边境措施；在具体条款中，还规定了政府机构侵权行为不适用豁免；等等。

（二）海南自由贸易港开展知识产权保护规则压力测试的重点

1. 国际公约未完全加入。目前，我国尚未加入CPTPP要求的《国际植物新品种保护公约》1991年文本。

2. 知识产权保护范围相对较小。例如，我国商标法明确将“文字、图形、字母、数字、三维标志、颜色组合和声音等”纳入注册范围予以保护，但气味并未纳人。再例如，CPTPP中关于复制权的解释强调“以任何方式或形式”，我国著作权法则“以印刷、复印、拓印、录音、录像、翻录、翻拍、数字化等方式”，且并未就“临时复制”作出相关解释；与我国专利法相比，CPTPP以更小的“拒绝授予专利范围”实现了更大范围的专利保护；等等。

3. 保护期、宽限期等保护标准不一致。例如，CPTPP中对版权及相关权的保护期限为“不得少于作者生前加作者死亡后70年”，我国著作权法的保护期限为“作者终生及其死亡后五十年”；CPTPP将发明宽限期确定为12个月，我国专利法中为6个月；对农用化学品未披露实验数据或其他数据的保护期，CPTPP为10年，我国为6年；关于“新药品”的定义中，CPTPP为国内非上市药品，我国则为国内外非上市药品，我国的定义更小。

（三）扩大知识产权保护范围并逐步提升保护标准

《海南自由贸易港建设总体方案》和《中华人民共和国海南自由贸易港法》明确提出了关于知识产权保护的具体要求，包括“加大知识产权侵权惩罚力度，建立健全知识产权领域市场主体信用分类监管、失信惩戒等机制”“建立健全知识产权领域信用分类监管、失信惩戒等机制，对知识产权侵权行为，严格依法追究法律责任”等（见表6-24）。

表6-24　知识产权保护的具体要求

文件	具体要求
《海南自由贸易港建设总体方案》	加大知识产权侵权惩罚力度，建立健全知识产权领域市场主体信用分类监管、失信惩戒等机制 加强区块链技术在知识产权交易、存证等方面应用，探索适合自由贸易港发展的新模式
《中华人民共和国海南自由贸易港法》	国家依法保护海南自由贸易港内自然人、法人和非法人组织的知识产权，促进知识产权创造、运用和管理服务能力提升 建立健全知识产权领域信用分类监管、失信惩戒等机制，对知识产权侵权行为，严格依法追究法律责任

资料来源：根据《海南自由贸易港建设总体方案》《中华人民共和国海南自由贸易港法》内容整理。

1. 制定出台《海南自由贸易港知识产权保护条例》配套文件。2021年12月，《海南自由贸易港知识产权保护条例》出台，明确“对标国际先进标准，创新体制机制，建立制度完备、运转高效的知识产权保护体系”的要求。对比看，CPTPP中知识产权规则更具操作性。建议出台本条例的相关解释文件或配套条例，重点在突破上位法中保护期、宽限期等要求，实现与CPTPP一致；并按照商标、专利、未披露的数据和其他数据的保护、著作权和与著作权相关的权利、执行、国际合作、数字知识产权保护等具体内容，形成具体化的指引文件。

2. 建设具有海南自由贸易港特点的知识产权地方性法规体系。围绕海南自由贸易港现代产业体系构建、绿色发展与最高水平开放形态等特定要求，形成具有海南自由贸易港特点的知识产权地方性法规体系。

3. 进一步完善海南自由贸易港知识产权保护体制。在海南率先探索省级以下知识产权垂直管理体制，赋予并规范市场监管部门知识产权行政执法权限；探索商标、专利、集成电路布图设计、地理标志领域之外的知识产权的集中管理模式；在省级层面分别建立政府司法间、部门间、市县间知识产权协调机制。逐步减少专职技术调查官的数量与比例，更多地引入专业人员甚至外籍专家作为兼职技术调查官，并赋予兼职技术调查官在裁决中更大的影响力；争取支持，赋予海南相关法院执行跨境知识产权管辖权；加快推进知识产权人才培养、知识产权代理机构资质等领域的标准化；强化区块链等技术的应用，推动知识产权司法及行政机关上链取证、确权和裁决。

4. 在知识产权市场化应用方面实现更大力度的探索。积极打造若干个国际知识产权交易中心，支持对知识产权的定价、评估、授权、维权机制的探索；鼓励相关机构在东南亚范围挖掘、发现一批与产业竞争力相关的核心专利，争取到海南转化；深化知识产权所有权、处置权、收益权改革，使知识产权在海南更便利地获得市场运营收益，提高东南亚创新者到海南转化创新成果的积极性；推进知识产权证券化探索，打造集交易、融资、资本市场服务为一体的国际化平台；加强区块链技术在知识产权交易、存证等方面的应用，探索适合自由贸易港发展的新模式。

六、对标可持续发展议题

（一）劳工与环境规则成为国际高水平经贸规则的重要内容

1. 以保障“4+1”劳工权利为核心的劳工规则。CPTPP沿袭了国际劳工组织《关于工作中基本原则和权利宣言》中的三项基本权利：消除一切形式的强迫或强制劳动、有效废除童工、消除就业与职业歧视。除此之外，CPTPP将“与最低工资、工作时长、职业安全卫生相关的可接受的工作条件”作为一项劳工权利提出并强制性遵守。明确在出口加工区或对外贸易区等特殊海关监管区内不得减损的要求。

2. 以“公众参与机制+多边约束机制”为特点的环境规则。一方面，CPTPP通过程序保证、公众参与、公众意见、企业社会责任等条款确保公众主动参与和监督环境保护工作；另一方面，CPTPP强调各缔约方主动开展贸易和环境问题对话，并要求“每一缔约方确认履行其参加的多边环境协定的承诺”。

（二）以劳工标准为重点开展可持续发展议题的压力测试

1. 现有工会制度安排与CPTPP规则相比仍有差距。结社自由和有效承认集体谈判权利。我国工会法虽然就工会代表职工与企业协商一致方式确定工资作出规定，但在实践中这一作用常常被弱化，成为我国加入CPTPP的重要障碍。

2. 海南环境规制基本达到CPTPP环境标准。一方面，我国已加入《保护臭氧层维也纳公约》《联合国气候变化框架公约》《生物多样性公约》等多项国际公约；另一方面，海南鼓励和支持公众对生态环境违法行为进行举报。但海南目前采取的对捕捞渔船的相关补贴政策，与CPTPP相关要求相悖。

（三）立足省情逐步探索形成海南特色的劳工与环境标准

1. 在环境领域全面对接CPTPP标准。提高渔业补贴透明度。例如，对标CPTPP定期公布计划名称、计划的法定主管机关、给予补贴的渔场分品种捕捞数据、鱼类种群状况、渔场的船队捕捞能力等信息，并以此实现补贴合法化。开展贸易领域的环境立法。借鉴和参考CPTPP相关规则，结合海南自由贸易港生态环境要求，形成关于环境产品与服务进出口的地方性法规。探索与印度尼西亚、越南等国家开展CPTPP下的渔业环保合作。

2. 在劳工标准方面率先探索。我国在中欧投资协定中已承诺不以保护主义目的使用劳工，并争取批准尚未批准的国际劳工组织公约，海南自由贸易港可率先探索。同时，加大对就业歧视、农民工等领域的执法力度，提高违法成本，改变监管不力的局面。

专栏6-2　越南对接CPTPP劳工规则的主要做法

1.基本情况

在加入CPTPP以前，越南劳动总联合会（VGCL）是越南唯一的全国总工会，在越南共产党的领导下，“有责任贯彻落实党的方针政策”，越南法律给予劳动者有限的结社自由权。

在CPTPP生效后，越南政府为了遵守协定要求，允许工人们在基层建立工会或加入他们自己选择的工会。根据越南政府的规定，企业的劳工组织必须遵守东道国的法律，并且必须到当地主管机构登记。越南国会对外委员会主任阮文酉表示，这些组织不得从事任何威胁国家安全、秩序的活动。CPTPP生效后成立的这些工会有可能不是目前越南官方的工会、越南劳动总联合会的一部分。

2.主要做法

（1）批准国际劳工组织98号公约。2019年6月14日上午，越南第十四届国会第七次会议投票通过“国际劳工组织关于组织权利和集体谈判权利公约（第98号）”，这是1998年“国际劳工组织关于工作中基本原则和权利宣言”框架内的8项国际劳工组织核心公约之一，包括：集体谈判权利，废除一切形式的强迫和强制劳动，消除童工现象，消除就业和职业歧视。

（2）修订国内劳动法。越南国会于2019年11月20日通过了新的劳动法，于2021年1月1日起正式生效，大部分修订内容均与劳动者权益有关，包括最低工资标准、每日工作时长上限、工会与集体谈判、劳资争议解决等方面。相关规定将促进劳资矛盾更多地由工会自行解决，政府逐渐从资方—政府—劳动者的三方模式中淡出，转而建立资方—工会—劳动者的新模式。

资料来源：根据相关公开资料整理。